RYSZ...

Né en Pologne ... manifeste précoce... l'égard de l'histoire officielle. A défaut de pouvoir suivre des études de philosophie, enseignement retiré des programmes à l'université de Varsovie, il se tournera vers l'histoire. Reporter, correspondant pour l'Agence de presse polonaise jusqu'en 1981, il parcourt le monde depuis l'Asie jusqu'en Amérique latine, en passant par l'Afrique et le Moyen-Orient, couvrant des dizaines de guerres et autant de révolutions tiers-mondistes.

Renommé pour ses reportages sur les dérives du tiers-monde et sur l'empire soviétique, il vit aujourd'hui à Varsovie. Auteur de nombreux ouvrages, notamment sur la Shoah et le Négus, il a reçu en 1993 le prix de la foire du livre de Leipzig pour son livre *Imperium*.

IL N'Y AURA PAS DE PARADIS
La guerre du foot et autres guerres et aventures

Du même auteur
CHEZ POCKET

ÉBÈNE.

RYSZARD KAPUŚCIŃSKI

IL N'Y AURA PAS DE PARADIS
La guerre du foot et autres guerres et aventures

*Traduit du polonais
par Véronique Patte*

PLON

Titre original :
WOJNA FUTBOLOWA

Ce titre est précédemment paru sous le titre :
« La guerre du foot »

Le Code de la propriété intellectuelle n'autorisant, aux termes de l'article L. 122-5 (2° et 3° a), d'une part, que les « copies ou reproductions strictement réservées à l'usage privé du copiste et non destinées à une utilisation collective » et, d'autre part, que les analyses et les courtes citations dans un but d'exemple et d'illustration, « toute représentation ou reproduction intégrale ou partielle faite sans le consentement de l'auteur ou de ses ayants droit ou ayants cause est illicite » (art. L. 122-4).
Cette représentation ou reproduction, par quelque procédé que ce soit, constituerait donc une contrefaçon sanctionnée par les articles L. 335-2 et suivants du Code de la propriété intellectuelle.

© Ryszard Kapuściński, 1986, 1990.
© Librairie Plon, 2003, pour la traduction française.
ISBN : 2-266-13809-X

Seigneur,
Malgré les prières que nous T'adressons constamment, nous perdons toutes nos guerres. Demain nous allons entreprendre une bataille capitale. De toutes nos forces nous implorons Ton aide, mais il faut que je Te dise une chose : la bataille de demain sera dure, il n'y aura pas de place pour les enfants. Aussi je T'en prie, ne nous envoie pas Ton Fils. Viens-nous en aide Toi-même.

Prière de Kok, chef de la tribu des Griquas, la veille d'une bataille contre les Afrikaners en 1876.

L'hôtel Métropole

J'habite sur un radeau, dans une petite rue du quartier commerçant d'Accra. De la hauteur d'un étage, ce radeau sur pilotis porte le nom d'hôtel Métropole. Pendant la saison des pluies cette curiosité architecturale pourrit et moisit, pendant les mois de sécheresse elle se fendille et se craquelle. Mais elle tient le coup ! Au milieu se dresse une structure cloisonnée en huit cases. Ce sont nos chambres. L'ensemble est entouré par une balustrade sculptée portant le nom de véranda. Nous y prenons nos repas sur une grande table et nous y buvons du whisky ou de la bière sur des tables plus petites.

Sous les tropiques, boire est une obligation. En Europe, quand deux personnes se rencontrent, les premiers mots qu'elles échangent sont : « Alors, quoi de neuf ? » Sous les tropiques, on se salue différemment : « Qu'est-ce que tu vas boire ? » On boit souvent pendant la journée, mais le moment où l'on doit absolument boire, c'est le soir. Sinon la nuit sera impitoyable.

La nuit tropicale est l'inséparable complice de toutes les fabriques de whiskies, cognacs, liqueurs, schnaps et bières du monde, et celui qui ne paie pas son tribut à ces distilleries et à ces brasseries est vaincu par l'arme la plus efficace de la nuit : l'insomnie. Toutes les insomnies sont pénibles, mais sous les tropiques l'insomnie est meurtrière. Un homme qui pendant toute la journée a été torturé par le soleil, exténué par une soif incessante, maltraité et affaibli, doit dormir.

Il doit, mais il ne peut pas.

On étouffe. Un air humide, collant, emplit la chambre. Du reste ce n'est pas de l'air, mais de la ouate mouillée. Quand on respire, on a l'impression d'avaler des boules de coton gorgées d'eau chaude. C'est insupportable. C'est écœurant, avilissant, exaspérant. Les moustiques piquent, les singes chahutent. Le corps est poisseux, répugnant. Le temps est immobile, le sommeil ne vient pas. A six heures du matin, douze mois sur douze, le soleil se lève. A la chaleur morte de l'étuve s'ajoute le feu de ses rayons. Il faut se lever. Mais on n'en a pas la force. Le matin, Napoléon ne noue pas ses lacets parce qu'il n'a pas l'énergie de se baisser jusqu'à ses souliers. Sur le plan psychologique, une nuit pareille est ravageuse. L'homme se sent comme une chiffe molle. Il n'a plus de flamme, plus de dents, plus de forme. En proie à une vague langueur, une indicible nostalgie, un sombre pessimisme, il attend que la journée passe, que la nuit passe, que tout passe une fois pour toutes !

Alors il boit. Contre la nuit, contre le cafard, contre le panier à ordures de son destin. C'est le seul combat qu'il puisse se permettre.

Tonton Wally boit aussi parce que cela lui fait du bien aux poumons. Il a la tuberculose. Il est maigre, il respire avec difficulté. Il s'assied dans la véranda et s'exclame : « Papa, une bouteille ! » Papa va vers le bar et rapporte une bouteille. Les mains de tonton se mettent à trembler. Il se verse du whisky dans un verre, ajoute de l'eau froide. Il le vide d'un trait puis s'en prépare un autre. Il a les larmes aux yeux, il est secoué par des sanglots étouffés. C'est une ruine, une loque. Il est originaire de Londres. Contremaître dans le bâtiment, il a été entraîné en Afrique par la guerre. Il y est resté. Il est toujours contremaître, mais il s'adonne à la boisson, ses poumons sont pourris, mais il ne les soigne pas. A quoi bon ? La moitié de son salaire sert à payer l'hôtel, l'autre, le whisky. Il n'a rien, littéralement rien. Des chemises en lambeaux, un pantalon rapiécé, des sandales éculées. Ses compatriotes, toujours tirés à quatre épingles, l'ont banni, chassé. Ils lui ont interdit de dire qu'il était anglais. *Dirty lump.* Vieille loque ! A cinquante-quatre ans, que peut-il faire ? Boire son whisky et se faire enterrer. C'est ce qu'il fait. « Il ne faut pas en vouloir aux racistes, me dit-il. Il ne faut pas en vouloir aux bourgeois. Tu crois que la terre qui te recouvrira sera différente de la leur ? »

Son amour pour An. Mon Dieu : quel amour ! An est venue un jour qu'elle n'avait pas assez d'argent pour prendre un taxi. Avant, c'était la petite amie de Papa, elle demandait toujours une petite compensation : deux shillings. Elle a le visage tatoué. Elle vient d'une tribu du Nord, les Nankani : dans le Nord, on mutile le visage des nouveau-nés. Cette coutume remonte à l'époque où les tribus du Sud asservissaient les tribus du Nord pour les vendre aux Blancs. Aussi les hommes du Nord se défiguraient-ils le front, les joues et le nez pour devenir invendables. Dans la langue des Nankani, « sale » signifie « libre ». Ces deux mots sont synonymes. An a des yeux doux, sensuels. Tout son être est dans son regard. Elle observe les gens avec insistance, comme un chat, et quand elle voit que son regard est intercepté, elle se met à rire et demande : « Donne deux shillings pour le taxi. » Tonton Wally donne toujours. Il lui verse du whisky, pleure, rit. Il lui dit : « An, reste avec moi. J'arrêterai de boire. Je t'achèterai une voiture. » Elle répond : « A quoi bon une voiture ? Je préfère faire l'amour. » Il dit : « Nous ferons l'amour. » Elle demande : « Où ? » Tonton se lève et va vers sa chambre qui se trouve à quelques pas de la table. Il ouvre la porte, la main crispée sur la poignée. Dans la cage sombre se dressent un lit en fer et une petite armoire. An éclate de rire. « Là ? Là ? Mon amour doit vivre dans des palais. Dans les palais des rois blancs ! »

Nous sommes témoins de la scène. Papa s'approche, la bouscule et marmonne : « Dégage ! » Elle part, toute gaie, en nous faisant « bye, bye » de la main. Oncle Wally regagne sa petite table. Il prend la bouteille et se met à boire au goulot. Mais il ne la vide pas, s'affaisse sur sa chaise. Nous transportons ce condamné à mort dans sa cellule, sur son grabat de fer, sur son drap blanc, sans An.

Depuis ce jour, il me répète toujours : « Red, la seule femme qui ne te trahit pas, c'est ta mère. C'est tout ce que tu peux espérer de la vie. » J'aime l'écouter. Il est intelligent. Il me dit un jour : « Les mantes africaines sont plus honnêtes que nos épouses. Tu connais les mantes ? Dans l'univers de ces insectes, les approches amoureuses sont brèves, elles sont suivies par une cérémonie de mariage. Puis c'est la nuit de noces. Et au petit matin la femelle mord le mâle à mort. A quoi bon le tourmenter toute la vie ? De toute façon le résultat serait le même. Autant s'y prendre avant, c'est plus honnête. »

Le ton amer des effusions de tonton trouble Papa.

Papa nous mène à la baguette. Avant de sortir, je dois lui dire où je vais et pourquoi. Sinon c'est toute une histoire. « J'ai peur pour toi ! » crie-t-il. Quand un Arabe crie, il ne faut pas s'inquiéter. C'est sa manière de parler. Or Papa est arabe, libanais. Habib Zacca. Il tient l'hôtel depuis un an. « Après le Grand Désastre », dit-il. C'est vrai que pour lui, le coup a été fatal. « Zacca était millionnaire ! Il avait une villa, des voitures, des magasins, des jardins », s'exclame son ami. « Quand ma montre s'arrêtait, je la jetais par la fenêtre, raconte Papa avec un soupir. Les portes de ma maison étaient toujours grandes ouvertes. Tous les jours, j'avais une foule d'invités. Il y avait à boire et à manger à volonté. Et maintenant ? Ils ne me reconnaissent même plus. Je dois me présenter, alors qu'ils bouffaient chez moi comme des ogres. » Papa est arrivé au Ghana il y a vingt ans. Il a démarré par une boutique de tissus et il a fait fortune. Puis il a tout perdu en un an. Aux courses. « Les chevaux m'ont coulé, Red. »

J'ai vu ses écuries. En dehors de la ville, dans une palmeraie. Neuf chevaux blancs : de magnifiques chevaux arabes. Comme il les connaît, comme il les cajole ! Papa crie après sa femme, mais avec ses chevaux il est tendre comme un amant. Il m'en montre un. « Le meilleur cheval d'Afrique », dit-il avec désespoir, car cette bête exceptionnelle a une plaie incurable au paturon. Tous les chevaux ont la même plaie. Petit à petit son écurie s'éteint. Pour lui, c'est pire que de perdre un million. Il ne se remettra jamais de la disparition de ses chevaux. Quand il ne peut pas aller à son écurie, il devient nerveux, coléreux. Il ne se calme que dans la palmeraie, lorsque le garçon d'écurie fait défiler sous ses yeux les rapides coursiers aux yeux rouges.

Papa ne montre jamais ses chevaux à son épouse. Il est bref et sec avec elle. Assise dans un fauteuil, elle fume une cigarette, immobile, silencieuse. Je lui demande : « Quel âge avez-vous ? » « Vingt-huit ans ». Pourtant elle a les cheveux tout gris, un visage blême, ridé. Elle a mis au monde quatre enfants. Deux vivent au Liban, deux à Accra. Parfois elle amène avec elle sa fille, une enfant malade et handicapée : la petite se jette par terre, elle se déplace à quatre pattes en poussant des cris à vous glacer d'effroi. Elle a dix ans et ne sait ni parler ni marcher. Elle se traîne jusqu'à un coin où il y a un gramophone, la tête redressée, le regard implorant. La maman met un disque. Dalida chante et les incroyables piaulements de la fillette se mêlent à la chanson. L'enfant est aux anges, son visage rayonne. Le disque s'arrête, sa gorge produit des gargouillements : elle en veut encore.

La petite a un faible pour le Premier ministre. Il est le seul à savoir lui sourire. Elle met ses bras autour de ses jambes, lui fait des câlins, miaule. Il lui caresse la tête, lui tire l'oreille. On l'appelle « le Premier ministre », car il se vante d'avoir des relations au sein du gouvernement guinéen. Avant, il vivait à Conakry où il faisait du commerce. « Si quelqu'un va en Guinée, qu'il me le dise, fanfaronne-t-il. Je lui donnerai une lettre pour Sékou Touré. C'est un copain à moi. Les ministres ? Pas la peine de perdre de temps avec eux. »

Le Premier ministre et moi, nous sommes copains. Il me prend à part, repose sa bière : « Dis-moi, Red, commence-t-il, toi qui as tant voyagé ! Dans quel pays est-ce que je pourrais monter une bonne affaire ? Mon "business" ici est petit, trop petit. »

Je regarde cet homme ventru, son visage en sueur, son air de chien battu. Que lui conseiller ? Je réfléchis : quel pays suggérer à ce petit « capitaliste » qui n'a pas les dents assez longues et qui est noyé dans un océan de petits commerçants comme lui ? Je pèse le pour et le contre : la Birmanie, le Japon, le Pakistan. Il n'y a de place nulle part, c'est la cohue partout. « Peut-être l'Inde ? » demande le Premier ministre. Surtout pas l'Inde, c'est très dur. Il y a des monopoles partout. « Il y a trop de monopoles, dis-je, maudit capitalisme ! » Il acquiesce et répète affligé : « Maudit capitalisme ! » Le Premier ministre va de pays en pays, essayant de s'intégrer au marché, de développer son affaire. Il a tenté sa chance sous toutes les latitudes. En vain. Une perte de temps, des tourments exaspérants. « Il n'existe pas de pays où l'on puisse faire de bonnes affaires ? » demande-t-il. « Je crois que non », dis-je.

Le Premier ministre me fait pitié. Il marche, réfléchit, s'informe. Il s'est acheté un globe et promène son doigt à sa surface. Parfois son index s'arrête. Il m'appelle : « Et là, Red ? » Je regarde. Il me montre les Philippines. « Ouh ! là là ! non ! dis-je, là-bas ce sont les Américains. » « Les Américains ? reprend-il effrayé. Donc du petit business ? » J'ouvre les mains : « Eh oui ! Du tout petit business. » Il réfléchit un instant et me confie : « J'aimerais tellement me lancer dans les grosses affaires. Plutôt que dans les femmes. » « Tu n'aimes pas les femmes ? » « Si, elles sont bonnes aussi. Les plus belles, ce sont celles de Dakar. »

Le Premier ministre se dispute toujours à ce propos avec le jeune Khouri, le fils du Grand Khouri. (Des Libanais également.) Le jeune Khouri, Nadir, mène grand train de vie. A Paris il a une voiture, à Londres une voiture, à Rome une voiture. Un fils à papa ! Quand je discute avec lui, je suis mort de rire. « Viens avec moi en Australie », me propose-t-il. « Mais je n'ai pas d'argent ! » « Ecris à ton père qu'il t'en envoie. » « Mon père est avare, il ne me donne pas un sou. » Pour lui, il n'y a pas de limites à la débauche et la dépense. Il a tout ce qu'il veut. Son papa le bourre d'argent sans arrêt. Le Grand Khouri aime le Petit Khouri. Le vieux habite une modeste maison dans la petite ville de Nsawam, près d'Accra. Elle menace ruine, les meubles sont minables. La propriété est pauvre. C'est pourtant l'habitation de l'homme peut-être le plus riche de l'Afrique occidentale, du multimillionnaire, du Grand Khouri. Ce commerçant des rues de Beyrouth a un capital, mais il n'a pas de besoins. Il se nourrit de galettes de seigle cuites sur le feu, mais il fait des bénéfices étourdissants. C'est un vieil homme, peut-être mourra-t-il cette année. A Beyrouth, il possède une rue entière. Il n'a jamais vu ses immeubles de ses yeux. Le Grand Khouri est analphabète. Il a besoin d'un homme de confiance pour lui rédiger ses lettres commerciales.

Cet homme vit avec nous au Métropole. Le jeune Khouri le regarde avec respect. « C'est un intellectuel », m'explique-t-il. Bavard, spirituel, « l'intellectuel » enchaîne plaisanterie sur plaisanterie. Il nous montre des photographies : une charmante dame d'un certain âge sous un parapluie. « C'est ma fiancée, nous explique-t-il. Elle habite en Californie. Cela fait quinze ans qu'elle m'attend. Elle va encore attendre quinze ans et mourir. Mais la mort n'a rien de terrible. Il suffit d'être très fatigué. » Et il éclate de rire. L'intellectuel se soûle en cachette, jamais sur la véranda. Il prétend que ce n'est pas correct de boire en société. En pleine conversation, il se lève, va dans sa chambre et vide une bouteille d'un trait. Puis nous entendons son corps s'effondrer avec fracas sur le sol : il n'a pas eu le temps de rejoindre son lit.

Quand il n'écrit pas de lettres pour Khouri, l'intellectuel se dispute avec Napoléon. C'est un homme menu, avec un ventre pansu. « Je me languis de la maison, dit-il, je me languis de la maison. » Mais il reste là, figé comme une pierre. Il parcourt la véranda de long en large d'un pas martial. Il prend un petit miroir et compte ses rides. « J'ai soixante ans, mais voyez comme je suis jeune et fort ! Je peux marcher sans jamais me fatiguer. Quel âge me donnez-vous ? » Papa répond : « Vingt ans. » « Vous voyez ! » triomphe-t-il en se raidissant jusqu'à ce que des veines apparaissent sur ses tempes. Il doit avoir un petit grain. Un beau jour il est parti. Le bruit de ses pas s'est tu. Le calme est revenu.

De la rue, on voit la véranda éclairée par quelques faibles ampoules. D'en bas, on aperçoit des ombres circulant sur le radeau. Ces ombres n'appartiennent à personne. Leur pantomime silencieuse, leur danse ralenti est exécutée en plein cœur de Kokompe. Mais ce quartier, noir essentiellement, ignore leur existence. Kokompe mène sa vie, étrangère et inaccessible au Métropole. Pour les habitants du quartier, les ombres du radeau appartiennent à un autre monde : celui des bungalows habités par les représentants blancs de l'administration et du commerce, le quartier des *Cantonments*. La foule de Kokompe passe avec indifférence devant l'hôtel, pour elle nous ne faisons pas partie de sa famille.

Mais pour les Cantonments, les ombres n'existent pas non plus. Quelle horreur ! Les Cantonments se détournent du radeau avec mépris et honte. Pour eux, le radeau est une infamie qu'ils préfèrent ignorer. Les Cantonments, c'est la bureaucratie riche, bien élevée, snob, européenne, bourgeoise.

Ainsi le radeau n'est relié à aucune barque : les ombres existent pour elles-mêmes. Elles peuvent se multiplier ou disparaître ; cela n'a pas d'importance. « Qu'est-ce qui a de l'importance ? » demande oncle Wally. Personne ne lui répond.

1960

Comment suis-je tombé sur les épaves du radeau ? Je ne les aurais sans doute jamais connues sans le hasard et une certaine jeune fille qui ne voulait pas d'un Arabe. En 1958, je me rendais de Londres à Accra. C'était un avion énorme et lent, un Super-Constellation de la British Airways. J'avais pris la route le cœur battant (c'était la première fois que j'allais en Afrique). En même temps j'étais inquiet car je ne connaissais personne au Ghana, je n'avais ni noms, ni adresses, ni contacts et, comble de tout, je n'avais pas beaucoup d'argent. Dans l'avion, j'étais placé à côté du hublot, à ma droite était assis un Arabe, à côté de lui une jeune fille blonde au type scandinave avec un bouquet de fleurs sur les genoux.

Nous survolions le Sahara de nuit. Ces vols sont toujours extraordinaires car on a l'impression que l'avion est suspendu au milieu des étoiles. Que les étoiles soient au-dessus de nous, c'est compréhensible. Mais qu'elles soient aussi à nos pieds, avec la nuit comme toile de fond, c'est pour moi inconcevable.

L'Arabe ne cessait d'importuner la jeune Scandinave qui, d'après ce que j'avais compris, allait rejoindre son fiancé (un technicien travaillant pour une entreprise d'Etat) et lui apportait des fleurs. Sans se démonter, mon voisin lui déclarait son amour, lui promettait monts et merveilles dans je ne sais quelle ville du monde. Il lui affirmait qu'il était riche, qu'il avait beaucoup de « money », vraiment plein de « money ». Il le répéta même trois fois. Tout d'abord avec calme et patience, puis avec colère et dureté, la jeune fille le pria de ne plus l'importuner. Finalement, elle se leva et changea de place.

Cette histoire tout à fait banale eut pour conséquence de contraindre l'Arabe à changer d'objectif : abattu, il se tourna vers moi et entreprit la conversation. Il s'appelait Nadir Khouri. Et moi ? Je déclinai mon nom. Qui étais-je ? Journaliste. Qu'allais-je faire là-bas ? Regarder, marcher, interroger, écouter, renifler, penser, écrire.

Ah bon !

Où avais-je l'intention d'habiter ? Aucune idée. Il me donnerait l'adresse d'un bon hôtel. Pas extraordinaire, mais convenable. Tenu par un ami, un homme naguère important. Il m'y conduirait et me recommanderait. Effectivement, de l'aéroport, Nadir Khouri m'emmena directement à l'hôtel Métropole et me confia aux soins de Habib Zacca.

A cette époque, le monde s'intéressait à l'Afrique. Le continent noir était une énigme, un mystère ; on s'interrogeait sur ce qui se passerait quand trois cents millions d'hommes redresseraient l'échine et réclameraient voix au chapitre. Des Etats se soulevaient les uns après les autres, achetaient des armes, et la presse internationale se demandait si l'Afrique n'allait pas se lancer à l'assaut de l'Europe. Aujourd'hui cette interrogation paraît peu sérieuse, mais à l'époque, elle était posée avec inquiétude et gravité. Les gens voulaient savoir ce qui se passait sur ce continent, où il s'orientait et quelles étaient ses intentions.

Je n'ai jamais été fasciné par ce qu'on appelle l'exotisme, même si par la suite j'ai passé plusieurs années dans un univers défini comme tel. Je n'ai jamais écrit sur la chasse au crocodile ou les chasseurs de tête, si passionnants que soient ces thèmes. En revanche, j'ai découvert une autre réalité, pour moi plus séduisante qu'une expédition dans un village de sorciers ou une réserve de fauves. A cette époque, une Afrique nouvelle était en train de naître. (Ce n'est pas une métaphore, ni un cliché d'éditorial.) Cette naissance se passa dans la douleur et le drame, mais elle connut des instants sereins et joyeux. Dans un cas comme dans l'autre, elle se déroula selon des standards différents, dans un autre climat, bref différemment (de notre point de vue). Personnellement, j'ai vécu cette spécificité comme un exotisme nouveau, inédit.

J'ai pensé que la meilleure façon de décrire l'Afrique était de parler de la plus grande figure du continent à cette époque, un homme politique, un visionnaire, un tribun et un mage : Nkrumah.

Le vagabond de Harlem

Place West End : une fourmilière humaine.
Au milieu, un bûcher.
Une flamme jaillit.
Qui va être sacrifié ?
De bonne heure, les autos du parti, surmontées de haut-parleurs, ont parcouru la ville :
« Que vous soyez dans la rue, au marché, à la maison ou au bureau, VENEZ EXPRIMER VOTRE COLÈRE. »
Pas la peine de le dire deux fois. Manifester ses sentiments est un devoir pour le peuple. Or ici le peuple connaît ses obligations. La place est donc pleine. Les gens sont serrés les uns contre les autres, mais ils sont patients. Ils étouffent, mais résistent. Le soleil cogne, mais c'est leur pain quotidien. Ils sont torturés par la soif, mais il n'y a pas d'eau. Un brasier en dessous (la terre), un brasier au-dessus (le ciel). Quand on est pris dans cet étau de feu, il vaut mieux rester tranquille car le mouvement épuise. On ne bouge donc pas dans l'attente de la troisième flamme.
Celle du bûcher.
Je m'informe à droite et à gauche : que va-t-il se passer ? Personne ne le sait. On leur a demandé de venir, c'est tout. On ne les aurait pas fait venir sans raison. Les personnes que j'accoste me regardent d'un

air étonné : à quoi bon toutes ces questions ? La réponse ne va pas tarder. Nous serons informés quand il le faudra. Welbeck va prendre la parole.

Le ministre d'Etat, Welbeck : imposant, timide, coiffé de la calotte noire. Il s'empare du micro. Le son est mauvais, mais on peut saisir le sens de ses paroles :

— ... l'impérialisme gagne du terrain... Nkrumah a été offensé... c'est une diffamation... nous ne pouvons...

Oh ! là là ! ça m'a l'air sérieux ! Ceux qui n'ont pas encore succombé tendent l'oreille, se pressent contre Welbeck. Les têtes ondulent, puis s'immobilisent, le ministre poursuit :

— ... l'impérialisme voudrait... mais nous... donc jamais...

— Finissons-en ! exigent des impatients calmés aussitôt par leurs voisins.

Désordre, regain de tumulte, calme.

— Le journal américain *Time* a calomnié Nkrumah. Cet homme : le guide, le créateur, le magicien du nationalisme contemporain, a été présenté comme un vulgaire petit carriériste.

Ça y est, j'ai compris : un journal qui s'appelle le *Time* a dénigré Kwame.

Voici la note publiée par le *Time* le 21 décembre 1959 :

« Au début, ses hommes l'appelaient "l'homme-spectacle" (*show-boy*). Puis il est devenu Premier ministre. Cette année il est passé Conseiller Privé Royal. Ses admirateurs au Ghana le gratifient aussi du nom de "Premier Citoyen de l'Afrique". Le panégyrique de ce quinquagénaire ne semble pas connaître de limites. La semaine dernière, l'un de ses plus fervents défenseurs à Accra, le journal *Evening News* (qui presque chaque jour publie une ou plusieurs photos de

Nkrumah), a déclaré qu'en mars, la population du Ghana aurait à prendre position sur deux points : 1) la fondation d'une république à part entière et la révocation d'Elizabeth II, la reine du Ghana, 2) la nomination de Nkrumah comme premier président pour une période de sept ans. Selon l'*Evening News*, seul un homme correspond à ce poste. Cet homme est :

Osagyefo (un Grand Homme),

Katamanto (un Homme dont la Parole est Irrévocable),

Oyeadieyie (un Homme d'Action),

Kukuduruni (un Homme de Courage),

Nufenu (le Plus Fort de Tous),

Osuodumgia (l'Extincteur d'Incendies),

Kasapreko (l'Homme dont la Parole est Définitive), Kwame Nkrumah, le libérateur et le fondateur du Ghana. »

Cette note du *Time* est vraiment honteuse. « Le panégyrique est sans limites. » Mais en quoi cela les regarde-t-il ? Je sens que je suis gagné par l'état d'esprit de la foule. Je joue des coudes pour m'approcher de la tribune. Je veux mieux entendre :

— Ces manœuvres scandaleuses sont vouées à l'échec. Kwame est au Ghana ce que Lincoln fut à l'Amérique, Lénine à la Russie, Nelson à l'Angleterre : une véritable bénédiction. Nkrumah est un bijou sans prix dans la couronne du nationalisme mondial. Il est le Messie et l'organisateur, l'ami de l'humanité souffrante : il est arrivé au sommet par la voie de la douleur, du service et du sacrifice.

Comme Welbeck s'est joliment exprimé, les gens applaudissent avec reconnaissance. Ces messieurs du *Time* en ont pris pour leur grade. Ils n'ont rien à faire ici. Debout au cœur de la foule, je suis en train d'écrire quand soudain je sens que j'étouffe moins, qu'autour de moi j'ai plus d'espace, que ceux qui étaient tout contre moi s'écartent. Je regarde à droite et à gauche ; ces yeux ne sont pas bienveillants, leur éclat est glacé, j'ai soudain froid. Je viens de comprendre : je suis le seul Blanc, et en plus je prends des notes. Je suis donc journaliste. Je porte une chemise imprimée, je ne suis donc certainement pas anglais car les Anglais ne portent pas de chemise imprimée. Si je ne suis pas anglais, qui puis-je donc être ? Un Américain. Un journaliste américain ! Ciel, comment prendre la poudre d'escampette ?

— Au feu ! Au feu ! s'écrient les activistes qui poussent la foule vers le bûcher.

Cris violents, menaces, bougonnements, trépignements. Les cris de Welbeck ne sont pas entendus bien que ce soit lui qui donne le signal :

— Au feu !

Ils prennent un tas de magazines et l'enflamment. Une fumée noire s'élève car il n'y a pas un brin de vent. Tout le monde veut voir, tout le monde se bouscule vers le bûcher. Welbeck s'écrie :

— Ne poussez pas ! C'est dangereux !

Personne n'écoute. Ceux qui ont une feuille de papier dans la main la jettent au feu.

Le bûcher flambe.

Des fanfares retentissent.

Des lambeaux noirs flottent dans l'air. Les gens soufflent sur les bouts de papier qui volettent, leur tombent sur la tête, ils rient. Rassérénés, sereins, ils plaisantent. Autour du feu, les enfants dansent : regardez, on va pouvoir faire griller des bananes !

Welbeck s'est engouffré dans une limousine noire. Sa voiture file dans les petites rues d'Accra et débouche sur la grande Independence Avenue. Le ministre se rend à la Flag Staff House.

Chez Nkrumah.

Le Premier ministre va écouter le compte rendu du meeting. Il va rire car le rire, ici, est une réaction normale à tout ce qui se termine bien. La manifestation organisée par le parti était un test. La conclusion est positive : le peuple vénère Kwame.

Kwame est un ami, un frère. C'est ainsi que l'on parle de lui. Une femme me montre son bébé. « Comment s'appelle-t-il ? » demandé-je. « Kwame Nkrumah. » Elle-même porte une robe à l'effigie du Premier ministre. Kwame est imprimé sur les poitrines, sur les épaules...

Nkrumah plaisante :

— J'aimerais bien savoir combien il y a de Kwame Nkrumah dans notre pays. Je crains de laisser le souvenir d'une extraordinaire fécondité.

Lui-même vient de se marier. Il aime souligner que toute sa vie il a évité les femmes, l'argent et le devoir religieux :

— Je considère que ces trois facteurs doivent jouer un rôle mineur dans la vie d'un homme, car si l'un d'eux prend le dessus, l'homme en devient l'esclave, et son individualité est brisée. Si j'accepte qu'une femme joue un rôle important dans ma vie, je risque de perdre de vue le but que je me suis assigné.

Ce but, Kwame se l'est fixé dès son enfance : la libération du Ghana. Pour l'atteindre, il faut d'abord être quelqu'un. C'est la première étape. Le Ghana est à cette époque une colonie. Un Noir n'a aucune chance d'y faire carrière. Kwame envisage d'aller suivre des études aux Etats-Unis. Son père est orfèvre dans une petite ville de province, il n'a pas les moyens de payer des études à son fils. Mais Kwame a terminé l'Institut pédagogique et est instituteur dans une école de la mission catholique à Elmina. Il y enseigne pendant cinq ans, se prive de tout, souffre de la faim, épargne le moindre sou. Ses conditions de logement sont terribles, mais il met de côté pour son billet.

En 1935, à l'âge de vingt-six ans, il s'envole pour les Etats-Unis. Il est admis à l'Université Lincoln. Comment se sent-il dans ce pays ?

« J'allais en autocar de Philadelphie à Washington. Le car a fait une halte à Baltimore pour que les voyageurs puissent se rafraîchir. Mourant de soif, je me suis rendu au buffet de la station et j'ai demandé à un serveur blanc un verre d'eau. Il a froncé les sourcils et m'a regardé par en dessous :

« — Toi, tu peux te désaltérer là-bas.

Et il m'a montré un crachoir. »

Il étudie, travaille, gagne de l'argent :

« Je considérais que si je n'étais pas occupé vingt-quatre heures sur vingt-quatre, je perdais mon temps. »

Aussi :

Travaille-t-il comme gardien de nuit dans la société Sun (les chantiers navals Chester). « Par tous les temps, je travaillais de minuit à huit heures du matin. Parfois il faisait si froid que mes mains restaient collées à l'acier. Pendant la journée, j'étudiais. »

Aussi :

Travaille-t-il dans une fabrique de savon. « Dans la cour de l'usine s'entassait une montagne de tripes en putréfaction et de morceaux de graisse animale. Armé d'une fourche, je devais charger cette marchandise puante sur des brouettes. J'avais en permanence une nausée abominable. »

Aussi :

Pendant les vacances se rend-il à New York. « A Harlem avec un camarade, nous achetions du poisson au prix de gros et nous passions la journée au coin des rues à essayer de le revendre. »

Aussi :

Travaille-t-il comme steward sur le paquebot *Shawnee* (qui fait la ligne entre New York et Vera Cruz). « Le capitaine m'a mis à la plonge : jusqu'à la fin de la croisière je devais récurer les casseroles. Mais je suis monté en grade et j'ai fini par laver les plats. »

Il n'a pas de logement.

A Philadelphie, la police le chasse, avec son ami, de la gare où ils voulaient passer la nuit. Les deux compères décident alors de dormir dans un parc. Là-bas, les grilles des parcs restent ouvertes toute la nuit, contrairement à Londres. « Nous avons trouvé des bancs et nous nous sommes couchés, pensant y passer tranquillement la fin de la nuit. Mais le sort s'acharnait décidément sur nous. A peine endormis, nous avons été réveillés par une pluie battante. »

Il fait des études, participe à des réunions, est très actif, travaille sur lui-même :

« Je suis devenu franc-maçon du trente-deuxième degré et je le suis resté pendant tout mon séjour aux Etats-Unis. »

Il agit :

« J'ai également fondé l'Association des étudiants africains d'Amérique et du Canada. J'ai écrit la brochure *Vers la liberté des colonies*. »

Il s'intéresse au socialisme scientifique :

« Les travaux de Marx et de Lénine m'ont particulièrement marqué. »

Il étudie la théologie et, en même temps :

« Je consacrais beaucoup de mon temps libre à prononcer des sermons dans les églises noires où j'étais invité presque tous les dimanches. »

Lorsque, en 1945, il quitte les Etats-Unis, il a à son actif une expérience pédagogique solide puisqu'il a été chargé de cours de philosophie à l'Université Lincoln (histoire grecque et africaine). « J'ai reçu la distinction du meilleur professeur de l'année. »

Il va à Londres :

« A Londres, l'un de mes passe-temps favoris consistait à acheter le *Daily Worker*, le seul journal que je lisais volontiers, à le déployer de manière ostentatoire et à observer les réactions des gens : aussitôt les regards convergeaient sur moi. »

Pour chauffer le local de l'Union des étudiants de l'Afrique de l'Ouest dont il est le vice-président, il récupère des morceaux de charbon dans les rues.

En même temps, il écrit son doctorat de philosophie sur le positivisme logique.

Il définit sa doctrine du boycott pacifique : celle du socialisme africain reposant sur la tactique de l'activité constructive, sans recours à la force.

Kwame revient au Ghana.

Nous sommes en 1947.

Là-bas, à peine une douzaine de personnes le connaît. Il s'agit justement du groupe qui dirige le mouvement de libération, la tête de la Convention unie de la Côte-de-l'Or. Ce mouvement qui vient de naître est largement implanté dans le pays. Mais son programme est inexistant et ses orientations très floues. Ses membres ont la réputation d'intellectuels. Ils ont besoin d'un homme de main. Nkrumah est l'homme qu'il leur faut.

Il n'a pas d'autre occupation. « A cette époque, tout mon patrimoine tenait dans une petite valise. »

L'année suivante, lors d'une manifestation pacifique, il marche sur la résidence du gouverneur général, le château de Christianborg. Des anciens combattants de la Seconde Guerre mondiale défilent avec une pétition revendiquant la reconnaissance de l'autonomie de la Côte-de-l'Or. La police tire quelques coups de feu, il y a deux morts. Aujourd'hui de jolies fleurs poussent là où les victimes sont tombées. On me montre cet endroit cent fois : pour la liberté du Ghana, deux hommes ont péri. Debout, je baisse la tête. Kofi demande :

— Y a-t-il eu aussi des victimes pour la liberté de la Pologne ?

A Accra éclatent des émeutes, des incendies, des pillages. La direction de la Convention unie est incarcérée. Nkrumah est emmené au nord, dans la savane. « Là-bas ils m'enferment dans une case minuscule où je suis surveillé jour et nuit par la police. »

Il est libéré, mais quand il reprend ses activités, il voit qu'il ne parle pas la même langue que les leaders du groupe.

Ils veulent pactiser avec les Anglais dans les cabinets ministériels.

Lui aussi veut négocier avec les Anglais. Mais avec la participation de la foule dans la rue.

Ces dirigeants qui ont fait leurs études à Oxford veulent atteindre leur but par la voie légale. Kwame, lui, a lu Lénine qui le pousse à aller dans la rue : « Regarde, dit-il, c'est là que se trouve la force. »

— La force ? s'étonne Kwame.

Des ruelles bondées, des marchandes qui crient, des enfants qui dorment à l'ombre des portes. Plantés au coin des rues, des bandes de gamins qui cherchent la bagarre. Des musulmans couchés à même le sol, étourdis par le soleil. Des porteurs tout en muscles qui gémissent, écrasés par le fardeau des sacs.

« C'est là que se trouve la force ! » insiste le Russe. En général, on ne peut pas faire confiance à un Blanc. Mais Kwame est seul. Les leaders se sont détournés de lui. Ils veulent le renvoyer en Angleterre.

Alors Kwame décide de faire appel à la rue. Aux

marchandes, aux gamins, aux porteurs. Aux paysans et aux fonctionnaires. A la jeunesse, surtout à la jeunesse. Et ce pas est décisif.

Les Anglais tergiversent.

Kwame lance le slogan du boycott général.

Toute la vie économique du pays est paralysée.

Les arrestations, la répression, les coups de matraque reprennent. Kwame est incarcéré. Des foules se réunissent devant la prison en chantant des hymnes et des chansons. L'une d'entre elles, « Le corps de Kwame Nkrumah pourrit derrière les barreaux », est restée dans ma mémoire.

Les Anglais cèdent : ils autorisent des élections générales (une première en Afrique). En février 1951, le Ghana se rend aux urnes. Victoire étourdissante du parti de Nkrumah : trente-quatre sièges sur trente-huit au Parlement.

La situation est ridicule : un parti remporte les élections alors que « le corps de son leader pourrit en prison ». Les Anglais sont obligés de le libérer. Porté par la foule, Kwame est emporté de sa cellule au fauteuil de Premier ministre. En chemin, le cortège s'arrête sur la place West End : « Là, nous avons célébré le traditionnel rite de la purification. Une brebis a été sacrifiée et j'ai dû à sept reprises prendre un bain de pieds dans le sang de la victime afin de me purifier de la souillure de la prison. »

Les portes de sa maison restent toujours ouvertes. Les gens viennent demander des conseils ou de l'aide. Ils viennent le saluer. Il lui arrive de prendre un bain et de donner une consultation à travers la porte. « Je dors en moyenne quatre heures par nuit. Ils ne me laissent pas tranquille, ils ne me laissent aucun répit. Pour eux je suis un automate qui est remonté le matin et qui n'a besoin ni de sommeil ni de nourriture. »

Quand le Premier ministre se rend dans les villages, il dort dans des cases. Parfois le soir il s'attarde dehors à parler avec les gens. Il ne rentre pas chez lui et passe la nuit là où on l'invite. Il se concilie tout le monde. C'est de cette manière qu'il passe son temps.

Six ans plus tard, le 6 mars 1957, le Ghana acquiert l'indépendance. C'est le premier pays d'Afrique noire à devenir indépendant.

La foule est rassemblée sur la place West End. En plein soleil, sous le ciel blanc de l'Afrique. La foule attend Nkrumah, noire, patiente, tout en sueur. Cette place, une poêle à frire brune au centre d'Accra, est pleine à ras bord. Quelques retardataires essaient de s'y glisser par la force ; la palissade qui entoure la place finit par craquer et les gosses qui étaient perchés dessus tombent comme des bananes. Il fait chaud.

Ce meeting pourrait se dérouler près de la mer. Là-bas, il y a de l'air et des palmiers. Mais à quoi bon les courants d'air et les palmiers ? L'essentiel est d'être là au rendez-vous avec l'histoire. L'histoire nous apprend en effet que, en 1950, Kwame Nkrumah a organisé un meeting à West End. Les gens y sont venus et ils sont aussi restés debout, il faisait la même chaleur écrasante, c'était en janvier, le mois de la sécheresse. A l'époque, Kwame Nkrumah parlait de liberté. Le Ghana devait être indépendant et il fallait se battre pour cet idéal. Mais pour y parvenir, il existait trois voies : celle de la révolution armée, que l'orateur réfutait ; celle des accords avec les cabinets ministériels, que l'orateur rejetait également. Et enfin la voie de la lutte du peuple par des moyens pacifiques. C'est ce dernier slogan qui s'est fait entendre sur la place West End.

Aujourd'hui, c'est l'anniversaire de ce jour, une fête presque ; le Premier ministre va prendre la parole et dire ce que tous les dirigeants du monde entier adorent dire : « Notre voie était juste. »

Sur la place, de grands mâts ont été fichés en terre. Ils sont douze. Chacun arbore huit portraits de Nkrumah. Cela fait en tout quatre-vingt-seize portraits. Les mâts sont reliés par des cordes en nylon sur lesquelles sont accrochées des bannières. Elles arborent le logo de la bière hollandaise Heineken. L'ensemble ressemble à un immense navire. Un navire qui ne vogue plus, qui s'est échoué dans une ville. Les gens sont dans l'expectative.

Là-bas, des ministres et des dirigeants du parti montent sur la tribune. Pour l'occasion ils ont revêtu une djellaba, vêtement qui rappellerait une chasuble si elle était plus rigide et plus richement brodée. La foule s'anime, des applaudissements se font entendre. Si, dans la foule, se trouve un ami ou un cousin du ministre, il s'écrie :

— Salut, Kofi ! (Il s'agit du ministre de l'Education, Kofi Baako.)

— Salut, Tawiah ! (Il s'agit du secrétaire général du parti, Tawiah Adamafio.)

Les dirigeants répondent d'un geste de la main et s'assoient dans de profonds fauteuils. Puis un pasteur s'approche du microphone installé sur la tribune. Je le reconnais : c'est le révérend Nimako, le chef de l'Eglise méthodiste d'Accra. Le pasteur va prier, car il joint les mains et ferme les yeux. Les haut-parleurs suspendus autour de la place sont en mauvais état, ils crépitent, mais le sens de la prière est clair : c'est une action de grâces. Le pasteur remercie Dieu d'avoir béni le peuple du Ghana, d'avoir pris sous sa protection Kwame Nkrumah, d'avoir écouté les prières que ce petit coin du monde lui a adressées. Puis il prie Dieu de ne pas renoncer à ses bienfaits et de garder l'avenir de ce pays dans la lumière et dans la paix.

— Amen, marmonne la foule. Dans la rue, des jeunes font éclater deux pétards.

Le pasteur cède la place à K. A. Gbedemah, le ministre des Finances, qui parle à son tour dans le microphone. Il annonce qu'il faut attendre parce que le guide n'est pas encore arrivé, et qu'il va en profiter pour relater l'histoire de la lutte pour l'indépendance du Ghana. Au milieu de son récit, on annonce l'arrivée de Nkrumah. La foule se met à onduler, les gens tendent le cou, les enfants passent de bras en bras. Tawiah Adamafio se lève de son fauteuil et s'exclame :

— Camarades, lorsque notre guide bien-aimé apparaîtra, saluez-le tous en agitant bien haut vos mouchoirs. Voilà, comme ça ! Et il montre le geste tandis que la foule s'entraîne par deux fois.

Kwame Nkrumah est sur la tribune.

Il porte une djellaba grise comme celle du monument érigé devant le bâtiment du Parlement. Dans la main il tient une baguette tendue de peau de singe ; d'après la croyance, elle est censée éloigner de l'homme le mal et les forces impures.

La place vibre, les mouchoirs s'agitent, les gens scandent :

— Yah-hia ! Yah-hia !

C'est un cri d'enthousiasme. Les nourrissons qui jusqu'à présent somnolaient dans le dos de leur mère s'agitent avec inquiétude, mais, dans le tintamarre général, on n'entend pas leurs cris.

A la suite de Nkrumah, six policiers coiffés de casques de moto montent sur la tribune aussitôt assaillie d'une foule de gamins. Deux policiers se placent aux coins et quatre se mettent en rang derrière le fauteuil du Premier ministre. Les jambes écartées, les mains derrière le dos, ils vont rester immobiles jusqu'à la fin du meeting.

Nkrumah s'est installé dans son fauteuil derrière une petite table recouverte du drapeau national. La place est soudain devenue silencieuse. La chaleur est toujours aussi forte. Le seul fait de crier épuise. Quelqu'un entonne un chant du parti, mais avant qu'il soit repris, deux sorciers apparaissent sur la tribune. L'un d'eux est Nai Wolomo, le grand sorcier du district Gâ où est situé Accra. Je ne connais pas le second. Ils commencent la cérémonie rituelle par une danse. Exécutant des pirouettes sacrées, ils saluent bien bas Nkrumah. Quand ils se penchent devant le Premier ministre, ils tendent leur derrière en arrière. Ce qui ne manque pas d'amuser la foule qui applaudit et crie de nouveau :

— Yah-hia ! Yah-hia !

Fatigués, les sorciers s'arrêtent, et exhibent deux bouteilles de schnaps. Le schnaps est une vodka que la Hollande exporte au Ghana, une eau-de-vie parfumée. Mais le schnaps des sorciers a des pouvoirs magiques, c'est une boisson sacrée, et les sorciers en offrent à Nkrumah. Le Premier ministre se lève, boit un petit verre qu'il prend des mains du sorcier. Cet acte est salué par de nouveaux applaudissements. Au milieu de conjurations et de gestes mystérieux destinés à fléchir la colère du dieu de la mer, le reste de la boisson est versé sur la tête des spectateurs proches de la tribune (ce rite rappelle une tradition polonaise, quand, le lundi de Pâques, les gens s'aspergent d'eau).

Nkrumah commence son discours (le lendemain, le texte en sera publié dans l'*Evening News* sous le titre : « Une nouvelle Bible pour l'Afrique »). Nkrumah est debout devant le micro, il promène son regard sur la place et dit :

— Joyeuses fêtes et bonne et heureuse année !

C'est le 8 janvier, aussi les gens éclatent de rire. Nkrumah prend un air sérieux et la foule se tait momentanément. Les gens attendent, le regard fixé sur lui. Nkrumah se met à rire et tous rient à sa suite. Il redevient grave et aussitôt les visages des gens se font graves. Il sourit et la foule est souriante. Il commence par dire dans la langue fanti que cela fait longtemps qu'ils ne se sont pas rencontrés, mais comme il le voit, tout le monde a bonne mine.

— C'est grâce à toi, Kwame, s'exclament des voix.

Après cette introduction, il se retourne. A ce signal, Adamafio s'approche de lui avec un haut pupitre sur lequel sont posées les feuilles de son discours. En anglais. Le Premier ministre s'adresse aux auditeurs :

— Camarades et messieurs !

Il parle d'un ton ferme, clair, monotone. Nkrumah est un orateur extraordinaire, ses gestes sont modérés mais expressifs. Même les Anglais reconnaissent qu'ils le regardent parler avec plaisir. C'est un homme de taille moyenne, bien bâti, élégant. Il a un visage intelligent avec un front haut, un regard sage et triste. Même quand Nkrumah rit, son regard reste triste.

— Camarades et messieurs !

Il rappelle ses deux maximes : d'abord le royaume politique et le reste suivra ; l'indépendance du Ghana est une phrase creuse tant que la libération totale du continent africain n'est pas réalisée.

Kwame dit qu'une première bataille a été gagnée : le pays est libre. Maintenant se déroule une deuxième bataille : celle de « la construction et de la libération de l'économie ». Elle est beaucoup plus difficile et compliquée. Elle exige plus d'effort, de sacrifice et de discipline.

Il lance alors un avertissement sévère à ses propres

rangs. Il s'en prend au caractère bureaucratique du parti, aux carriéristes et aux dignitaires.

— Je dois absolument mettre en garde ceux qui, placés par le parti à des postes de responsabilité, s'oublient et estiment qu'ils sont plus importants que le parti lui-même. Je dois mettre en garde ceux qui entrent au parti en espérant profiter de leur position pour se faire valoir, s'enrichir sur le dos du parti et du peuple.

Là, c'est le délire ! La place ovationne l'orateur. Elle crie :

— Anko, Kwame ! Anko, anko !

(Encore, Kwame, répète, oh répète !)

Alors que la foule applaudit, crie et chante, un garçon en chemise aux couleurs du parti et de la nation (rouge, blanc, vert) bondit devant la tribune et fait des sauts vertigineux. Trois sauts dans une direction, il se tourne, trois dans l'autre. Nkrumah interrompt son discours et regarde le spectacle avec intérêt. Trois bonds en arrière, trois bonds en avant. C'est un excellent acrobate, vous pouvez me croire. Il finit par se fatiguer et sous les applaudissements disparaît dans la foule.

Nkrumah aborde maintenant son thème favori : l'Afrique. Pendant son discours, Adamafio, le secrétaire général du parti, se tient à ses côtés. Il prend les feuillets qui ont été lus et suit du coin de l'œil ceux que le Premier ministre est en train de lire. Quand il estime qu'un passage est digne d'applaudissements, il se tourne vers la foule et lève bien haut les mains dans un geste signifiant : attention, on y va ! Nkrumah arrive à la fin de sa phrase et la main d'Adamafio s'abaisse brutalement : une rumeur monte de la foule. Si l'enthousiasme est convaincant, Adamafio se frotte les mains et lance un clin d'œil à ceux qui se tiennent près de lui.

Nkrumah s'en prend maintenant aux colonialistes :

— Leur politique consiste à créer en Afrique des Etats indépendants, mais instables et faibles. De cette manière, ces ennemis de la liberté africaine comptent nous utiliser comme des marionnettes afin de maintenir leur domination en Afrique.

La foule exprime son indignation. Les gens s'écrient :

— A bas ! A bas ! Conduis-nous, Kwame !

Le discours dure trois quarts d'heure. Debout, la foule écoute et réagit à chaque mot. Quand Nkrumah conclut par l'exclamation : « Vive l'unité et l'indépendance de l'Afrique ! », dans un coin de la place un orchestre de jazz entame un boogie-woogie tonitruant. Les gens qui se tiennent près de l'orchestre se mettent à danser. Le boogie déferle sur la place, provoquant un déhanchement instinctif de la foule. Mais la musique est bientôt étouffée, car Joe-Fio Myers, le secrétaire général des syndicats, entreprend la lecture d'une déclaration de loyauté et de soutien que le monde du travail du Ghana a remis entre les mains de Kwame Nkrumah.

La foule quitte la place. Plus loin, je rencontre Kodzo. Kodzo est employé à la poste et amateur de boxe. Un copain.

Je lui demande : « Pourquoi n'es-tu pas venu ? C'était intéressant.

— Est-ce que Kwame a parlé des paies ?
— Non.
— Tu vois. Pourquoi y serais-je allé ? »

1960

Plan d'un livre qui aurait pu commencer à cet endroit (ou petits soucis dont je n'ai jamais parlé)

1. Retour d'Afrique au pays, de la rôtissoire à la congère. Tu es tout bronzé, tu as été à Zakopane ? Notre imagination est-elle donc incapable de dépasser Plock, Siemiatycze, Rzeszow ou Zakopane ? Je travaille pour l'hebdomadaire Polityka. Mon directeur, Mieczyslaw F. Rakowski, m'envoie sur le terrain, encore la brousse, mais cette fois celle de chez nous, la brousse polonaise. A Olecko ou Orneta, j'apprends que le Congo est agité par une tempête d'envergure mondiale. On est au début du mois de juillet 1960. Le Congo, le pays d'Afrique le plus fermé, le plus inconnu, le plus inaccessible, vient d'acquérir l'indépendance, provoquant aussitôt une révolte de l'armée, la fuite des colons, l'intervention des parachutistes belges, l'anarchie, l'hystérie et le massacre. La une de tous les journaux reprend ce méli-mélo indescriptible. J'achète un billet et rentre en train à Varsovie.

2. Je demande à Rakowski de m'envoyer au Congo. Je suis pris au jeu, j'ai la fièvre.

3. Mon départ se révèle impossible car, entre-temps, tous les ressortissants des pays socialistes ont été mis à la porte du Congo. Avec un passeport polonais, je n'ai aucune chance d'y aller. En guise de consolation,

la commission des voyages m'attribue des devises et un visa pour le Nigeria. Mais peu m'importe le Nigeria, il ne s'y passe rien (à ce moment-là).

4. Je suis déprimé, effondré. Soudain surgit une étincelle d'espoir : j'apprends que, au Caire, un correspondant tchèque a l'intention de pénétrer au Congo par la jungle. Je dis officiellement que je vais au Nigeria, mais je change en douce mon billet d'avion contre un billet pour Le Caire et je décolle de Varsovie. Seuls quelques collègues sont dans le secret.

5. Au Caire, je rencontre le Tchèque, il s'appelle Jarda Bouczek. Nous nous retrouvons dans son appartement qui ressemble à un petit musée d'art arabe. Dehors gronde une ville brûlante, une ville gigantesque, une oasis de pierre coupée en deux par le Nil. Jarda veut passer au Congo par le Soudan ; l'avion jusqu'à Khartoum, puis l'avion jusqu'à Juba ; là-bas il nous faudra acheter une voiture. Après, c'est l'inconnu. Le point d'arrivée de l'expédition doit être Stanleyville, la capitale de la province orientale du Congo où s'est réfugié le gouvernement de Lumumba (Lumumba lui-même a été arrêté, et à la tête du gouvernement se trouve actuellement son ami Antoine Gizenga). Je suis du regard le doigt de Jarda qui remonte le cours du Nil, fait de courtes haltes touristiques (là il n'y a que des crocodiles, là commence la jungle), jusqu'au moment où il prend la direction du sud-ouest et s'arrête au bord du fleuve Congo, à un endroit marqué d'un petit rond à côté duquel on peut lire : Stanleyville. Je dis à Jarda que j'aimerais participer à cette expédition, que j'ai même un ordre de mission officiel pour me rendre à Stanleyville (ce qui est un beau mensonge). Il accepte, mais me prévient que ce voyage peut nous coûter la vie (la suite des événements montrera que son avertissement était justi-

fié). Il me donne une copie de son testament qu'il a déposé à l'ambassade. Il faut que je fasse la même démarche.

6. Après mille tracas pour obtenir un visa soudanais au bureau d'United Arab Airlines, j'échange mon billet Varsovie-Le Caire-Lagos contre un billet Varsovie-Khartoum-Juba et je m'envole pour le Soudan. Jarda reste au Caire où un autre Tchèque doit le rejoindre. Ils me retrouveront à Khartoum, d'où nous partirons tous les trois. Khartoum est une ville provinciale, torride, j'y meurs d'ennui et de chaleur.

7. Arrivent Jarda et son confrère, Duszan Prowaznik. Nous attendons l'avion plusieurs jours. Finalement nous nous envolons pour le sud du Soudan, vers Juba, une petite ville de garnison au cœur d'un désert invraisemblable. Personne ne veut nous vendre de voiture, nous finissons par trouver une tête brûlée (à Juba aussi tout le monde estime que se rendre au Congo, c'est aller au-devant de la mort) qui, pour une somme coquette, accepte de nous conduire à la frontière, à plus de deux cents kilomètres.

8. Le lendemain midi, nous arrivons à la frontière qui est surveillée par un policier à moitié nu avec une jeune fille à moitié nue aussi et un petit garçon. Il ne nous fait aucune difficulté et tout semble commencer dans la sérénité et le calme quand, une douzaine de kilomètres plus loin, dans la petite ville d'Aba, nous sommes arrêtés par une patrouille de la gendarmerie congolaise. J'ai oublié de dire qu'au Caire, un ministre du gouvernement de Lumumba, Pierre Mulele (qui par la suite dirigera le soulèvement des Simbas et sera assassiné), a rédigé à la main, sur des feuilles de papier ordinaire, nos visas pour le Congo. Mais qui se soucie de nos visas ? Le nom de Mulele ne dit rien aux gendarmes. Leurs visages fermés, sinistres, à moitié enfouis dans des casques, sont déplaisants. Ils nous ordonnent de faire demi-tour. « Retournez au Soudan, nous disent-ils, car plus loin, c'est dangereux. C'est de pire en pire. » Comme s'ils étaient les gardiens d'un enfer qui commence juste dans leur dos. « Nous ne pouvons revenir au Soudan, car nous n'avons pas de visa de retour (ce qui est exact). » Les négociations commencent. En guise de pots-de-vin, j'ai emporté avec moi quelques cartouches de cigarettes, et les Tchèques un coffret de pacotille. Nous achetons les gendarmes avec deux ou trois bricoles (des colliers, des boucles d'oreilles). Ils nous laissent partir, et le chef de patrouille ordonne à un sergent dénommé Séraphin de nous escorter. A Aba, nous louons une voiture avec un chauffeur du coin. C'est une énorme Ford déglinguée. Mais les énormes Ford déglinguées ont le mérite d'être d'une robustesse à toute épreuve ; avec elles, on peut traverser le continent africain de long en large.

9. A l'aube, nous partons pour Stanleyville ; mille kilomètres de route de terre sans bitume ni pavés, sous un tunnel ininterrompu de verdure et de ténèbres, dans la touffeur de feuilles en putréfaction, de branches et de racines entrelacées, car nous nous enfonçons dans la plus grande jungle d'Afrique, dans un univers invraisemblable de végétation concentrée qui se décompose tout en proliférant. La forêt tropicale que nous traversons nous remplit de frayeur et d'extase. Régulièrement nous sommes obligés de tirer la Ford de l'argile rouge ou d'un marécage envahi par des lentilles d'eau brunes. Sur la route nous sommes arrêtés par des barrages de gendarmes, soûls ou affamés, indifférents ou agressifs, révoltés, indolents, une armée devenue sauvage qui s'est emparée du pays en pillant et en violant. Quand nous sommes arrêtés par des gendarmes de ce type, nous poussons Séraphin hors de la voiture et attendons la suite des événements. Si Séraphin tombe dans les bras des gendarmes, nous soupirons d'aise, car cela signifie qu'il est tombé sur des alliés de sa tribu. Mais s'ils lui cassent la gueule et le frappent de la crosse de leur fusil, nous avons la chair de poule, car le même sort nous attend, si ce n'est pire. Qu'est-ce qui pouvait bien nous motiver ? Notre bêtise ? Un manque d'imagination ? La passion ? L'ambition ? L'inconscience ? Le sens du devoir ? Une idée fixe ? Le point d'honneur de continuer coûte que coûte sur cette route (sur laquelle notre vie ne tenait qu'à un fil) ? En avançant, je sens que chaque kilomètre franchi ajoute derrière nous une barrière, une porte supplémentaire et que le retour devient de plus en plus impossible. Au bout de deux jours de traversée, nous arrivons enfin à Stanleyville.

Lumumba

Hier cet homme était chez nous. Ils sont arrivés à quatre dans une voiture couverte de boue. La voiture s'est arrêtée devant le bar. L'homme est entré pour boire une bière. Les trois autres se sont dispersés dans la petite ville. Le bar était désert, l'homme s'est assis tout seul et a bu une bière. Le serveur a mis un disque. Bill Haley chantait « See you later, alligator ». « Ce n'est pas la peine », a dit l'homme assis à la petite table. Le serveur a arrêté le disque. Les trois autres sont arrivés. « C'est bon ? » a demandé l'homme. « Oui », ont-ils répliqué, et ils sont sortis tous les quatre. Sur la place, les gens les regardaient marcher : en tête, un homme grand, mince, et derrière lui, trois hommes trapus avec de longs bras.

Les jeunes filles se sont mises à jouer des coudes car l'homme mince leur plaisait. L'homme mince a souri, d'abord aux filles, ensuite aux autres, puis il a commencé à parler. Nous ne le connaissions pas. Généralement nous connaissions tous ceux qui venaient parler, mais celui-là, nous le voyions pour la première fois. Avant, c'était un Blanc qui venait ici. Il s'essuyait le front avec un mouchoir et marmonnait dans sa barbe. Ceux qui étaient aux premières loges répétaient aux autres ce qu'ils avaient entendu. Dans son marmonnement, il était toujours question d'impôts et de corvée. De quoi d'autre peut bien parler un administrateur ? Parfois nous avions la visite de Mami, notre roi, le roi des Bangs. Il était paré de colliers et de bracelets qui faisaient un bruit creux. Mami n'avait aucun pouvoir, mais il disait que le jour où il récupérerait son trône, les Bangs prendraient leur revanche, ils battraient les Angras qui les avaient chassés des rives poissonneuses de l'Aruwimi. Mami secouait la main, un son creux résonnait.

Cet homme ne parlait pas comme les autres. Il a dit : « Notre tribu n'est pas seule. Il existe une famille de tribus et cette famille s'appelle la nation congolaise. » Nous devions tous être frères, l'union faisait la force.

Il a parlé pendant longtemps, la nuit est tombée et avec elle les ténèbres. Les ténèbres ont emporté tous les visages. On ne voyait plus que les paroles de cet homme. Elles étaient claires. Nous les distinguions parfaitement.

Il a dit : « Y a-t-il des questions ? » Silence. D'habitude, celui qui pose des questions est passé à tabac. Aussi tout le monde se taisait. Finalement un homme s'est écrié : « Et toi, comment t'appelles-tu ? » « Moi ? a dit l'homme en riant, je m'appelle Lumumba, Patrice Lumumba. »

Comment est-il ? Grand, souple, il s'essuie le front de ses longs doigts nerveux. Il a un visage qui plaît car il est sombre mais ses traits sont européens. Patrice parcourt les rues de Léopoldville. Il s'arrête, fait demi-tour, repart. Il est seul, il réfléchit à son grand monologue.

Nous sommes assis un soir dans la pièce où entre

Kambi. Il a un visage que je préférerais ne plus revoir. Il dit sourdement :

— Patrice Lumumba est mort.

J'ai cru que le plancher allait s'effondrer et que nous allions nous retrouver deux étages en dessous. J'ai regardé Kambi. Il ne pleurait pas, il ne montrait pas le poing. Il était désemparé. C'est un spectacle fréquent dans ce pays : un homme qui est désemparé. Car il est ministre, et il ne sait que faire. Car son parti s'est dispersé, et il ne sait pas comment le ressouder. Car il attend de l'aide, et l'aide ne vient pas.

Kambi s'est assis et s'est mis à répéter en boucle, machinalement, comme s'il récitait son chapelet :

— Ce sont les Belges, ce sont les Belges, les Belges...

Je tends l'oreille : la ville gronde. Va-t-il y avoir des coups de feu ? Des représailles ? Mais Stanleyville est sombre, morte et muette. Personne n'a embrasé de bûchers. Personne n'a sorti son couteau.

— Kambi, as-tu vu Lumumba ?

Non. Kambi ne l'a pas vu. Mais il peut l'entendre. Lui et son ami Ngoy apportent un magnétophone. Ils le branchent, la bande se met à tourner.

Discours de Lumumba au Parlement.

Kambi augmente le volume. Maintenant Patrice parle à pleine voix. Les fenêtres sont ouvertes et la rue entend ses paroles. Mais la rue est vide, et les portes sont fermées. Patrice s'adresse à une rue vide, il ne s'en rend pas compte, il ne le voit pas, il n'y a que sa voix.

Kambi l'écoute sans arrêt. Comme de la musique. Le front appuyé sur la main, les yeux fermés. La bande tourne lentement, avec un léger bruissement. Patrice est tranquille, il commence sans émotion, avec sécheresse même. Pour le moment il donne des informations, il présente la situation. Il parle clairement, avec un accent marqué, il prononce soigneusement chaque syllabe, comme un acteur qui garde toujours présents à l'esprit les derniers rangs de la salle. Soudain sa voix s'élève, vibre, devient perçante, tendue, un peu hystérique. Patrice attaque les forces d'intervention. On entend un coup léger : il frappe la table de la main pour donner du poids à ses arguments. L'attaque est violente, mais brève. Blanc sur la bande rythmé par le bourdonnement lancinant de l'appareil. Kambi qui jusqu'à présent a retenu son souffle reprend sa respiration. De nouveau Patrice. Une voix basse, ralentie, des pauses entre les mots. Un ton empreint d'amertume et de déception. Il parle la gorge serrée. Il s'adresse à une salle en ébullition. On croirait une diète de nobles. La contestation va commencer.

Personne ne crie.

La salle est silencieuse. Patrice l'a reprise en main. Il explique, persuade. Sa voix se fait murmure. Kambi se penche sur la bande. Il écoute les confidences du leader. Murmure, murmure, bruissement de la bande et encore murmure. Respiration. On n'entend pas la salle. La salle se tait, la rue est déserte, le Congo est invisible. Lumumba n'est pas là, la bande tourne. Kambi écoute. La voix reprend de la couleur, de la puissance, de la tension. L'agitateur se dresse sur la tribune. C'est sa dernière chance : de les convaincre, les conquérir, les enthousiasmer. De faire pencher la balance de son côté. La bande tourne, invasion folle des mots, l'unité, l'unité, les arguments se bousculent, les phrases s'enflamment, pas de retour en arrière, il faut aller là où se trouve notre « *Uhuru* », notre indépendance. Il faut aller là où se trouve notre colonne vertébrale, notre espoir, le Congo, la victoire.

Le feu a pris.

La bande sort du rouleau.

J'ai entendu parler Nasser. J'ai entendu parler Nkrumah. J'ai entendu parler Sékou Touré. Et maintenant j'entends Lumumba. C'est impressionnant de voir l'Afrique les écouter. C'est impressionnant de voir la foule se rendre à un meeting : solennelle, émue, le regard enfiévré. Il faut avoir les nerfs solides pour supporter le moment où la foule accueille chacun d'entre eux avec des cris extatiques. Il est bon d'être parmi eux. D'applaudir, de rire et de se fâcher avec eux. Là on sent vraiment leur patience et leur force, leur dévouement et leur menace. En Afrique, un meeting est toujours une fête populaire, joyeuse, pleine de dignité, comme la fête des moissons. Les sorciers font des exorcismes, les imams lisent le Coran, des orchestres jouent du jazz. Le vent éparpille du papier crépon, des marchandes vendent des crécelles, et sur la tribune les grands parlent de politique. Nasser parle d'un ton ferme, expressif, il est toujours dynamique, impulsif, autoritaire. Touré taquine la foule, la conquiert par la sérénité, un sourire permanent, une nonchalance subtile. Nkrumah est pathétique, concentré, il a les manières d'un prédicateur qu'il a gardées de l'époque où il prononçait des sermons dans les églises noires en Amérique. Enivrée de la parole de ses leaders, la foule se rue sur la voiture de Gamal, soulève celle de Sékou, se brise les côtes pour toucher celle de Kwame.

Carrières fulgurantes, grands noms. Réveillée, l'Afrique a besoin de personnages illustres. En guise de symbole, de ciment, de dédommagement. Pendant des siècles, l'histoire de ce continent a été anonyme. Pendant trois siècles, des marchands ont exporté du continent africain des millions d'esclaves. Qui pourrait citer un nom de victime ? La lutte contre l'invasion blanche a duré des siècles. Qui pourrait mentionner le nom d'un combattant ? Quels noms évoquent les souffrances de ces générations de Noirs ? Quels noms évoquent le courage de ces tribus massacrées ? L'Asie a eu Confucius et Bouddha, l'Europe Shakespeare et Napoléon. Mais le passé de l'Afrique n'offre au monde ni même à l'Afrique pas un seul nom.

Or, voilà que depuis que l'Afrique s'est mise en marche, chaque année ou presque semble vouloir rattraper le retard accumulé, marquant l'histoire de noms nouveaux : Gamal Nasser pour l'année 1956, Kwama Nkrumah pour 1957, Sékou Touré pour 1958, Patrice Lumumba pour 1960.

Aucun d'entre eux ne grimpe péniblement l'échelle des promotions gouvernementales, ne compte ses voix, ne s'incline devant ses protecteurs. Tous sont emportés au sommet par la vague de la lutte pour la libération, tous sont les enfants de l'époque des tempêtes et des pressions, tous sont nés des aspirations et des désirs de leur pays et du continent tout entier. Et tous seront d'une certaine manière des dirigeants à l'échelle de l'Afrique. Chacun aura l'ambition de faire de sa capitale la Mecque du continent noir.

Ce groupe de quatre ne se rencontrera jamais : Lumumba n'en aura pas le temps. Toute la biographie de cet homme se réduit à la formule : il n'aura pas le temps. A l'époque où Kasavubu ou Bolikango font péniblement la conquête de leur clientèle, Lumumba est encore invisible, car ou il est trop jeune ou il croupit en prison. Tandis que ceux-là pensent à leur cour locale, lui pense au Congo tout entier.

Le Congo est un océan, une énorme fresque tout en contrastes. De petits groupes de gens vivent éparpillés dans l'immense jungle et la vaste savane, souvent sans se connaître et sans savoir grand-chose sur eux-mêmes. Six personnes au kilomètre carré. Le Congo est aussi étendu que l'Inde. Il aura fallu vingt ans à Gandhi pour parcourir l'Inde. Lumumba a essayé de parcourir le Congo en six mois. C'est absolument impossible.

Pourtant, au Congo comme en Inde, c'était le seul moyen : traverser le pays. Passer dans chaque village, s'arrêter dans chaque petite ville, et parler, parler, parler. Les gens veulent voir leur leader, ils veulent l'entendre au moins une fois. Qui sait ? C'est peut-être l'homme du mal ou un homme sans dieu ! Il faut le voir. Qu'il s'exprime ! Après on décidera si oui ou non c'est un dirigeant digne de ce nom. Dans d'autres pays, les leaders ont à leur disposition la presse, la radio, le cinéma ou la télévision. Ils ont une équipe.

Lumumba n'a rien de tout cela. Tout est la propriété des Belges. Quant à son équipe, elle n'existe pas. Quand bien même il aurait un journal, combien de gens le liraient ? Quand bien même il aurait une station de radio, combien de foyers disposeraient d'un récepteur ? Il faut donc parcourir le pays. Comme Mao, Gandhi, Nkrumah et Castro. On peut tous les voir en habit de paysan sur de vieilles photos : Mao en blouse de toile serrée à la taille, le Mahatma en *dhoti* d'où dépassent ses jambes maigres, Kwame avec son *kente* brodé jeté sur ses épaules, Fidel dans une chemise de partisan râpée.

Lumumba est toujours tiré à quatre épingles : chemise d'un blanc éclatant, col amidonné, boutons de manchettes, nœud de cravate à la mode, monture de lunettes coûteuse. Ce n'est pas le style du peuple. C'est celui des gens évolués qui imitent les Européens. Quand Nkrumah voyage en Europe, il arbore le costume africain. Quand Lumumba se rend au village, il arbore le costume européen. Peut-être n'est-ce pas intentionnel. C'est du moins perçu comme tel.

Du reste, Patrice va peu au village. Ce n'est pas un meneur paysan. Ni même un meneur ouvrier. C'est un enfant de la ville. Loin d'être une concentration prolétarienne, la ville africaine est, bon gré mal gré, constituée d'une population d'employés et de petits-bourgeois. Patrice a justement commencé sa carrière avec la ville, non pas avec le village. Non pas avec les paysans, mais avec ceux qui hier étaient encore des paysans. Et cela fait une différence. L'homme qui arrive directement de la jungle sur le boulevard Albert à Léopoldville est comme ivre. Le contraste est trop fort, le saut trop violent. Jusqu'alors, il vivait paisiblement dans sa tribu où tout était compréhensible. L'organisation tribale a au moins le mérite de lui donner l'équilibre. Il sait que lorsqu'il se trouve dans la situation x, il doit en sortir de la manière y. Car tel est l'usage. Mais à la ville, il se retrouve seul. A la ville, il y a un patron, un propriétaire et un boutiquier. Pour lui, ce sont des étrangers. Les uns donnent de l'argent, les autres en réclament. Ces derniers sont plus nombreux et c'est bien là le malheur. Tout le monde est indifférent. Quand il n'y a plus de travail, il faut aller ailleurs. On va dans les bars.

A vrai dire, la carrière de Lumumba commence dans les bars. On estime que dans les quartiers d'argile de Léopoldville, il y en a cinq cents. Le bar africain n'a rien à voir par exemple avec le bar Lowicki à Varsovie. Au Lowicki, on fait la queue, on prend sa dose (ses cent grammes) de vodka, on croque son concombre au sel et on s'en va. Si on veut reprendre une dose, on refait la queue. C'est la cohue, la précipitation, aucune place pour la convivialité.

Mon café favori en Afrique s'appelle « Alex ». Les noms sont souvent très coquets : « Pourquoi pas », « Tu as perdu ton chemin » ou « Seulement toi ».

Récemment sont apparues des enseignes carrément pathétiques : « Indépendance », « Liberté », « Lutte », etc. « Alex » est une petite baraque de plain-pied, décorée comme une auberge un jour de noces, avec des couleurs criardes et extravagantes. Placardée de réclames de Coca-Cola, de Martele et de Shell, elle se trouve au cœur d'une palmeraie. Le matin il n'y a personne, mais le soir elle attire toute une foule de clients qui s'installent à des petites tables en fer sur des chaises en fer pour siroter leur bière.

Sans bière point de salut. Il y a beaucoup de bouteilles et beaucoup de verres. Les capsules tombent sur le sol dans un tintement de ferraille. Avec ces capsules, les filles fabriquent des ceintures dont elles se ceignent les hanches. Elles défilent et les capsules carillonnent. Ce cliquetis est censé exciter.

Sans jazz point de salut. Des chanteurs à la voix éraillée, Armstrong à la voix éraillée, des disques si usés qu'on n'entend plus rien sauf ces sons éraillés. Mais le bar danse. Peu importe que tout le monde soit assis. Regardez les pieds, les épaules, les mains. Que l'on discute, se dispute ou flirte, que l'on règle des affaires, lise la Bible ou somnole, le corps danse constamment. Le ventre ondule, la tête se balance. Tout le bar se balancera ainsi jusqu'à une heure tardive.

C'est une deuxième maison. Chez soi, on ne peut pas rester assis, car il n'y a pas de place, c'est la grisaille et la misère. Les femmes se querellent, les mômes pissent dans les coins. Et puis il n'y a pas de papier crépon ni la voix d'Armstrong. La maison, c'est une contrainte, alors que le bar, c'est la liberté. De plus le mouchard blanc ne fréquente pas les bars, car on le reconnaît à un kilomètre à la ronde. On peut donc y aborder n'importe quel sujet. Au bar, il y a toujours beaucoup de mots. Le bar, c'est le lieu des débats, des discussions, de la philosophie. Le bar s'empare d'un sujet, l'examine, le retourne dans tous les sens pour parvenir à la vérité. Tout le monde s'en mêle. Peu importe le thème de la discussion. Ce qu'il faut, c'est participer. S'exprimer. Le bar africain, c'est le forum de la Rome antique, la place du marché d'une petite cité médiévale, la cave à vins de Robespierre. C'est là que naissent les opinions, idolâtres ou destructrices. C'est là que l'on est hissé sur un piédestal ou précipité sur la terre battue. Si le bar est enthousiaste, on fera une carrière immense, mais si le bar se moque, on peut retourner dans la jungle. Au milieu des vapeurs de la bière mousseuse, de l'odeur irritante des filles, du brouhaha des tam-tams, les noms, les dates, les phrases et les jugements s'entrecroisent. On étudie un problème, on y réfléchit, on pèse le pour et le contre. Une main s'agite, une femme nourrit son bébé, un rire éclate. Ragots, fièvre, foule. Ici on s'entend sur le prix d'une nuit, là on établit le programme de la révolution, à côté on recommande un bon sorcier, plus loin on raconte l'histoire d'une grève. Dans un bar, vous avez tout à la fois : le club et le mont-de-piété, le lieu de promenade et le porche d'église, le théâtre et l'école, le bistro et le meeting, le bordel et la cellule de parti.

Le bar est incontournable et Lumumba l'a parfaitement compris. Lui aussi s'arrête pour prendre un bière. Patrice n'aime pas se taire. Il sent qu'il a quelque chose à dire et il veut se faire entendre. Patrice est un orateur inspiré, génial. Il commence par parler de tout et de rien. Ici personne ne le connaît : c'est un visage étranger. Il n'appartient ni à la tribu des Bangalas ni à celle des Bakongos. Par ailleurs, il ne prend parti pour aucune tribu. D'après cet étranger, il y a seulement un Congo. Le Congo, c'est un thème immense, on peut en parler sans fin sans jamais se répéter. De plus, c'est un thème qui se laisse bien écouter. Et le bar se met à écouter. Pour la première fois, le bar se tait, se calme, devient grave. Il tend l'oreille, réfléchit, compare avec son propre point de vue. Notre pays est immense, explique Patrice. Il est riche et beau. Il pourrait devenir une puissance si les Belges s'en allaient. Comment s'opposer aux Belges ? Par l'union. Que les Bangalas cessent de mettre des serpents dans les cases des Bakongos. Cela ne fait qu'engendrer des querelles, et il n'y a pas de fraternité. Vous n'avez pas de liberté, et vos femmes n'ont pas de quoi acheter un régime de bananes. Ce n'est pas une vie.

Patrice s'exprime avec simplicité. A ces gens, il faut parler avec simplicité. Il les connaît. Lui aussi vient du village, il comprend ces hommes qui n'ont pas la notion du temps, qui sont désemparés, désorientés, déroutés, et qui cherchent dans le monde nouveau de la ville un soutien, une planche de salut à laquelle se raccrocher pour reprendre haleine et replonger ensuite dans le tourbillon des visages, le tohu-bohu du marché, l'oisiveté quotidienne. Quand on discute avec ces gens, on se rend compte que tout dans leur esprit est incroyablement emmêlé. Le réfrigérateur et les flèches empoisonnées, de Gaulle et Ferhat Abbas, la peur du sorcier et l'enthousiasme pour le spoutnik. Lorsque les Belges ont envoyé leurs forces d'intervention au Congo, ils ont ordonné à leurs soldats de revêtir l'uniforme des parachutistes. Je me cassais la tête pour comprendre. Et j'ai fini par prendre conscience qu'ici les paras font peur. En Afrique, les gens craignent celui qui tombe du ciel. Pour eux, ce n'est pas n'importe qui. Il doit y avoir quelque chose derrière et mieux vaut ne pas approfondir.

Patrice est le fils de son peuple. Lui aussi est parfois

naïf et mystique, lui aussi passe facilement d'un extrême à l'autre, de l'explosion de bonheur au désespoir muet. Lumumba est une personnalité passionnante, car excessivement complexe. Rien chez cet homme ne se prête à une définition. Toute formule est étroite : homme inquiet, tête brûlée, poète sentimental, politique ambitieux, âme spontanée, arrogante et en même temps soumise, jusqu'au bout sûr de son bon droit, sourd à la parole d'autrui, captivé par sa propre voix.

Lumumba séduit les bars. Dès le premier jour. Il les met dans sa poche, définitivement. Patrice parle toujours avec conviction, or ces gens veulent être convaincus. Ils veulent se doter d'une nouvelle foi, car la foi tribale a été ébranlée. Chez nous autrefois on disait : « Camarade, ce ne sont pas des slogans qu'il nous faut, mais une orientation. » C'est justement ce que Lumumba propose dans les bars. Il enseigne, montre, prouve. Les gens acquiescent et applaudissent. *Il a raison**, s'écrient-ils, il a raison ! Et aujourd'hui, quand le Congo évoque son nom, ils répètent le même refrain, l'air rêveur : *Oui, il avait raison**.

1961

---

* En français dans le texte (*NdT*).

Les hommes du parti

Ils étaient trois. A pied ou en voiture, ils étaient toujours trois. Leur vieille Chevrolet poussiéreuse s'arrêtait devant l'hôtel, les portières claquaient et l'escalier résonnait du bruit de leurs pas. Ils frappaient à notre chambre, entraient, s'asseyaient dans des fauteuils. En Pologne, trois hommes qui se déplacent ensemble, cela n'a aucune incidence. Mais au Congo, trois hommes cela peut représenter un parti.

Notre première conversation. Ils se sont présentés :
— Les socialistes du Kasaï.
— Enchantés.

Après quelques phrases, l'un d'entre eux nous a dit de but en blanc :
— Nous avons besoin d'argent.
— Pour quoi ? a demandé Jarda.
— Nous voulons que le socialisme triomphe au Kasaï. Pour cela, nous devons corrompre les dirigeants de notre province.

Nous étions jeunes, et donc pardonnables. Jarda a dû répliquer que le socialisme ne pouvait triompher par l'argent. Et il a dû ajouter quelques mots sur les masses. Les masses avant tout, c'était son cheval de bataille. Les socialistes étaient affligés. Pour eux, la masse n'est pas importante. Où avons-nous vu ici des millions de gens se déplacer ? Ici les masses sont passives, analphabètes et éparpillées. Tout se joue dans le cercle des dirigeants. Cinq cents noms au maximum. Et ce sont justement ces noms qu'il faut acheter. Il suffit d'une poignée d'hommes pour fonder un gouvernement et une république. Ici celui qui paie dirige. C'est ainsi qu'est né le gouvernement de Tschombé, de Kalonji et de Bolkango. J'ai fait rapidement le calcul : il me restait mille dollars. Serais-je capable de m'acheter une république à ce prix ? Une république avec une armée, un gouvernement et un hymne. Elle serait sans doute minuscule. Mille dollars, ce n'est pas une somme énorme. Je ne pourrais pas concurrencer Washington, Londres ou Bruxelles. Et j'ai laissé tomber. Mes amis aussi. Mais pour entretenir la conversation, Jarda les a interrogés sur le parti. Ils étaient membres du Parti socialiste du Kasaï. Ils avaient un programme : chasser Kalonji, faire cesser les conflits tribaux, maintenir un Congo uni. Un programme qui tenait la route.

— Est-ce un grand parti ? a demandé Jarda.

Ils nous ont donné la liste des adhérents. Sur un papier à en-tête du Parti socialiste du Kasaï étaient inscrits trois noms suivis de leurs fonctions : président, secrétaire général et trésorier. « C'est tout ? » a demandé avec indélicatesse l'un de nous. Oui, c'était tout, à part la Chevrolet poussiéreuse, l'épouse du président et ses deux bambins.

Un spécialiste de la question, Pierre Artique, a recensé près de quatre-vingt-dix partis congolais. Avant les élections de 1960, ils étaient cent douze, et si on vous dit qu'ils étaient deux cents, cela doit être vrai. Pour nous, ces chiffres sont énormes. Mais en fait, ils ne sont pas si importants que cela.

Dans de nombreux pays européens aussi, les partis

se sont comptés par centaines. Mais la différence, c'est que, en Europe, ces partis sont nés sur de longues périodes. Chaque année naissaient plusieurs partis qui, ne pouvant résister, finissaient par mourir. La sélection naturelle était opérée par la vie, le temps et les circonstances. Il y avait les partis dominants et les partis de moindre envergure. Les premiers surnageaient, les autres coulaient. Le malheur du Congo, c'est de n'avoir eu le temps de rien faire. En trois ans, il s'est passé ce qui, dans d'autres pays, s'est fait en trois siècles.

1958 a marqué le début de cette explosion massive de partis. Parfois, plusieurs en une semaine. Mais pourquoi tant à la fois ? Trois ou quatre partis n'auraient-ils pas suffi ? Ailleurs certes, mais pas au Congo. Car les Belges n'ont pas seulement coupé le Congo du reste du monde, mais aussi les Congolais les uns des autres. Au Congo, un habitant d'une ville de l'importance de Cracovie ne peut savoir ce qui se passe dans une ville de l'importance de Poznan, par exemple. Même s'il veut y aller, il n'en a pas les moyens. Sans compter qu'au Congo, la distance entre Cracovie et Poznan est aussi importante que la distance entre Varsovie et Madrid.

C'est ainsi qu'à Léopoldville a été fondé le Parti populaire du Congo. Parallèlement, les mêmes partis ont été fondés à Kindu, à Boendé et à Kenge. Mais chacun ignorait tout de l'autre. D'accord, mais c'était quand même l'époque où le pays a obtenu son indépendance, une époque où on pouvait faire des alliances. Oui, mais cela a été néanmoins irréalisable. Car les secrétaires des Partis populaires de Léopoldville, de Kindu, de Boendé et de Kenge se sont réunis. Ils se sont dit : unissons-nous en un seul parti. Mais un parti, cela veut dire un secrétaire. Qui sera le secrétaire numéro un ? Tous veulent l'être ! Personne ne veut céder la place. Il n'y a pas de raison ! Je suis aussi bon que lui, pour quelle raison devrait-il me donner des ordres ? Nous avons conseillé aux responsables de se tourner vers l'opinion publique. Mais, encore une fois, la population de Kindu ne connaît pas le secrétaire de Boendé, et le secrétaire de Boendé n'a rien à dire à la population de Kenge puisqu'il n'y a jamais mis les pieds. Donc la population ne compte pas. Ici tout se passe dans les coulisses. Or les coulisses sont en conflit, elles sont intransigeantes et ambitieuses. Pour elles, ces intrigues sont l'occasion de se faire une place au soleil, de réaliser une carrière fulgurante. Et tous sentent qu'ils ont des chances égales. Il n'y a pas encore de militants émérites, de penseurs éminents, d'administrateurs expérimentés, de généraux décorés. Tous sortent de l'école de la mission ; tous sont de petits employés. Mais demain, demain, chacun peut devenir président !

                                                    1961

L'offensive

L'armée s'est retirée au crépuscule. Nous avons entendu le vrombissement des moteurs, puis nous avons vu huit gros camions traverser la place. Les soldats étaient appuyés aux ridelles, casqués, un fusil sur l'épaule. Ici les soldats n'ont pas l'habitude de chanter. Ils ont en silence traversé la ville déserte, les rues vidées par la rigueur du couvre-feu. Ils étaient peut-être trois cents. Les camions se sont engagés sur la route à la sortie de la ville. Le grondement des moteurs a retenti encore un moment, puis il a été absorbé par la jungle et les ténèbres de la nuit.

J'avais très envie de partir avec eux. Je voulais voir une guerre, c'est pour cette raison que j'étais passé au Congo. Mais au Congo nous n'avions pas trouvé la guerre, nous n'avions trouvé que de petites batailles, des querelles absurdes, de grossières intrigues impérialistes. Nous n'avions plus rien à y faire. Certains jours, nous ne franchissions même pas la porte de l'hôtel, car nous ne savions pas où aller. De toute façon, il n'y avait rien à voir. Tout paraissait incompréhensible ou évident. Même les discussions n'avaient aucun sens. Pour le partisan de Lumumba, le partisan de Mobutu était un gredin, et inversement pour le partisan de Mobutu, le partisan de Lumumba était un voyou.

Combien de fois peut-on écouter ce type de griefs ? Le plus patient était Fedyachine. Fedyachine trouvait toujours un interlocuteur, puis il venait nous faire des révélations : « Figurez-vous que ce jeune homme a dit que, à Kindu, ils avaient beaucoup de prisonniers. » Mais ces « scoops » ne m'intéressaient pas.

Ce que je voulais, c'était partir avec l'armée. L'armée, c'est concret, cela n'a rien à voir avec les insipides bavardages derrière une chope de bière tiède. Une offensive se préparait. Au cœur du continent, trois cents soldats partaient en guerre. Seulement voilà ! Je ne pouvais me joindre à eux. J'étais un intrus. Au-delà d'un certain parallèle, on devient « interdit de séjour ». Car en franchissant une certaine « frontière », on se rend compte qu'on a la peau blanche. C'est une découverte, une sensation, un choc. J'ai passé vingt-cinq ans dans l'ignorance de la couleur de ma peau. Dans la cour de mon immeuble, une centaine d'enfants jouaient mais aucun d'entre eux ne pensait à la couleur de sa peau. Ils savaient simplement que si elle est sale, c'est mal. Et si elle est propre et blanche ? C'est bien ! Certes, mais ça peut aussi être mal, très mal. Car une peau blanche, cela signifie l'exclusion.

Il fut un temps où les livres sur l'Afrique m'irritaient : il n'y était question que de blanc et de noir. Le blanc et le noir y étaient traités en long et en large. J'ai fini par me rendre sur place. Et j'ai compris. D'emblée on est catalogué. A peine débarqué, la peau vous démange. Ou elle vous fait souffrir. Ou elle vous met en valeur. L'homme ne peut en faire abstraction. Elle l'empêche de vivre. Il ne peut exister comme un être normal. Il est toujours ou plus haut, ou plus bas, ou de côté. Mais il n'est jamais à sa place. Un jour, je me promenais dans un quartier noir d'Accra. J'étais accompagné par une étudiante noire. Nous marchions et la rue ricanait. Nous avons entendu les pires des injures. La jeune fille était assaillie de malédictions et de propos haineux. C'était insoutenable. « J'avais avec moi cinq hommes et vingt Noirs », me raconta un jour un Anglais. Les voilà, les fondateurs du mythe ! Un mythe total, absolu, le mythe de la couleur de la peau, un mythe vivace, puissant, toujours actuel.

Les gens veulent savoir pourquoi au Congo on bat les Blancs. Quelle question ! Parce que les Blancs battaient les Noirs. C'est le cercle vicieux de la vengeance. Qu'y a-t-il à expliquer ? Les gens subissent cette psychose, elle les déforme et les tue. Dans la jungle d'une région de l'est du pays, j'ai rencontré un émigré polonais. Dans un rayon de cent kilomètres, c'était le seul Blanc à être resté. C'était un grand malade. Voûté, il répétait machinalement : « Monsieur, je ne tiendrai pas le coup, je ne tiendrai pas le coup. » Il avait grandi dans l'univers colonial : sur la route, un Noir marche, un couple rentre d'une réception, le Noir ne les laisse pas passer, le Blanc arrête sa voiture, descend et envoie un coup de poing dans la mâchoire du Noir. Le Noir marche trop lentement, un coup dans la mâchoire. Il s'assoit, un coup dans la mâchoire. Il râle, un coup dans la mâchoire. Il boit, un coup dans la mâchoire. Les Noirs ont des dents solides, mais ils finissent par se lasser des coups, même s'ils ont la mâchoire dure.

Le monde a changé et aujourd'hui c'est l'émigré qui est assis et qui tremble car ses plombages sont ébranlés. Aujourd'hui les dents solides passent à l'attaque, les dents gâtées se cachent dans les coins. Moi aussi je brûle d'aller au front, mais j'y suis indésirable. J'aurais pu leur dire : « Mais moi, je suis polonais. A l'âge de seize ans, j'ai adhéré à une organisation de jeunesse. Les drapeaux de mon organisation arboraient des slogans pour la fraternité des races et la lutte contre le colonialisme. J'ai milité. J'ai organisé des meetings de solidarité avec le peuple de Corée, du Vietnam et d'Algérie, avec tous les peuples du monde. J'ai passé des nuits et des nuits à peindre des pancartes. Si vous les aviez vues, nos banderoles ! Elles étaient splendides, énormes ! On les remarquait tout de suite. J'étais avec vous de tout cœur, à chaque instant de ma vie. J'ai toujours considéré les colons comme des canailles irrécupérables. Je suis avec vous et je veux vous le prouver en agissant. »

Nous sommes partis, bien résolus à trouver une solution. Nous avons abandonné avec soulagement la chambre étouffante de l'hôtel et nous nous sommes lancés dans la ville. Il faisait très chaud, une chaleur macabre. Rien ne pouvait nous arrêter. Quittant le centre-ville, nous sommes entrés dans le quartier indigène au-delà duquel se trouvaient un camp militaire et l'état-major. C'était notre objectif. Nous ne sommes pas allés très loin, car nous avons été immédiatement arrêtés par un officier. Il nous a regardés d'un air menaçant et nous a posé une question. Nous ne comprenions pas sa langue. L'officier était de constitution fragile, nous aurions pu facilement lui régler son compte, mais une foule de badauds nous enserrait de toutes parts. Cela devenait sérieux ! L'officier jurait et nous montrait du doigt. Nous étions désemparés et muets car il ne comprenait pas notre langue. Il nous a reposé une question. Nous sommes restés cois. La moutarde a commencé à lui monter au nez. Ça va chauffer, ai-je pensé. Mais que faire ? Nous restions là à attendre. Soudain, d'une ruelle latérale a déboulé un garçon à vélo. Il a freiné net, puis s'est frayé un passage jusqu'à nous. Il connaissait le français, il s'est mis à faire l'interprète. Nous lui avons dit que nous étions de Pologne et de Tchécoslovaquie. Le gamin a traduit. Intrigués, les gens dans la foule se sont regardés : y avait-il parmi eux un homme suffisamment instruit pour connaître ces pays ? L'officier quant à lui n'en avait jamais entendu parler et cela n'a fait que renforcer sa colère. Il continuait de crier, nous nous faisions tout petits. Chacun de nous aurait voulu lui dire que nous débordions d'amitié et de solidarité pour la lutte de son peuple. La preuve ! Nous étions prêts à prendre part à l'offensive. Mais l'officier a poussé un hurlement, nous empêchant de terminer notre phrase. Sans doute était-il persuadé que nous étions belges. Pour finir, Jarda a trouvé une issue. Résidant au Caire, il avait un permis de conduire imprimé en arabe. Il l'a sorti, l'a montré à l'officier. La foule suivait la scène avec attention. Jarda a dit :

— Nasser. Ça vient de Nasser.

Dans l'Afrique tout entière, ce mot a un pouvoir magique.

— Ah ! Vous êtes envoyés par Nasser. Quel dommage que tant de gens sur terre ressemblent aux Belges !

— Nous n'y sommes pour rien, ai-je dit en polonais, vraiment pour rien.

L'officier nous a tendu la main, a tourné les talons et s'en est allé. Les gens se sont dispersés, nous laissant seuls. Nous aurions pu continuer notre route, mais le charme était rompu. En fait, nous n'avions rien à reprocher à qui que ce soit. Chez nous aussi, beaucoup de gens ignorent qu'il existe des pays comme le Gabon ou le Bechuanaland. J'ai eu l'occasion de parcourir un manuel de l'histoire de la Belgique écrit pour les écoles congolaises. Il était conçu de telle façon qu'on pouvait penser que la Belgique était le nombril de la terre. A part elle, rien n'existait.

De retour à l'hôtel. Jarda écoute la radio. Duszan lit un livre et moi je me bats contre les ombres.

                              1961

*Suite du plan d'un livre
qui aurait pu commencer, etc.*

10. Dans ce livre que je n'ai pas écrit par manque de temps et de volonté, je souhaiterais raconter l'histoire des heures que nous avons vécues à Stanleyville au lendemain du meurtre sauvage, indigne, vil, de Lumumba. Au petit matin, nous avons été réveillés par le cri d'un homme. Nous avons bondi de nos lits. Je dormais dans la même chambre que Duszan et Jarda dormait dans la chambre voisine. Nous nous sommes précipités à la fenêtre. Dans la rue, devant notre hôtel Résidence Equateur, des gendarmes maltraitaient un Blanc. Lui tordant les bras dans le dos, deux hommes l'ont mis à genoux, la tête penchée en avant, tandis qu'un troisième lui donnait des coups de botte dans le visage. En même temps, nous avons entendu des cris dans le couloir : des gendarmes passaient de chambre en chambre pour évacuer les Blancs et les traîner dans la rue. L'heure de la vengeance avait sonné. Les représailles étaient exercées par les gendarmes contre les Blancs, contre la race coloniale qu'ils tenaient responsables de la mort de Lumumba. J'ai jeté un coup d'œil à Duszan : il était pâle et ses yeux étaient pleins de terreur. Moi aussi je devais être pâle et mes yeux aussi devaient être pleins de terreur. Nous tendions l'oreille pour savoir si le bruit de bottes et les coups de crosse dans les portes s'approchaient. Vite, nerveusement, nous nous sommes habillés, car il n'est pas bon d'être surpris en pyjama par des gens en uniforme ; cela vous met d'emblée dans une position d'infériorité. Dans la rue, l'homme hurlait et saignait de plus belle. Les gendarmes ont chassé de l'hôtel quelques autres Blancs. Je me demandais d'où ils pouvaient bien sortir, car notre hôtel était généralement vide.

11. Le hasard nous a provisoirement épargnés : en effet nos chambres ne donnaient pas sur le couloir mais sur une terrasse au bout de l'hôtel, et les gendarmes ne se sont pas donné la peine de fouiller tous les recoins. Après avoir passé à tabac nos voisins de chambre, ils les ont jetés dans un camion et sont partis. Un silence de mort s'est installé. Jarda nous a rejoints dans notre chambre avec une radio. La station de Stanleyville diffusait un communiqué du gouvernement appelant les Blancs se trouvant encore dans la ville à ne pas sortir dans la rue et à ne pas se montrer dans des lieux publics suite au comportement d'éléments isolés ou de certains groupes militaires que le gouvernement « n'était pas en mesure de contrôler ». Cela n'avait pas de sens de rester là sans rien faire, nous sommes descendus jusqu'au hall de l'hôtel dans l'espoir d'avoir des nouvelles. Nous n'étions pas là pour faire du tourisme, mais pour travailler. Or, plus les circonstances sont dramatiques, plus il y a de travail. Le hall était désert. Nous nous sommes installés dans des fauteuils en face de l'entrée, autour d'une table basse. Il faisait déjà chaud et nous avions envie de boire de la bière, mais ce n'était pas la peine d'y penser. Depuis quelque temps, nous avions le ventre creux. Notre nourriture quotidienne se réduisait à une boîte de saucisses hollandaises pour trois. Chaque boîte en contenait cinq. Chacun avait droit à une petite sau-

cisse, puis on tirait au sort : le perdant n'avait pas droit à une deuxième saucisse. C'est tout ce que nous avions à manger. Notre réserve par ailleurs s'épuisait. Installés dans nos fauteuils, assoiffés et dégoulinants de sueur, nous avons vu une jeep piler devant l'hôtel. Une bande de jeunes avec des armes automatiques a bondi de la voiture. De toute évidence, c'était un groupe de combat, un escadron de la mort. Il suffisait de voir leurs visages : ils avaient soif de sang. Ils ont fait irruption dans le hall de l'hôtel et nous ont entourés en braquant le canon de leur arme sur nos tempes. J'ai pensé que ma dernière heure avait sonné. J'étais immobile, non pas par courage, mais pour des raisons purement physiques : mon corps était en plomb, il était si lourd que je me sentais incapable de le bouger. Alors que notre sort était décidé, il s'est passé la chose suivante : le chef du groupe est entré dans le hall. C'était un jeune garçon, un métis, son regard exprimait la folie. Il est arrivé en courant, nous a regardés et s'est arrêté. Il s'est figé en apercevant Jarda. Leurs regards se sont croisés, ils se sont scrutés en silence, sans un mot, sans un geste. Cela a duré un bon moment, le temps que le métis reprenne ses esprits et réfléchisse. Puis, toujours sans un mot, il a fait un signe à ses hommes avec son arme automatique et toujours en silence, ils se sont éloignés, ont regagné leur jeep et sont repartis. « C'est Bernard Salmon, a dit Jarda, il était délégué de Lumumba au Caire. Je l'ai interviewé. »

12. Nous sommes remontés dans nos chambres afin de rédiger des dépêches sur la mort de Lumumba et sur l'atmosphère régnant dans la ville où cet homme avait vécu et travaillé. Chacun a écrit un texte court, car les informations dont nous disposions étaient maigres, et ce que nous venions de vivre ne se prêtait pas à des communiqués susceptibles d'être publiés dans la presse du lendemain. Il s'agissait maintenant d'apporter nos dépêches à la poste, à l'autre bout de la ville. Pour nous, hommes blancs, se posait le problème de la traversée de cette cité terrorisée par les gendarmes et les escadrons de la mort. J'ai oublié de dire qu'à notre arrivée à Stanleyville, nous nous étions cotisés pour acheter une vieille Taunus à un Indien propriétaire d'une station d'essence. Nous nous sommes rendus à la poste avec cette voiture (c'est Jarda qui conduisait). La journée était torride et étouffante. La ville donnait l'impression d'avoir été évacuée de ses habitants et de ses voitures : maquette vide, béton mort, verre et asphalte. Palmiers morts. Nous sommes arrivés à la poste, un bâtiment isolé. Malheureusement, elle était fermée. Nous avons frappé à toutes les portes. Aucune réponse. Duszan a fini par trouver une poterne métallique menant à la cave : il a tourné la poignée et nous nous sommes glissés dans un couloir sombre puant le moisi. Au bout il y avait un escalier qui nous a menés dans une grande pièce, vide et sale. Nous étions désemparés : au fond il y avait une porte. Nous sommes allés dans sa direction. Derrière la porte, un escalier menait au deuxième étage. Nous sommes montés pour voir si personne ne s'y trouvait. Puis nous avons grimpé au troisième étage, le dernier. Nous tremblions de peur car si nous tombions sur des gendarmes dans cet endroit mort mais d'une importance stratégique, nous serions pris pour des saboteurs de la pire engeance. Passant de pièce en pièce, nous avons fini par trouver une salle dans laquelle trônaient une bonne dizaine de télex et une batterie d'émetteurs. D'un coin de la salle a surgi un Africain voûté, tout sec. « Mon frère, dis-je, connecte-nous avec l'Europe, connecte-nous avec le monde. Nous devons envoyer des dépêches importantes. » Il a pris nos textes et s'est installé pour les saisir. Nous avons regagné notre voiture, la rue était déserte. Nous avons pris la direction de l'hôtel, pensant que tout irait bien, quand d'un virage a surgi une jeep bourrée de gendarmes ; nos deux voitures se sont retrouvées nez à nez. Je ne sais pas exactement ce qui s'est passé. Mais je pense que la présence de Blancs dans la rue était si invraisemblable que les gendarmes ont pris notre voiture pour un mirage, ils en sont restés bouche bée, sans réaction, le temps que Jarda braque à fond et s'enfile dans la ruelle la plus proche : nous avons pris la fuite. Arrivé à l'hôtel, Jarda a pilé en plein milieu de la rue. Laissant les portières ouvertes, nous nous sommes engouffrés dans l'hôtel et, haletants, le front dégoulinant de sueur, nous nous sommes barricadés dans nos chambres.

13. Mais la situation n'était pas toujours mauvaise. Il y avait des journées tranquilles et sereines. Pendant ces périodes, la probabilité de se faire casser notre gueule de Blanc était moins importante, et nous allions en ville sans crainte. La plupart du temps, nous nous rendions à l'aéroport pour attendre les avions censés nous secourir. Nos pays avaient reconnu le gouvernement de Gizenga, ou plutôt la poignée d'hommes qui avait réussi avec Gizenga à aller de Léopoldville à Stanleyville. Par ailleurs, nous étions les seules personnes à avoir réussi à passer d'Europe à Stanleyville, et les autorités locales, qui n'avaient personne d'autre sous la main, nous traitaient plus comme des ministres ou des ambassadeurs que de simples correspondants ou hommes de plume. Toutefois le gouvernement ne dominait pas la situation et malgré notre « statut » de diplomates, nos têtes n'étaient pas à l'abri de la vindicte populaire. Nous nous consolions comme nous

pouvions en nous disant que même certains vrais ministres du gouvernement congolais se faisaient rosser par leurs propres gendarmes (nous avions assisté à de telles scènes). Quand la journée s'annonçait calme, nous partions pour l'aéroport. Nous avions même une place réservée sur la véranda d'une maison abandonnée d'où l'on pouvait contempler la piste de décollage. « Ils vont sûrement atterrir aujourd'hui », disait Jarda chaque fois. Nous fixions des heures durant l'espace ensoleillé où devaient apparaître les avions. Mais le ciel était immobile, et dans l'air régnait un silence sourd. Je doutais de plus en plus de leur arrivée, mais je gardais mes doutes pour moi, pensant que Jarda détenait peut-être des informations spéciales.

14. Un beau jour, une patrouille de gendarmes a débarqué à l'hôtel. Ils nous ont conduits au quartier général de l'armée qui se trouvait sur le territoire des casernes. Entre les baraques grouillait une foule de gendarmes, de femmes, d'enfants : là on faisait la cuisine, ici la lessive, plus loin on mangeait, les uns étaient allongés, les autres assis, le tableau rappelait un énorme camp de tsiganes. Au quartier général, nous avons été accueillis par un ogre vigoureux, le commandant Sabo. Il nous a priés de nous asseoir, puis nous a demandé : « Quand vont venir les renforts ? » J'ai attendu que Jarda réponde, car il en savait peut-être plus que moi. Jarda a raconté que les avions attendaient au Caire, mais le dictateur du Soudan, le général Abboud, s'opposait à ce qu'ils survolent son territoire. Or il n'existait pas d'autre voie aérienne. « Ici nous n'avons plus rien, a informé le commandant. Nous n'avons plus ni munitions ni vivres. Le chef de l'armée en personne (le général Lundula) partage les restes d'essence. Si la situation n'évolue pas, Mobutu et ses mercenaires vont nous sauter à la gorge. » Joignant le geste à la parole, le commandant s'est serré la gorge et sur ses tempes ses veines se sont gonflées. L'atmosphère était affreusement tendue, nous nous sentions désemparés, fébriles. « L'armée s'insurge, dit le commandant, ils ont faim et sont enragés, ils refusent de se soumettre, ils veulent savoir qui est responsable. Si l'aide ne vient pas, le quartier général sera contraint de vous livrer aux gendarmes. Cela calmera la situation pour un moment. Je suis désolé, mais nous n'avons pas d'autre solution, nous ne les maîtrisons pas », et de la tête il a montré la fenêtre derrière laquelle on voyait des gendarmes déambuler torse nu.

15. Retour à l'hôtel. Premiers chrétiens jetés en pâture aux lions. Je suis persuadé qu'aucune aide ne viendra. Jarda et Duszan commencent à partager mon pessimisme. Il ne nous reste plus que quelques jours à vivre. Nous cherchons fiévreusement une issue. Il est évident qu'il faut partir d'ici, mais comment ? La fuite est impossible. Il n'y a pas d'avions, et notre voiture sera arrêtée aux portes de la ville. Nous envisageons de nous cacher dans une maison abandonnée par les Belges. Mais c'est reculer pour mieux sauter. Nous finirons par être découverts et dénoncés ou bien nous mourrons de faim. Il n'y a pas d'issue : nous sommes pris au piège, plus nous nous débattrons, plus le nœud se resserrera autour de notre cou. Il nous reste un dernier espoir : je vais demander de l'aide à H.B. H.B. qui travaille au quartier général des Nations unies installé à Stanleyville. Les hommes des Nations unies forment un clan fermé. Parmi eux se trouvent des gens qui se prennent au sérieux et considèrent le monde environnant d'un point de vue global, c'est-à-dire de haut. Le mot « global » revient dans toutes leurs phrases. C'est la raison pour laquelle il est difficile de

régler avec eux un problème simple et humain. Nous avons néanmoins décidé que j'irai voir H.B., que je connais personnellement. Comme aux Nations unies ils sont gavés telles des oies, H.B. m'a invité à dîner. Le dernier repas que j'avais pris remontait à une période lointaine. Nous avons fait un véritable festin sous la surveillance de soldats en casques bleus. Leur présence m'a permis de passer une soirée tranquille, deux heures voluptueuses pendant lesquelles je savais que je ne risquais pas d'être rossé, enfermé, menacé par un pistolet. « Monsieur le commissaire, ai-je dit à H.B. qui digérait son dîner dans un fauteuil colonial, mes collègues et moi-même devons partir d'urgence d'ici. Je vous serais reconnaissant de nous aider. » En guise de réponse, H.B. s'est lancé dans un exposé sur la neutralité des Nations unies qui ne peuvent aider qui que ce soit sous peine d'être soupçonnées de partialité. « Les Nations unies sont là seulement pour observer », a-t-il conclu. J'ai compris que j'avais formulé ma demande avec trop de timidité et que je devais passer au calibre supérieur. En même temps, je ne pouvais pas révéler à H.B. les véritables raisons pour lesquelles nous voulions partir d'ici (tout de suite), car s'il apprenait notre conflit avec les partisans de Lumumba, il divulguerait aussitôt cette information dans le monde entier (c'est-à-dire globalement). « Monsieur le Commissaire, ai-je commencé sur un autre ton, je vous souhaite de tout cœur de vivre longtemps. Malheureusement, dans la vie, tout peut arriver, le destin de l'homme n'est fait que de hauts et de bas. Un jour, peut-être aurez-vous besoin de mon aide (personnellement je n'y croyais pas un instant). Bâtissons un pont : tout d'abord c'est moi qui l'emprunterai pour franchir une rivière impétueuse, et peut-être qu'un jour ce pont vous aidera à traverser un torrent tout aussi dangereux. » Et H.B. nous a aidés.

16. Deux jours plus tard, une voiture arborant un drapeau des Nations unies nous emmenait à l'aéroport. Laissant la clé sur le contact, nous avons abandonné notre Taunus dans la rue. Sur la piste de décollage, un quadrimoteur sans marque ni inscription attendait. Nous n'avions aucune idée du lieu de destination de cet avion, mais l'essentiel était de quitter Stanleyville au plus vite. A l'aéroport, nous avons entendu parler de Juba (c'est-à-dire le Nord-Ouest). Mais après le décollage, l'avion a pris la direction du sud-est et au bout d'une heure de vol, la grisaille brune et monotone de la savane a cédé la place au vert intense des montagnes majestueuses et douces du Kivu. C'est une Afrique superbe, un univers fabuleux : forêts, lacs, ciel sans nuage et paysages paisibles. Ce changement d'orientation aurait dû nous alarmer, mais nous ne pouvions interroger personne sur le lieu de destination de notre vol : les pilotes étaient enfermés dans leur cabine, et nous étions les seuls passagers de la carlingue. Finalement l'avion a amorcé son atterrissage. Nous avons aperçu un lac aussi grand qu'une mer et à côté, un aéroport. Nous avons tournoyé en direction d'un bâtiment sur lequel on pouvait lire « Usumbura » (Usumbura : actuellement Bujumbura, capitale de la république du Burundi, à l'époque territoire sous le contrôle de la Belgique).

17. C'était le début de la fin. Par la suite, Le Monde *et d'autres journaux dans le monde ont raconté nos aventures à Usumbura. Sur la piste de l'aéroport, des parachutistes belges nous attendaient. S'il s'était agi de soldats belges, nous aurions, à mon avis, été traités avec civilité et humanité. Mais les détachements stationnés à Usumbura avaient été formés de colons du Congo, des gens avides, brutaux et primitifs. Pour eux, nous n'étions pas des journalistes mais des agents de Lumumba, ils triomphaient de nous avoir entre leurs mains. « Passeports et visas ! » a dit un sous-officier d'un ton bref. Evidemment nous n'avions pas de visas. « Ah, vous n'avez pas de visas ! a-t-il dit tout content, vous allez voir ce que vous allez voir ! » Et ils se sont mis à nous fouiller avec une méticulosité d'horloger. Ils ont vidé nos bagages par terre, le misérable contenu de nos petites valises, car que peut bien avoir avec lui un reporter ? Quelques chemises sales, quelques coupures de journaux, une brosse à dents et une machine à écrire. Puis ils ont procédé à une fouille personnelle, vérifiant coutures, plis, boutons de manchettes, cols, ceintures et semelles. Le tout avec des gestes brutaux, des coups de coude, de la bousculade, de la provocation. Ils nous ont tout pris, même nos papiers et notre argent. Ils nous ont laissé notre chemise, notre pantalon et nos chaussures. Les bâtiments de l'aéroport étaient constitués d'une partie centrale et de deux ailes. Ils nous ont conduits dans un local situé au bout d'une aile et nous ont enfermé au rez-de-chaussée. Ils ont posté sous la fenêtre des parachutistes en sentinelles. En temps normal, notre cellule devait servir d'entrepôt de chaises, car le local en était bourré. C'est d'ailleurs là que j'ai appris que dormir sur des chaises est un exploit à haut risque : si on bouge dans son sommeil, elles s'écartent et on tombe durement sur le sol (en l'occurrence du béton). Mais l'avantage des chaises sur le béton, c'est qu'elles isolent du froid et de l'humidité. Bref, à chacun de choisir ce qui lui convient : grelotter de froid à même le sol ou se frotter les os meurtris par une chute nocturne. C'était la première fois que je me trouvais au trou (ou plus exactement la seconde puisque j'avais été incar-*

céré une première fois à Kabulu quelques années auparavant) et je dois reconnaître que c'est particulièrement désagréable. Le début surtout est très pénible, le moment où l'on passe de l'état de liberté à l'état de réclusion, où les portes claquent dans votre dos. Beaucoup d'idées vous passent alors par la tête. Au bout de quelques heures d'emprisonnement, je me suis par exemple posé la question suivante : où vaut-il mieux faire de la prison, chez soi ou à l'étranger ? Logiquement, c'est mieux là où on est le moins battu. Et si on compare deux prisons où l'on n'est pas battu ? On est quand même mieux en taule chez soi. On peut y recevoir la visite d'amis, écrire des lettres, recevoir des colis et compter sur une amnistie. Rien de tout cela à Usumbura. Nous étions totalement coupés du monde. Les parachutistes pouvaient agir en toute impunité, ils pouvaient nous exterminer sans que personne ne sache jamais ni où ni comment nous avions quitté ce monde. Nous aurions tout simplement disparu de Stanleyville.

Entre-temps a commencé l'interrogatoire. Il était mené par des civils, probablement des colons de Stanleyville, car ils connaissaient la ville par cœur. Evidemment ils ne voulaient pas croire que nous étions journalistes. Dans le monde entier, la police ne croit pas que cette profession existe, parfois à juste titre puisque le milieu des correspondants étrangers est infiltré de gens souvent troubles. Mais comme nous n'avions pas grand-chose à dire, ils ont cessé de nous tourmenter par leurs questions. La relève de la garde avait lieu deux fois par jour, à neuf heures du matin et à neuf heures du soir. La sentinelle de nuit nous apportait à manger. Nous étions nourris une fois par jour, le soir justement : une bouteille de bière pour trois et un petit morceau de viande pour chacun. La sentinelle de jour commençait par nous accompagner à tour de *rôle aux toilettes, car il n'y avait pas de seau dans notre cellule. En cas d'urgence, il fallait solliciter une autorisation spéciale, mais elle était accordée à contrecœur. Nous n'étions pas autorisés à nous laver, ce qui, sous les tropiques, est une forme de torture, car très vite la peau en sueur démange et fait souffrir. Le plus à plaindre était Jarda car il était victime de crises d'asthme. Il respirait difficilement, étouffait après chaque quinte de toux. Il n'était pas question de faire venir un médecin. Par notre fenêtre, nous apercevions, au premier plan, le casque et les épaules du parachutiste, au deuxième plan, une plaine descendant jusqu'au lac, et au troisième plan, les montagnes barrant l'horizon. Parfois nous voyions des avions atterrir ou décoller. Les jours passaient dans la monotonie, l'ennui et l'inaction. Nous avions tout loisir de réfléchir à notre situation. Tout d'abord, les parachutistes pouvaient faire de nous ce que bon leur semblait : ils pouvaient nous noyer dans le lac sans que personne n'en sache jamais rien. (Tout cela se passe pendant une période de conflit âpre et impitoyable où l'on assassine impunément des gens beaucoup plus importants que nous.) Deuxièmement, nous nous trouvions dans la situation des héros de Kafka : nous étions accusés, mais nous ne pouvions faire valoir nos droits. Nous n'avions pas la possibilité d'être mis en contact avec qui que ce fût, nous ne pouvions pas informer qui que ce fût. Nous ignorions ce qui nous attendait, ce qu'on avait l'intention de faire de nous. Les parachutistes se taisaient. Aucun représentant officiel ne s'est manifesté.*

Un soir, la relève a été prise par un parachutiste complètement différent des précédents. Il s'est mis à nous parler et à proposé de nous vendre des dents d'hippopotame. Mais nous n'avions pas d'argent puis-

qu'il nous avait été confisqué pendant la fouille. Nous lui avons alors promis de lui acheter ses dents dès que nous serions remis en liberté et que nous aurions récupéré notre argent. Ce parachutiste s'est finalement rendu très utile : en effet, un jour (nous étions gardés par un autre parachutiste, un homme fermé), un Africain s'est approché de notre fenêtre, un Tutsi impressionnant au visage sérieux et intelligent. Vite, avant que la sentinelle ne le chasse, il nous a dit avoir entendu une conversation entre officiers dans le bar de l'aéroport où il travaillait : nous devions être fusillés le lendemain. La sentinelle a accouru à la fenêtre et une seconde après, l'homme avait disparu de notre vue.

18. Ce que j'écris n'est pas un livre, mais le plan (donc quelque chose de plus succinct encore qu'un résumé, qu'une esquisse) d'un livre qui n'existe pas. Ce n'est donc pas le lieu pour décrire les sentiments qu'éprouve un homme à qui un Tutsi, grand et sérieux, a rapporté une conversation entre officiers dans le bar de l'aéroport. Instantanément on ressent un vide accablant, on est victime d'un collapsus, d'une paralysie, comme si on était sous l'emprise d'une drogue ou d'une forte dose de médicaments anesthésiants. Cet état est accentué par un sentiment d'impuissance extrême, par la conscience que l'on ne peut rien changer, que l'on ne peut pas réagir. Subitement les muscles perdent leur énergie, on n'a même plus la force de pousser un cri, de frapper le mur avec ses poings, de se taper la tête contre le sol. Non, votre corps ne vous appartient plus, c'est une matière étrangère que vous devez porter avant d'être définitivement soulagé de ce fardeau douloureux. Il fait une chaleur étouffante et vous ressentez cette chaleur de manière aiguë, de manière palpable. Duszan et moi sommes assis, nous ne nous regardons pas, je suis incapable d'expliquer pourquoi. Jarda est allongé sur des chaises, en sueur, en proie à une terrible crise d'asthme.

19. *Nuit d'insomnie.*

20. *Il commence à pleuvoir pendant la nuit. Au lever du jour, il pleut toujours, il fait sombre, humide, le lac est noyé dans le brouillard. A l'aube, un avion transperce cette pluie et ce brouillard, et atterrit sur une piste latérale, pas loin de notre cellule. C'est étrange, car tous les avions (d'ailleurs peu nombreux) atterrissent de l'autre côté de l'aéroport, loin. Mais celui-ci, peut-être à cause des mauvaises conditions météorologiques, se pose justement de notre côté, où le brouillard est moins dense (cette partie de l'aéroport est la plus éloignée du lac). Deux pilotes blancs se rendent directement au bâtiment central de la gare aérienne tandis qu'autour de l'avion tournent quelques stewards noirs. Nous les appelons, leur faisons des gestes de la main. Nous pouvons nous le permettre car la garde est assurée par le brave parachutiste qui nous a proposé des dents d'hippopotame, un gars qui voulait simplement se faire un peu d'argent et vivre, autrement dit un homme (à cette occasion j'ai acquis la conviction que les gens susceptibles d'être attendris par un sou sont souvent plus humains que les formalistes les plus incorruptibles). Quand il voit que nous voulons bavarder avec les stewards, il s'éloigne à l'autre bout du bâtiment. Un steward s'approche et Jarda lui demande d'où ils viennent. Il répond qu'ils viennent de Léopoldville. Jarda lui explique alors brièvement la situation dans laquelle nous nous trouvons, lui disant que nos heures sont comptées et le suppliant (à cette époque, un Blanc qui supplie un Noir, c'est choquant) de prévenir dès son retour à Léopoldville*

l'état-major local des Nations unies pour que celui-ci en informe le monde entier (les parachutistes n'oseront alors plus nous tuer) et envoie l'armée à notre secours. En écoutant Jarda, le Noir doit voir le cadre de la fenêtre, dans ce cadre une grille, derrière cette grille trois visages blancs, crasseux, pas rasés, exténués. Un visage rond et plein, celui de Jarda, deux visages maigres, celui de Duszan et le mien. « OK, dit-il, je vais essayer de faire quelque chose. »

21. Ont alors commencé des heures de torture. Le steward avait semé dans notre cellule un grain d'espoir et cela avait suffi pour nous arracher de l'état de paralysie interne, de dépression épuisante dans lequel nous nous trouvions. Cet auto-engourdissement est un réflexe psychophysiologique de défense contre la folie. Mais il suffit d'une lueur au cœur des ténèbres pour ressusciter celui qui a sombré au fond de l'abîme. Un heureux hasard a interrompu sa plongée vers la mort, il revient à la vie. Il laisse derrière lui un vide indescriptible car il n'existe pas de formes, de signes, de points de référence pour le décrire. Comme pour le mur du son, l'existence de ce vide ne peut être ressentie que si on s'en approche. Il suffit de s'en éloigner d'un seul pas pour qu'il disparaisse. Néanmoins, celui qui a traversé ce désert n'est plus le même homme qu'avant. Il garde à jamais une tache psychique, une gangrène dont la présence est ressentie plus par les autres que par lui-même. Son entourage se rend compte, au bout d'un certain temps, qu'une flamme s'est éteinte en lui, qu'il lui manque quelque chose. Ceux qui ont vécu cet instant savent que toute rencontre avec la mort se paie. Nous avons regardé l'avion s'éloigner, puis nous avons commencé à tourner fiévreusement entre les chaises, à discuter et à nous quereller alors que pendant tout l'après-midi, toute la soirée et toute la nuit la cellule était restée silencieuse. Le steward allait-il vraiment informer les Nations unies ? Si tel était le cas, sur qui tomberait-il ? Sur un homme qui prendrait l'affaire en main et agirait, ou sur un homme qui hausserait les épaules et laisserait tomber ? Et même s'il agissait, auraient-ils le temps de nous libérer ? En admettant que le scénario se déroule selon notre idée, il fallait au moins une demi-journée pour que le steward atteigne Léopoldville, qu'il entre en contact avec le quartier général et que ce dernier informe le quartier d'Usumbura. Les parachutistes avaient cent fois le temps de nous emmener et de nous liquider ou bien de nous remettre aux mains des mercenaires de Müller. Les nerfs, la guerre des nerfs, la fièvre et l'excitation, mais tout cela restait à l'intérieur de nous car à l'extérieur, derrière la fenêtre, c'était toujours le même paysage : le casque, les épaules du parachutiste, et plus loin la plaine, le lac (Tanganyika), les montagnes. Et, en prime, la pluie.

22. L'après-midi, le moteur d'une voiture a vrombi, des freins ont crissé, des voix d'hommes parlant une langue qui m'est inconnue se sont fait entendre. Nous nous sommes collés contre les grilles. Près du bâtiment s'est arrêtée une jeep avec un drapeau des Nations unies ; quatre soldats à la peau sombre et aux casques bleus en sont sortis. C'étaient des Ethiopiens de la garde de l'empereur Haïlé Sélassié. Ils faisaient partie du contingent des Nations unies au Congo. Ils ont posté leur sentinelle à côté de celle des parachutistes.

23. Je n'ai aucune idée du nom du Congolais qui nous a sauvé la vie. Jamais par la suite je ne l'ai rencontré. C'était un être humain. C'est tout ce que je sais de lui.

24. Quant à l'homme des Nations unies à Léopoldville, non seulement je ne connais pas son nom, mais je ne l'ai même jamais vu. Il y a sur terre beaucoup de gens vils et bas, mais il y a aussi des gens honnêtes et droits.

25. Je ne saurais dire si nous avons fait l'objet de négociations, je ne sais qu'une chose : les Ethiopiens et les parachutistes ne s'aimaient pas et avaient de mauvaises relations. Entre eux se déroulait une lutte de prestige pour administrer le Congo.

26. Le lendemain matin, nous avons pris un avion de la Sabena : Fort-Lamy, Malte, Rome. Dans l'énorme bloc de verre de l'aéroport de Fiumicino paradait le monde merveilleux et pour nous complètement exotique de l'Europe satisfaite, repue et insouciante : jeunes filles bien habillées, hommes élégants se rendant à des conférences internationales, touristes enthousiastes venus admirer le Forum, femmes soignées, jeunes couples s'envolant pour les plages de Majorque et de Las Palmas. Et tandis que cet univers invraisemblable défilait sous nos yeux (tous lès trois, nous avions un aspect redoutable, nous étions sales, puants, mal rasés, avec des chemises et des pantalons de toile douteux, alors que malgré la saison printanière, les gens portaient des imperméables, des pulls et des vêtements chauds), j'ai soudain ressenti (et ce paradoxe triste et monstrueux m'a effrayé) que je me sentais plus chez moi là-bas, à Stanleyville et à Usumbura, que dans la foule qui m'entourait.

27. Mais peut-être me suis-je tout simplement senti seul ?

28. Les policiers nous regardaient avec méfiance et cela n'avait rien d'étonnant. Nous ne pouvions pas sortir de l'aéroport car nous n'avions pas de visa. La police a téléphoné à nos ambassades qui étaient à notre recherche dans le monde entier. Nos ambassadeurs sont arrivés, mais la soirée étant bien avancée, ils n'ont pu régler notre situation que le lendemain et nous avons dû passer la nuit sur place.

29. Je suis revenu à Varsovie. Devant rédiger une note sur ce que j'avais vu au Congo, j'ai décrit les combats, le délabrement, la déroute. Un camarade du ministère des Affaires étrangères m'a alors convoqué : « Qu'avez-vous écrit ? m'a-t-il dit avec indignation. Vous appelez la Révolution "anarchie" ! Vous considérez que Gizenga va partir et que Mobutu va gagner ! Ce sont des théories dangereuses ! » « Allez voir vous-même ce qui s'y passe, ai-je répondu d'une voix lasse car je sentais encore dans ma peau Stanleyville et Usumbura. Je vous souhaite de tout cœur d'en revenir vivant. » « Je regrette, conclut ce camarade. Mais vous ne pouvez travailler à l'étranger comme journaliste car vous ne comprenez pas les processus marxistes-léninistes en cours dans ces pays. » « OK, ai-je acquiescé, vous me donnez là encore de la matière ! »

30. J'ai retravaillé pour Polityka, *j'ai parcouru le pays, publié des reportages. Il s'est passé au Congo ce qui devait s'y passer. Quelques mois plus tard, on m'a proposé un poste pour quelques années en Afrique. Je devais être le premier correspondant permanent polonais en Afrique noire et y fonder un bureau de l'agence PAP. Au début de l'année 1962, je partais pour Dar es-Salaam.*

Mariage et liberté

Voici le texte original et intégral d'une lettre qui m'a été adressée par L. Millinga Millinga, militant du *Frente de Libertaçao de Moçambique*, le Front de libération du Mozambique. Je connais bien Millinga Millinga. C'est une personne influente et importante, on se rencontre à des réunions politiques et des réceptions diplomatiques.

L. MILLINGA MILLINGA
P.O. BOX 20197
DAR ES-SALAAM
TANGANYIKA

Cher Ami,
AFFAIRE PERSONNELLE
Acculé par un dilemme immense et insoluble à un moment critique de mon existence, je n'ai pas honte de dévoiler un problème intime concernant mon avenir à un ami comme toi qui as toujours su manifester à mon égard gentillesse et dévotion.

Comme tu le sais, je suis l'un de ces combattants pour la Liberté qui consacre tout son temps à la lutte sans recevoir en échange la moindre compensation.

Mais étant donné que la nature humaine ne peut échapper aux contingences naturelles, je file depuis deux ans le parfait amour avec Mademoiselle Veronika Njige (secrétaire de district de la TANU, la Tanganyika African National Union) du district de Morogoro, à qui j'ai promis le mariage. Etant toutefois absorbé par la lutte et tributaire des conditions de vie des COMBATTANTS POUR LA LIBERTÉ, je n'ai pu garnir mon bas de laine pour préparer les festivités de la noce. De plus, les parents de l'Elue de Mon Cœur me demandent cinquante livres pour la dot et à la place des vaches et des chèvres, vingt-cinq livres pour le cadeau aux cousins de ma fiancée. Après une évaluation détaillée de toutes les dépenses nécessaires à la préparation de la noce et aux festivités elles-mêmes, la somme nécessaire à la réalisation de mon projet s'élève au minimum à deux cents livres tout compris.

Selon ma Bien-Aimée, les choses traînent en longueur et actuellement elle m'écrit trois fois par semaine, exigeant que le mariage ait lieu avant novembre 1962. Ses lettres se résument à une phrase simple et claire : « LIBERTÉ ET MARIAGE AVANT NOVEMBRE 1962. » En dépit de mes arguments inflexibles, l'Elue de Mon Cœur ne veut pas entendre parler de ma situation financière et insiste sur la tenue IMMÉDIATE du mariage. Comme elle a été et continue d'être un Combattant pour la Liberté elle aussi, elle affirme catégoriquement qu'elle préfère souffrir avec moi dans notre propre maison que de rester entre les mains de ses parents. Au fond, elle me fait pitié. Elle est mûre pour le mariage et me soutient avec passion qu'elle n'a jamais désiré devenir mon épouse avec autant d'ardeur et d'impatience. Cédant à ses prières incessantes, j'ai fini par accepter de payer à ses parents et à sa famille soixante-quinze livres d'ici le 3 octobre et par donner mon accord pour que le mariage ait lieu le 1ᵉʳ novembre 1962.

Cher ami ! Je voudrais que tu tournes dans ton esprit la Phrase suivante : « L'AMOUR EST LA MAÎTRESSE DES PLUS GRANDS SAGES ET LA MÈRE DE TOUT. » Si tu y penses en la mettant en relation avec l'affaire qui vient de t'être présentée, tu seras sûrement bienveillant à l'égard de ma situation présente. Dans ces conditions, je n'ai rien d'autre à dire qu'à Te demander une aide pécuniaire à la hauteur de tes possibilités. Je dois toutefois souligner que cette aide doit être considérée comme un soutien privé, destiné à ma personne, Millinga, et non pas au Parti de libération du Mozambique ni au Secrétaire Général que je suis. C'est pourquoi tous les mandats doivent être adressés à ma boîte postale privée : Millinga Millinga, P.o. Box. 20 197 Dar es-Salaam, Tanganyika. Les mandats envoyés en liaison avec la présente affaire seront certifiés par moi personnellement ou par mon cousin W. Mbunga que j'ai nommé Secrétaire Personnel Chargé de Réunir les Fonds pour Mon Mariage. Sa signature personnelle se trouve ci-après.

Avec l'espoir que j'entendrai de Tes nouvelles avant que l'échéance ne soit écoulée.

Avec mes salutations fraternelles,
(deux signatures illisibles).

P.S. du destinataire de la lettre :
J'ai donné à Millinga ce que j'ai pu. Ayant sans doute dupliqué sa lettre et l'ayant envoyée à plusieurs destinataires, Millinga a vraisemblablement reçu de différentes ambassades ce qu'il voulait car il est marié. J'ai rencontré les deux jeunes mariés il y a quelques jours à une réception à l'ambassade soviétique. Tout petit, chétif, mal rasé comme d'habitude, Millinga se

tenait, l'air pensif, au côté d'une belle plante à la poitrine généreuse et à l'air maussade, l'Elue de Son Cœur.

1962

Le Parlement du Tanganyika
à propos des pensions alimentaires

D'après le *Tanganyika Standard* du 21 décembre 1963, la « loi sur les pensions alimentaires » vient de faire l'objet de l'un des débats les plus animés de l'histoire de la Chambre législative du Tanganyika indépendant qui fête bientôt ses deux ans.

Le projet gouvernemental (*Affiliation Ordinance Amendment Bill 1963*) a été présenté au Parlement par la députée Lucy Lameck, vice-ministre des Coopératives, féministe connue militant en faveur de l'éducation des femmes africaines selon l'exemple et le modèle européens. Dans son introduction, elle a déclaré qu'un pays comme le Tanganyika, qui se trouve sur la voie du développement moderne, allait « sans cesse être confronté à de nouveaux problèmes ». « Dans l'ancienne société africaine, a dit la députée, les principes moraux n'étaient pas exposés à des pressions extérieures aussi fortes qu'aujourd'hui. Aussi n'était-il pas nécessaire de créer des lois pour protéger la vie et l'éducation des enfants naturels. » A présent toutefois, il est indispensable de trouver de « nouveaux remèdes à de nouveaux problèmes concernant la population urbaine essentiellement ».

« La loi sur les pensions alimentaires, a souligné la députée, est le résultat de recherches sur la situation des femmes africaines dans les villes. Il apparaît qu'à Dar es-Salaam, sur trois cent quarante jeunes filles actives, cent cinquante-cinq ont de un à six enfants naturels. Le salaire moyen mensuel de ces filles mères s'élève à cent soixante-huit shillings est-africains (soit environ huit cent quarante zlotys), et huit seulement parmi elles reçoivent une aide du père de leurs enfants. » La députée a cité également le témoignage d'un directeur de lycée de Dar es-Salaam déclarant que, chaque mois, trois ou quatre jeunes filles quittaient l'établissement scolaire pour cause de grossesse. Ce lycée est fréquenté par des jeunes filles âgées de onze à quinze ans. Le directeur ignore ce qu'il advient d'elles par la suite. « Dans cette situation, a conclu la députée, il est nécessaire de voter une loi obligeant les pères de ces enfants à verser une pension alimentaire aux femmes avec lesquelles ils ont des enfants naturels. »

Le journaliste du *Tanganyika Standard* écrit que « le débat qui s'est engagé à la suite de cette présentation a perturbé la gravité traditionnelle du Parlement ».

Le député P. Mbogo (Mpanda) a exprimé l'idée que la loi sur les pensions alimentaires entraînerait une augmentation générale de la prostitution dans le pays. « Les jeunes filles voudront avoir le plus d'enfants possible afin de se payer des produits de beauté. Ces jeunes filles seront comme des pays en voie de développement : elles feront l'objet d'investissements. »

Selon le député B. Akindu (Kigoma), la loi sur les pensions alimentaires crée « un danger particulier pour les personnes riches, comme par exemple les députés du Parlement, car les jeunes filles enceintes pourront prétendre que les pères de ces enfants naturels sont des ministres du gouvernement ou des députés du Parlement ». « Ces créatures perfides, a poursuivi le député, sèmeront une propagande néocoloniale dans l'espoir de soutirer de l'argent à des hommes riches. » Le député a affirmé que beaucoup de TD-men (les deux lettres TD figurent sur les plaques d'immatriculation des voitures des hauts fonctionnaires d'Etat) invitent des jeunes filles de la rue à monter dans leur voiture. Les filles n'ont qu'à refuser : « Si vous n'arrivez pas à maîtriser vos instincts, mariez-vous au plus vite », a lancé l'orateur à l'adresse des jeunes filles du Tanganyika.

Le député R. S. Wambura (Maswa) ne voit pas la nécessité d'introduire une loi sur les pensions alimentaires puisque, conformément à la tradition africaine, les enfants, qu'ils soient légitimes ou naturels, sont traités à la même enseigne. « Cette loi, déclare le député, ne peut qu'inciter les femmes à faire le commerce de leurs charmes. Et par ailleurs, ajoute-t-il, nos filles ont d'habitude beaucoup d'hommes. Comment, à partir de là, déterminer qui est le père de l'enfant ? » L'orateur avance un argument complémentaire : « La loi est contraire à la loi de la nature car les chômeurs aussi sont en état de faire des enfants. Or un chômeur n'a pas d'argent pour payer une pension alimentaire. »

Le député R. S. Wanbura a été soutenu par le député Chief A. S. Fundikira (Tabora) : « Un enfant naturel ne pose pas de problème dans une famille africaine, au contraire, c'est une paire de bras supplémentaire pour le travail aux champs. »

Le ministre de la Justice, le député Cheikh Armii Abedi, a pris la défense du projet de loi. Selon lui, « si un homme ne veut pas (avoir d'enfants), il peut faire en sorte que les femmes à qui il a affaire ne tombent pas enceintes ». Le ministre estime par ailleurs que la loi sur les pensions alimentaires concerne aussi bien les hommes qui travaillent que les chômeurs. « Si la loi exclut ceux qui n'ont pas d'argent, les chômeurs considéreront que le gouvernement leur donne le feu vert pour produire des enfants par douzaines. La production d'enfants deviendra ainsi le travail des chômeurs », a déclaré le ministre au milieu des ovations et des rires sur les bancs de l'assemblée.

Le député F. Mfundo (Handeni) a rappelé que le droit africain traditionnel ne faisait pas la différence entre les enfants légitimes et naturels. Ces différences ont été introduites par le colonialisme. Aussi, d'après l'orateur, la loi sur les pensions alimentaires, qui privilégie les enfants naturels par rapport aux enfants légitimes (en effet aucune loi ne stipule qu'il faut payer pour les enfants légitimes), est une « conséquence de la mentalité coloniale ».

Ce point de vue est contredit par la députée lady Chesman (Iringa) qui se prononce pour l'adoption de la loi. Grâce à elle, les hommes seront responsables financièrement des enfants naturels. En revanche l'Etat sera dispensé de l'obligation de construire des orphelinats, ce qui permettra de consacrer plus de fonds à la lutte contre les trois principaux ennemis du Tanganyika : l'obscurantisme, la pauvreté et les maladies.

Puis le député A. S. Mtaki (Mpwapwa) a pris la parole et a affirmé dans un long exposé que la loi sur les pensions alimentaires aurait des conséquences sociales catastrophiques. Premièrement, elle développera la criminalité. « Les hommes obligés de payer pour les enfants naturels les tueront, un meurtre ne coûte rien. » Deuxièmement, le nombre d'adultères augmentera : « A cause de cette loi, les hommes éviteront les rapports avec les demoiselles, en revanche ils séduiront les femmes mariées. » Troisièmement, les divorces se multiplieront, « car si un homme marié est amené à payer une pension alimentaire pour un enfant naturel, son épouse l'apprendra un jour ou l'autre et demandera le divorce ; elle pourra même le quitter sur-le-champ ». Faisant le bilan de son point de vue, le député Mtaki déclare : « Des experts de la question comme Karl Marx soutiennent que la prostitution, c'est le capitalisme. »

Le député Mtaki est vigoureusement appuyé par Victor Mello (Dar es-Salaam) qui exige du gouvernement le retrait de « la malheureuse loi ». Selon lui, elle contraindra les hommes à se marier avec la première femme qui leur tombera sous la main afin d'échapper à la pension alimentaire. « Ces mariages ne seront jamais heureux. » Le gouvernement devrait plutôt s'orienter vers une politique « informant les jeunes filles sur les moyens d'éviter les grossesses ». « Si la loi doit être adoptée, affirme l'orateur, elle ne devrait s'appliquer qu'aux hommes mariés : les célibataires sont exposés à des occasions trop nombreuses pour les éviter (les grossesses). »

Prenant la parole à son tour, le vice-président du Tanganyika, le député R. Kawawa, vient contredire l'opinion selon laquelle la loi sur les pensions alimentaires augmentera la prostitution puisque le développement de la prostitution est déjà freiné par une autre loi. Le vice-président rejette également le projet de prévention sur la contraception. « Cette conception est étrangère à notre société, elle a été importée de l'extérieur, dit le vice-président. Apprendre aux femmes comment éviter une grossesse ne ferait qu'inciter les hommes à des pratiques immorales. »

La députée Bibi Mohammed (Rufiji), responsable de la section des femmes de la TANU (le parti au pouvoir), consacre son discours à la défense de la loi : « Dans certaines tribus, dit-elle, lorsque les jeunes filles deviennent nubiles, elles sont enfermées dans des maisons afin que les parents aient la certitude qu'elles ne tomberont pas enceintes. Mais les hommes, qui sont comme des rats, se faufilent dans les maisons et finalement les parents constatent avec stupéfaction au bout d'un certain temps que les jeunes filles, bien qu'elles aient été enfermées à double tour, sont enceintes. Les hommes ne sont jamais assouvis. Chacun d'eux, même s'il a conquis soixante femmes, continuera de chasser et essaiera de mettre la main sur une femme où qu'il se trouve. » La députée Bibi critique sévèrement les orateurs qui se sont opposés au projet de loi : « Les députés, en tant que représentants de tout le peuple du Tanganyika, devraient penser aux hommes autant qu'aux femmes, ils ne devraient pas profiter de leur supériorité numérique au Parlement et bloquer l'adoption de cette loi qui avantage autant les hommes que les femmes. Qui parmi vous, Messieurs les députés, peut prétendre ici avoir la conscience tranquille ? Beaucoup de femmes viennent me voir de très loin et me disent que tel député du Parlement est le père de leur enfant. J'ai promis à ces femmes que je citerais des noms... »

L'intervention de Bibi est interrompue par le député J. Namfua, le vice-ministre du Commerce et de l'Industrie, qui déclare que la députée devrait modérer son discours ou se taire. D'après lui, la députée « s'est éloignée du thème des débats ». La députée Bibi reconnaît en effet qu'« il vaudrait mieux en rester là, car je vois que beaucoup trop de députés concernés ont soudain l'air fort soucieux. Je veux encore ajouter que les interruptions de grossesse causent la mort de nombreuses jeunes filles. Si nous adoptions cette loi, il n'y aurait pas d'interruption de grossesse et de cette manière nous sauverions la vie de beaucoup de jeunes ».

Le député M. S. Madenge (Tabora) a ensuite déclaré

qu'il soutiendrait volontiers la loi si elle concernait les écolières, mais si elle devait s'appliquer aux filles de la rue, il voterait contre.

Le même point de vue est défendu par le député H. S. Sarwatt (Mbulu) qui estime que la loi « provoque une baisse de la moralité parmi les femmes ».

Un autre député, M. S. Haule (Kondoa), rappelle que, d'après le dernier recensement du Tanganyika, le pays compte cinq millions cinq cent mille femmes et quatre millions d'hommes. « Cette disproportion est née de la volonté divine, affirme l'orateur. Il convient d'en tirer la conclusion que Dieu autorise l'homme à avoir plus d'une femme. La loi transgresse donc l'ordre naturel. »

A l'issue du débat, quatre-vingt-quinze pour cent de la Chambre s'est prononcé contre l'adoption du projet gouvernemental de la loi sur les pensions alimentaires. Pour la première fois, toute la Chambre ou presque a adopté une position d'opposition, une position antigouvernementale, le Parlement du Tanganyika étant exclusivement composé de membres du parti au pouvoir, la TANU, et adoptant toujours à l'unanimité les lois proposées par le gouvernement Nyerere. Dans ce contexte, le gouvernement a été contraint de retirer son projet. Après un long débat de procédure, le gouvernement et le Parlement ont trouvé un compromis : une commission composée de cinq personnes a été réunie afin de revoir le projet de loi sur les pensions alimentaires.

1964

Nos chevaux baigneront dans le sang

1

« Si nous sommes attaqués, nous nous défendrons. Nous résisterons et nos chevaux baigneront dans le sang jusqu'aux naseaux » (extrait du discours du ministre de la Défense de la république d'Afrique du Sud, J. Fouche). « ... Conformément au présent arrêté, les étudiants en médecine n'ayant pas la peau blanche ont l'interdiction de pratiquer la dissection de cadavres blancs. Les cours d'anatomie pour les étudiants non blancs ne peuvent se pratiquer que sur des cadavres non blancs. » (Extrait d'un arrêté ministériel pour l'Enseignement supérieur dans la république d'Afrique du Sud.) « ... On m'a d'abord installé sur une table en fer, puis on a branché le courant ; j'ai été pris de convulsions. On m'a réanimé avec de l'eau froide. Puis deux policiers m'ont pendu par les pieds au plafond, et deux autres m'ont donné des coups de pied dans la tête comme si c'était un ballon. Je ne sais pas ce qui s'est passé après. » (Déclaration de Sikave Mashiklehele au procès des trente Africains à Krosdorp.) « ... Des groupes de Zoulous ont fait irruption dans les rues de Durban en poursuivant des femmes africaines qui avaient les lèvres maquillées. Elles ont été attrapées et leur rouge à lèvres a été gratté avec du papier de verre. Elles ont été relâchées et sont reparties le visage ensanglanté. Dans leur dos, on leur a accroché une pancarte avec l'inscription : "JE VOULAIS RESSEMBLER À UNE FEMME BLANCHE". » *(Daily News.)* « A l'écran est apparu un homme blanc qui s'est approché d'un Noir et lui a donné la main. Le film était projeté à l'université d'Orange. Dans l'amphithéâtre il n'y avait que des étudiants blancs. Au milieu des hurlements et des cris de protestation, tous se sont levés et ont quitté la salle. La projection du film a été interrompue. Notre censure ne pourrait-elle pas être plus vigilante et ne pas laisser passer des scènes aussi ignobles ? » (Extrait d'une lettre de lecteur adressée au *Die Burger*.) « ... En 1962, les tribunaux sud-africains ont prononcé trois cent quarante-huit mille quatre cent quatre-vingt-dix-sept condamnations à l'encontre d'Africains. Ce qui veut dire que chaque jour mille cinquante-quatre Africains se sont trouvés sur le banc des accusés et ont entendu un verdict les concernant. Au cours des cinq dernières années, près de quatre millions d'Africains ont comparu devant les tribunaux de la république d'Afrique du Sud, soit plus d'un tiers de la population africaine du pays. » *(Star.)* « Dans une rue de Johannesburg, j'ai intercepté un policier blanc et je lui ai dit : "Monsieur, savez-vous que bientôt des gens comme vous seront ici même pendus à un réverbère ?" Sans dire un mot, il m'a conduit à une voiture de police et m'a emmené à l'asile. » (Extrait d'un récit de H. Papworth, ancien candidat au Labour Party du Parlement britannique.) « ... Les livres mis à l'index par le gouvernement sont de plus en plus nombreux. Ils sont aussitôt brûlés dans toutes les bibliothèques. Dernièrement, à notre bibliothèque, nous avons brûlé des auteurs tels que Hemingway, Caldwell, Tolstoï, Dostoïevski, Faulkner : ils montrent en effet l'homme blanc sous un éclairage inadéquat. » (Entretien du correspondant du *Cape Times* avec le directeur de la Bibliothèque publique du Cap.) « L'HOMME QUI ÉTAIT BLANC EST REDEVENU BLANC. L'horrible cauchemar de deux ans s'est terminé par un verdict heureux pour D. B., jeune homme de vingt ans domicilié à Durban : en effet la Cour suprême de la République sud-africaine a reconnu que D. B. était blanc. D. B. a des parents blancs. Toutefois le Bureau des pièces d'identité l'a par erreur classé comme métis. "Ces deux années ont été cauchemardesques, à la frontière de la vie et de la mort", a raconté D. B. en évoquant cette période. » (*Rand Daily Mail.*) « ... Le lendemain même de l'ouverture de l'exposition (une exposition consacrée à la mémoire du ghetto de Varsovie à l'université de Witwaters Rand près de Johannesburg), des groupes d'étudiants blancs ont fait irruption dans les salles avec des seaux de peinture. Toutes les photos représentant les crimes des nazis ont été arrachées et déchirées, et les murs ont été barbouillés de croix gammées. » (Extrait du récit d'un assistant de l'université pour le *Star.*) « ... Il faut que vous compreniez que l'Occident ne touchera jamais à l'Afrique du Sud ... car cela risquerait de provoquer une guerre mondiale. En 1963 l'extraction d'or s'est élevée à un milliard de dollars. Toute la zone sterling repose sur notre or. Priver l'Afrique du Sud de son or reviendrait à saborder la zone sterling mondiale » (Conversation avec un industriel sud-africain.) « ... J'ai vécu avec cette femme vingt-cinq ans. Pendant vingt-cinq ans, j'ai aimé cette femme qui est aujourd'hui une vieille femme. Et moi aussi je suis un vieil homme. Nous avons des enfants et des petits-enfants. Jamais je n'ai pensé commettre un crime. C'est tout ce que j'ai à dire. » (Déclaration d'un Blanc de soixante-dix-sept ans, John de Lange, jugé par un tribunal de Durban pour avoir comme épouse une Africaine. Verdict : trois ans de prison.) « ... Si les Noirs redressent la tête, nous dresserons un poing de fer. Le rapport est de un pour quatre, mais nous sommes armés jusqu'aux dents, alors qu'eux n'ont rien. Nous les massacrerons si bien que nous serons obligés d'en importer de l'étranger. » (Manifeste du bureau du parti des populistes au pouvoir dans la province d'Orange.) « ... Jamais l'Afrique du Sud n'a vécu une telle période de prospérité économique qu'au cours de ces dernières années. Pour ce qui est de la population blanche, la république d'Afrique du Sud figure actuellement parmi les cinq premiers pays du monde sur le plan du niveau de vie. » (Rapport de la Chambre de Commerce de Pretoria pour l'année 1963.) « Le séjour dans ce pays a été pour moi un cauchemar. Je reviens d'Afrique du Sud avec les mêmes impressions que m'avait laissées l'Allemagne en 1936. Le même sentiment de peur et d'incertitude qui ne vous lâche plus. Les mêmes arrestations à n'importe quelle heure de la journée. La même angoisse et la même tension : à qui le tour aujourd'hui ? La même terreur d'État. Je m'attends, d'un jour à l'autre, à des exterminations massives. » (Dr W. T. Ross Flemington, président de l'université Mount Allison à New Brunswick.) « ... Je quitte l'Afrique du Sud car c'est une honte pour un homme blanc de vivre dans ce pays. Il est impossible de s'imaginer l'ampleur des violations des droits de l'homme ici. Dans cet Etat, les valeurs les plus élémentaires sont bafouées et méprisées. » (Prof. Dr Maxwell Marwick, fondateur de l'anthropologie sociale.)

2

C'est le pays de l'apartheid, une doctrine qui a élevé à la dignité de droit et de croyance l'un des instincts les plus obscurs de l'homme : la haine raciale. Dans la langue afrikaans, « apartheid » signifie « ségrégation », « séparation ». Mais il s'agit d'une séparation au nom de la domination. L'apartheid a deux versions : l'une populaire, l'autre « scientifique ». Dans sa version courante, populaire, la philosophie de l'apartheid dit que tout « non-Blanc » « n'est pas un homme ». Les conquistadors espagnols écrivaient dans leurs rapports à Madrid : « Ainsi nous vivions sur cette île : bétail, indigènes et hommes. » La même vision existe encore aujourd'hui, tant en Afrique du Sud que parmi les colons blancs du continent. Et pas seulement parmi les Blancs. L'Indien de Nairobi ne désigne l'Africain que sous le nom de « singe noir », même si l'Africain en question est professeur à l'université et l'Indien balayeur de rues.

Dans la version scientifique (version dans laquelle l'Afrikaner présente au monde l'apartheid), cette théorie est la suivante : les Blancs et les non-Blancs sont deux races différentes, leur coexistence dans un même Etat représente un danger permanent : pour les Blancs, celui de perdre le pouvoir, pour les non-Blancs celui de l'injustice. D'un côté les Blancs ne peuvent pas accepter la reconnaissance des droits politiques des non-Blancs, car cela entraînerait l'absorption de la civilisation occidentale par la civilisation indigène. D'un autre côté, il serait injuste de refuser à l'indigène des droits civils puisqu'il travaille dans l'industrie des Blancs. De plus, à l'instar du Blanc, le non-Blanc a le droit de développer sa propre langue et sa propre culture. Néanmoins l'Africain ne sera jamais qu'une imitation de citoyen européen (puisque l'Afrikaner considère l'Afrique du Sud comme un Etat européen). Si un Africain ne peut avoir l'égalité des droits et le pouvoir dans un Etat européen, il peut en revanche acquérir ces droits dans un Etat qui lui est propre. C'est pourquoi l'Africain doit avoir son propre pays (*homeland*), son territoire qu'il pourra considérer comme sien, dans lequel il pourra accéder aux fonctions suprêmes suivant ses capacités. Les réserves existantes, dont il convient toutefois de changer le nom, sont justement ces terres natales des Africains au sein d'un Etat européen. Si l'Africain quitte sa réserve pour aller travailler dans l'entreprise d'un Européen, il sera considéré comme un travailleur temporaire émigré, sans droits civiques ni politiques. Cela lui permettra de comprendre et de se souvenir qu'à l'issue de son contrat en Afrique du Sud (un pays européen), il doit retourner dans sa réserve. Il faut relever le niveau des réserves et se rappeler que, pendant longtemps encore, les Blancs vont administrer les réserves puisque les Africains n'ont pas atteint le stade leur permettant de s'autogérer.

3

Dans ce pays, la figure dominante du côté blanc est l'Afrikaner. Le gouvernement, la police, l'armée, l'Eglise et le Parlement dans sa majorité, ce sont des Afrikaners. Les Afrikaners disent de l'Afrique du Sud : « Ons Staad », « Notre Etat », et leur hymne commence par les mots : « Ons vir Suid-Afryka ! » : « Nous vivons pour toi, Afrique du Sud ! » Le nationalisme des Afrikaners est fanatique, obsessionnel, et leur racisme confine à la paranoïa.

A l'origine, les Afrikaners s'appelaient « Voortrekkers » (pionniers), puis « Boers » (paysans, campagnards), ensuite « Afrikanders ». Actuellement, le nom d'« Afrikaner » s'est généralisé. L'Afrikaner est un Blanc, mais il ne se considère pas comme un Européen. Au contraire, l'Afrikaner a pitié de l'Européen ou alors il en a honte. En effet, les Européens représentent pour lui la partie compromise de la race blanche, son point faible, sa fraction opportuniste et molle. Pour l'Afrikaner, l'Européen est un libéral, il déshonore la race blanche car en Afrique il cède du terrain aux Noirs, il n'a aucune morale car le dimanche il va au cinéma et au restaurant, et par surcroît, il est souvent communiste. Parmi les Afrikaners fanatiques, l'expression « jou European ! » (l'Européen) est une sorte d'injure ou de reproche pouvant se traduire par « clochard ! ». L'Afrikaner peut connaître une langue européenne, mais il évitera de la parler. Au tribunal, l'Afrikaner, interrogé par un juge en anglais, répondra dans sa propre langue, l'afrikaans. S'il répond en anglais, il sera qualifié de traître par ses compatriotes.

Le nombre de Blancs en Afrique du Sud s'élevait à la fin de l'année 1960 à trois millions soixante-sept mille six cent trente-huit. Les Afrikaners représentaient cinquante huit pour cent de cette population, soit près d'un million huit cent mille individus. La population globale de ce pays s'élevait à cette époque à quinze millions huit cent quarante et un mille cent vingt-huit hommes. Ce qui veut dire que les Afrikaners ne représentent pas plus de douze pour cent de toute la population de la république d'Afrique du Sud. Malgré cet effectif réduit, les Afrikaners sont un peuple. Ils ont une langue commune, sont unis par une communauté historique et culturelle, habitent un territoire commun et ont même une religion particulière. Les Afrikaners représentent un phénomène ethnique et social de l'Afrique.

Les Afrikaners sont l'un des quatre peuples d'origine européenne qui se sont établis sur des territoires extérieurs à l'Europe au lendemain des grandes conquêtes coloniales, à l'aube du capitalisme. Les trois autres sont les Américains, les Australiens et les Canadiens. Ces quatre peuples ont une généalogie historique commune, les Américains, les Australiens et les Canadiens provenant de la branche britannique, les Afrikaners de la branche hollandaise. Mais leur situation est différente. Les Etats-Unis, le Canada et l'Australie sont considérés comme des pays de l'homme blanc, l'appartenance de ces pays à l'homme blanc n'est pas remise en question. Aux Etats-Unis, personne n'exige que le pouvoir soit rendu à leurs habitants légaux, les Indiens. Il en est de même au Canada ou en Australie où la « question indigène » ne constitue pas un problème politique brûlant. La situation est différente en Afrique du Sud : cet Etat est considéré par une partie de l'opinion comme appartenant aux Africains, par une autre partie, comme appartenant aux Blancs, et enfin par une dernière partie, comme un pays mixte appartenant tant aux Noirs qu'aux Blancs.

Cette différence de situation entre l'Afrikaner et l'Américain, par exemple, vient du fait que les Blancs américains constituent aux Etats-Unis une majorité écrasante, alors que les Blancs afrikaners sont nettement minoritaires en république d'Afrique du Sud. Sur le plan historique, les deux colonisations, l'américaine et l'africaine (simultanées et procédant de la même logique) se sont déroulées dans un contexte totalement différent, qu'il s'agisse de l'intensité, de l'envergure et surtout de la résistance rencontrée.

Le fait que l'Afrique du Sud ne soit pas devenue, comme les Etats-Unis, le pays de l'homme blanc, que cet homme blanc soit aujourd'hui en Afrique du Sud nettement minoritaire, s'explique entre autres par les considérations suivantes :

La résistance puissante des indigènes, les Africains. En Amérique, pendant la conquête coloniale, les tribus indiennes étaient en état de décomposition, elles menaient entre elles des guerres intestines, elles s'exterminaient mutuellement. En Afrique du Sud, les colons se sont heurtés aux tribus bantoues qui se trouvaient alors au sommet de leur puissance, étaient magnifiquement organisées militairement, unies et inflexibles. Avant que les Afrikaners et les Anglais réussissent à battre la tribu des Xhosas, ils durent mener neuf guerres, avant de vaincre les Matabeles, quatre guerres, avant de défaire les Zoulous, trois guerres, etc. Les combats ont duré des années (contre les Zoulous, de 1838 à 1906). Des milliers d'hommes ont péri des deux côtés. L'extermination massive de la population indienne qui a permis à l'Amérique du Nord de créer le pays de l'homme blanc s'est révélée impossible dans le cas de l'Afrique du Sud en raison de la résistance armée des indigènes. Le colon blanc n'a pas été assez puissant pour devenir le propriétaire exclusif de l'Afrique du Sud.

Autre différence entre la conquête de l'Amérique et celle de l'Afrique du Sud : jusque dans les années quatre-vingt du XIXe siècle (découverte de l'or), l'Afrique du Sud n'est pas considérée comme un pays attrayant sur le plan économique. C'est ce qui explique pourquoi la colonisation européenne ne se déroule pas ici à grande échelle, à l'échelle américaine. L'Afrique du Sud n'est pas aussi séduisante que l'Amérique. En 1865, c'est-à-dire il y a cent ans, le nombre de Blancs en Afrique du Sud s'élevait tout juste à cent quatre-vingt-un mille !

Autre différence : la société américaine est, entre autres, issue de l'émigration massive de travailleurs blancs originaires d'Europe. Les Anglais, eux, n'ont jamais toléré ce type d'émigration vers l'Afrique du Sud : ils ont toujours été opposés au fait que l'homme blanc travaille physiquement dans les colonies (le colonialisme britannique est imprégné d'aristocratisme, d'où le point de vue que le travail physique rabaisse la dignité de la race blanche aux yeux des indigènes). Cela explique aussi que l'afflux de Blancs en Afrique du Sud a toujours été soumis (et continue de l'être) à des restrictions sévères.

4

Avant de devenir une possession britannique, l'Afrique du Sud a été, pendant un siècle et demi, une colonie de la Compagnie hollandaise des Indes orientales. En 1652, un émissaire de cette compagnie, Jan Van Riebeeck, fonda une colonie au Cap, un poste de ravitaillement plus qu'un port, pour les navires hollandais faisant la ligne entre l'Europe et les Indes orientales. On est au XVIIe siècle, l'âge d'or pour la Hollande qui est à cette époque la puissance commerciale et maritime de l'Europe. La colonie se développe au fil du temps. Son noyau est constitué de Hollandais, de Français (essentiellement des huguenots fuyant les persécutions en France) et d'Allemands (des marchands des ports de la Baltique). C'est du mélange de ces trois éléments (hollandais, français et allemand), où domine l'élément hollandais, que va naître le peuple des Afrikaners. Quant à la langue des Afrikaners, c'est un mélange de hollandais, de français et d'allemand (avec un supplément d'anglais et de langues malaises).

En Afrique du Sud, la colonie hollandaise se trouve aux mains du secteur privé. La Hollande néglige ce pays. Les colons sont livrés à eux-mêmes, chacun peut créer son propre Etat en occupant un territoire et s'en déclarer roi. Les Afrikaners soutiennent aujourd'hui que l'Afrique du Sud est exclusivement leur pays, car quand ils sont arrivés, la terre n'appartenait à personne. C'est un mensonge vieux comme le monde dont abusent tous les colonialistes, de l'Amérique jusqu'aux îles océaniennes. En revanche, il est vrai que l'Afrique du Sud était un pays faiblement peuplé. Cette situation est encore vraie de nos jours, alors que le monde connaît une explosion démographique. Ces colons bénéficiaient d'espaces immenses et l'idéal de l'Afrikaner était d'avoir assez de terre pour ne pas voir, du seuil de sa maison, la fumée de la cheminée de son voisin.

Les environs du Cap (avec la province du Natal) sont la région la plus belle de l'Afrique du Sud et peut-être de l'Afrique tout entière. Vignobles sans fin, aussi impressionnants que ceux que l'on voit dans le sud de la France (il y règne d'ailleurs le même climat méditerranéen). Les colons se tournent donc vers l'agriculture, mais aussi vers l'élevage, car ils voient que les indigènes élèvent des troupeaux de plusieurs milliers de têtes. C'est ici que naît le colonialisme : du combat pour une bonne terre, du vol de bétail aux indigènes.

Livrés à eux-mêmes, les colons agissent pendant un siècle et demi, isolément ou en groupe, sans avoir au-dessus d'eux la moindre autorité. Ils sont leur propre maître. Ils assurent leur propre pouvoir législatif et exécutif. Dans ce contexte, l'Afrikaner devient un anarchiste. Ce trait le caractérise aujourd'hui encore. Au sein de cet univers sans structure s'est élaboré un système d'esclavage patriarcal. Dans une exploitation afrikaner, la main-d'œuvre est constituée par des esclaves achetés au marché du Cap ou enlevés lors d'un combat contre une tribu africaine. En effet, les Afrikaners livrent constamment des guerres d'escarmouches aux Africains. En Afrique du Sud, l'espace ne manque pas, mais les bonnes terres sont rares. Actuellement, on estime qu'à peine quinze pour cent des terres sud-africaines sont arables sans nécessiter d'investissement d'irrigation. De même que le point faible de l'industrie de l'Afrique du Sud est la pénurie de ressources pétrolières, le point faible de l'agriculture est la pénurie d'eau.

La lutte porte donc sur la terre en général, et plus particulièrement sur les bonnes terres, les bons pâturages. C'est précisément sur ce terrain que les Afrikaners et les indigènes s'affrontent avec le plus de virulence. Car les uns comme les autres sont des éleveurs, donc les uns comme les autres ont besoin d'espaces immenses pour faire paître leur bétail.

En 1806, les Anglais occupent Le Cap et mettent un terme au colonialisme anarcho-pastoral des « vagabonds » hollandais. Chez nous, on aime dire que « les Allemands aiment l'ordre ». Ce jugement devrait s'appliquer avant tout aux Anglais. L'ordre anglais est bureaucratique à l'extrême. Mais il ne s'agit pas d'un système irréfléchi, stupide, hypertrophié. C'est une bureaucratie au service de l'ordre. Pour les Anglais, la Constitution, les arrêtés, les règlements, les amendements aux règlements, les amendements complémentaires à ces règlements, les compléments d'amendements complémentaires, etc., sont des textes sacrés. Le fonctionnaire anglais éprouve une jouissance sans borne à rédiger et à lire ce type de textes.

C'est justement ce nouvel ordre qui va s'instaurer en Afrique du Sud. L'Angleterre nomme un gouverneur, un pouvoir administratif, introduit l'anglais comme langue administrative, fixe des impôts, publie des lois... La discipline coloniale britannique serre le nœud autour de l'Afrikaner qui jusqu'à présent n'avait d'autre maître que lui-même. Le nouveau venu, l'Anglais, n'a rien à voir avec le paysan hollandais primitif ou le petit-bourgeois du XVIIe siècle qui va donner naissance à l'Afrikaner anarchiste, sombre et cupide. Toute une époque les sépare. On est dans la première moitié du XIXe siècle. Entre-temps, l'Europe a été balayée par un vent de libéralisme, par les Lumières et la Révolution française, événements que l'Afrikaner, cette relique vivante de l'Europe féodale fossilisée dans le désert, ignore totalement car même aujourd'hui, au milieu du XXe siècle, on ne sait pas grand-chose ici de ce qui se passe en Europe.

Sous la pression de l'opinion publique libérale, le Parlement britannique abolit l'esclavage en 1836. Pour l'Afrikaner, le coup est doublement dur : il ébranle le fondement de son économie, qui repose sur le travail des esclaves, et en même temps il ébranle sa religion, selon laquelle Dieu a créé le Noir esclave. L'Afrikaner est donc confronté à une alternative : dans son dos il a l'administration britannique, devant lui les espaces infinis de l'Afrique. Il attelle ses bœufs, charge sur le chariot ses biens et sa famille, lui-même enfourche son cheval. Les esclaves noirs suivent le convoi, en tête marche l'énorme troupeau.

C'est ainsi que débute le Grand Trek.

Il dure vingt ans. Les Afrikaners se déplacent seuls ou en groupe. Parfois la colonne compte de cent à deux cents charrettes. L'une des femmes qui participe à ce Trek, Anna Steenkamp, écrit dans son Journal pourquoi les Afrikaners ont choisi cette solution : « On a placé les esclaves au même niveau que les chrétiens, ce qui est contraire à la loi divine et à l'ordre naturel qui veut que les hommes soient classés d'après leur race et la couleur de leur peau. Pour tout chrétien honnête, c'est comme si on lui avait donné l'ordre de s'agenouiller pour se mettre aux fers. Aussi avons-nous préféré fuir pour sauver notre foi et la pureté de notre race. » Ces lignes ont été écrites en 1838.

Sur le plan de l'organisation, le Trek est un mouvement partisan, sur le plan idéologique un mouvement religieux. Le but du Trek est la conquête de l'Afrique, l'annexion des terres africaines, mais par la guérilla. Fanatiquement religieux, les Afrikaners se lancent dans cette conquête en se persuadant qu'ils sont le peuple élu auquel Dieu a attribué l'Afrique du Sud, leur nouvelle patrie. C'est donc une expédition vers la Terre promise, une croisade de colons afrikaners destinée à purifier la Terre sainte de la barbarie noire. Quant à la forme, leur marche rappelle les mouvements paysans de l'Europe médiévale dont la motivation est toujours religieuse. Mais il est évident que le fond et le but du Trek sont la rapine et le colonialisme.

Le Grand Trek, qui part de la région du Cap et dont le peloton de tête atteint le Mozambique et la Rhodésie actuels, laissera derrière lui un fleuve de sang. Les marcheurs massacrent des dizaines de milliers d'Africains, incendient leurs villages et s'emparent de leurs troupeaux. Au cours du Trek, les Afrikaners occupent l'espace qui constitue aujourd'hui la moitié de l'Afrique du Sud et y fondent leurs trois républiques afrikaners : la république du Natal (1841) que les Anglais leur confisquent au bout d'un an, la république d'Orange et la république du Transvaal. Par la suite, ces deux dernières sont elles aussi prises par les Anglais et transformées en colonies britanniques.

Mais voilà qu'en 1870 on commence à extraire des diamants en Afrique du Sud, et seize ans plus tard on découvre de l'or dans le Transvaal. L'Angleterre, qui jusqu'à présent regardait avec indifférence les succès des Afrikaners, change brusquement sa politique à leur égard. L'or et les diamants se trouvent justement sur le terrain des républiques afrikaners. Du monde entier y affluent alors des individus connus dans l'histoire du colonialisme sous le nom de chercheurs d'or, extracteurs de diamants, etc. Il s'agit souvent de criminels, de spéculateurs qui désorganisent la vie du pays, de gens sans patrie ni racines. En 1872, ces chercheurs de diamants finissent par fonder sur le territoire de l'Afrique du Sud leur propre république, la république des Chercheurs de diamants. Toutefois, ce mouvement de petits entrepreneurs privés est jugulé et le terrain occupé par de grandes firmes, de grandes sociétés d'exploitation, par le capital et les banques britanniques.

C'est le Nouveau Trek, celui du grand capital, l'avant-poste de l'impérialisme moderne annonciateur de la lutte pour un nouveau partage du monde. Les Afrikaners, qui sont des paysans, labourent leur terre, traient leurs vaches et sont heureux d'avoir leurs républiques dont ils sont de nouveau les maîtres et dont ils établissent de nouveau les lois, regardent ce mouvement industriel moderne avec étonnement, puis avec suspicion, enfin avec haine. Le conflit prend d'abord la forme d'une guérilla. Les Anglais veulent extorquer le droit d'exclusivité pour l'exploitation des terrains aurifères. Les Afrikaners répondent par des chicanes, réquisitionnent les convois de vivres destinés aux mines britanniques ; sur le territoire du Transvaal, aucun Anglais n'est autorisé à entrer avec une arme. Finalement, en 1899, la guerre est déclarée entre les Afrikaners et les Anglais.

Au cours de cette guerre qui dure près de trois ans, vingt-six mille femmes et enfants afrikaners sont morts de faim et d'épidémie dans les seuls camps de concentration britanniques, chiffre que les Afrikaners ne manquent pas de rappeler aujourd'hui aux Anglais. Cette guerre, appelée « la guerre honteuse » car elle humilie la race blanche en contraignant des Blancs à se battre contre des Blancs sous les yeux des Noirs, se termine en 1902 par la victoire formelle des Anglais, mais en réalité par un compromis. Lorsque, en 1910, naît l'Union sud-africaine, son premier Premier ministre est un Afrikaner, un général de la guerre anglo-africaine, un fermier, un chef de bande, un génie militaire, Louis Botha. De ce gouvernement font partie six Afrikaners et quatre Anglais. Le régime actuel de l'Afrique du Sud est né du compromis entre deux forces : le nationalisme afrikaner et l'expansion économique du grand capital britannique. Il est né du compromis, puis de l'union de ces deux forces. Il y a plus de cent ans, le Grand Trek des Afrikaners avait été lancé afin de conquérir par le fer et par le feu l'espace de l'Afrique du Sud. Il s'avéra que ces terres étaient non seulement arables mais exceptionnellement riches en minerais, notamment en or et en diamants. « La découverte des diamants à Kimberley en 1870, écrit Leo Marquard, changea le cours de l'histoire de ce pays. L'argent et les hommes y affluèrent en masse. Progressivement, des hommes comme Cecil Rhodes et Barney Barnato dominèrent ces gisements diamantifères et érigèrent des fortunes colossales qui permirent par la suite de développer les mines d'or au Transvaal et d'agrandir l'Empire britannique au nord. »

Trois facteurs ont contribué à la formation de la mentalité et de la vision du monde de l'Afrikaner :
— son passé et sa position actuelle dans le pays,
— son Eglise,
— son parti.

L'Eglise, le parti et l'Etat afrikaners forment un tout unique et indissociable. Là-dessus repose l'essence idéologique et politique du régime sud-africain.

Le premier parti afrikaner est fondé en 1912, et en 1948 les Afrikaners obtiennent le pouvoir. Quant à l'Eglise afrikaner, elle existe depuis le XVIIe siècle. C'est la seule institution autour de laquelle se constitue, pendant des décennies, la communauté afrikaner et se forme l'identité nationale. Autrefois les Afrikaners n'avaient pas d'Etat ni de Parlement propres. En revanche, dès le début, ils ont une Eglise qui n'appartient qu'à eux seuls. Cette Eglise, qui est le berceau de toute l'idéologie afrikaner et qui pour eux a toujours joué le rôle d'oracle et de guide, a par la suite engendré un parti politique. Ce parti a ensuite dominé le pouvoir.

L'Afrikaner est fanatiquement religieux, et sa religion est le calvinisme. Les premiers Afrikaners, ces paysans et bourgeois hollandais qui au XVIIe siècle débarquent en Afrique du Sud, sont calvinistes.

Deux dogmes du calvinisme ont particulièrement pesé sur la vision du monde de l'Afrikaner.

Le premier est le dogme de la prédestination, la conception de la détermination absolue du monde : l'homme naît directement bon ou mauvais. L'un naît pour dominer, l'autre pour servir. Cette loi est immuable, c'est l'ordre universel fixé une fois pour toutes par Dieu. Celui qui veut le changer est un blasphémateur qu'il faut lapider. Par ailleurs, celui qui est né dans la foi est un être supérieur à celui qui est né dans le paganisme, il est en effet plus près du salut, car le doigt de Dieu s'est posé sur lui. C'est dans cet état d'esprit que les Afrikaners arrivent en Afrique du Sud. Forgée par ce dogme, cette vision du monde leur apparaît désormais avec une acuité contrastée. Autour d'eux, les croyants, se déploie le monde du paganisme. Le croyant est blanc, le païen noir. Voilà comment Dieu a créé, dans sa sagesse, le monde : il a pris en affection les Blancs et il a damné les Noirs. Le Noir ne peut pas changer de peau et ne peut pas rejeter le paganisme, car Dieu en a décidé ainsi pour toujours. Tout en étant une créature inférieure que Dieu a marquée dans la couleur de sa peau, le païen noir doit servir l'homme blanc que le doigt de Dieu a touché et qui est par conséquent proche du salut.

Pendant le Grand Trek et durant leur longue traversée du désert, les Afrikaners ont avec eux un livre : la Bible. Car ce sont des hommes de la contre-Réforme. Pour eux, le contact avec l'Europe se termine au XVIIe siècle, le siècle des ténèbres religieuses, de la contre-offensive jésuite, des hommes brûlés sur le bûcher, de la terreur de l'Eglise, le siècle où les idées libérales et humanistes, les compromis n'ont pas leur place, le siècle où l'esprit humain se distingue par un sectarisme extrême et un dogmatisme inflexible. Pendant des dizaines d'années, la Bible est le seul livre que les Afrikaners lisent ou qu'on leur lit, car ils sont nombreux à être illettrés.

Le thème central de la Bible, celui du bien et du mal, est présenté en deux couleurs symboliques : le blanc et le noir. Ces deux couleurs traversent toutes les images suggestives de la Bible. Ces deux tons, celui de la lumière et celui des ténèbres, sont toujours présentés de telle manière que le bien est clair, blanc, et le mal noir. « Ma peau est noire », s'exclame, désespéré, Job pour exprimer le terrible châtiment qui lui est infligé pour ses péchés. « Ne me regarde pas, car je suis noire », implore la jeune fille dans le Cantique des cantiques, etc.

C'est dans ce climat que se forme la conception des races de l'Afrikaner. Le racisme de l'Afrikaner ne provient pas seulement de son désir de défendre sa situation privilégiée dans la société coloniale (comme c'est le cas des Anglais, par exemple). Le racisme est pour lui un dogme religieux. Sa foi est, dans son esprit, l'affirmation de l'existence du peuple afrikaner, donc l'affirmation de l'existence de l'Afrikaner lui-même. Toutes les tentatives faites pour reconnaître aux Africains certains droits sont considérées par l'Afrikaner non seulement comme une attaque contre ses positions sociales, mais comme une persécution religieuse, une profanation, un blasphème. Or, toutes ces agressions tombent sur un homme dont la mentalité n'est pas tellement éloignée de celle de son ancêtre du Moyen Age, puisque le peuple afrikaner a évolué dans un contexte d'isolement total.

L'autre dogme calviniste qui détermine la mentalité de l'Afrikaner est le mythe du peuple élu. L'illustre historien du peuple afrikaner G. D. Scholtz écrit notamment : « La religion a permis aux Afrikaners de perdurer parmi les Noirs, car elle leur a permis d'identifier leur mission à celle du peuple biblique d'Israël. De même que les Israélites ne pouvaient pas se mélanger aux païens conquis, de même les Afrikaners avaient pour principe sacré de ne pas se mélanger à ceux qui n'avaient pas la peau blanche. »

L. E. Neame développe cette idée dans son livre *The History of Apartheid* : « Les menaces et les avertissements n'ont aucun impact sur les Afrikaners. L'observateur étranger n'est pas toujours en mesure de s'imaginer la fermeté intérieure avec laquelle les Afrikaners envisagent la question raciale et l'avenir de leur patrie. Sur ce point ils sont d'une intransigeance sans bornes. Ce sont des calvinistes qui croient fanatiquement que Dieu les a envoyés en Afrique du Sud, qu'il leur a fait traverser maints dangers et ils sont prêts dès lors à mourir pour défendre leur destin. Ils croient que le Tout-Puissant les a envoyés en Afrique du Sud pour leur confier une mission divine et que leur devoir est de défendre ce pays pour leurs enfants et petits-enfants. Ils s'enferment dans leur forteresse afin mieux combattre les hordes de barbares et si le Destin leur ouvre la tombe, ils y descendront, les armes à la main. »

Ce motif de la vocation divine, du peuple élu et de la prédestination imprègne toute la propagande et la littérature afrikaners. Il est repris dans les discours officiels et les résolutions des congrès du parti, les chaires des églises et les amphithéâtres universitaires. Ce fanatisme religieux et cette détermination dominent constamment leurs écrits : « S'il nous faut disparaître du sud de l'Afrique, écrit A. B. Dupresz, grand théologien de l'Eglise afrikaner et homme politique influent, s'il nous faut périr en tant que peuple blanc, nous déclarons au monde entier, au nom du peuple afrikaner, que nous préférerons mourir selon la volonté de Dieu plutôt que d'en arriver au suicide, c'est-à-dire plutôt que de nous intégrer et de nous assimiler. Si les non-Blancs nous massacrent et nous mettent en pièces, ce sera un nouveau triomphe de la barbarie que Dieu a miraculeusement arrêtée au bord de la Rivière du Sang (bataille contre les Zoulous que les Afrikaners gagnèrent en 1838). Néanmoins nous croyons fermement que Dieu, dans sa miséricorde, continue de diriger le destin de notre peuple. Nous préférons périr soumis à cette prédestination plutôt que nous unir aux Noirs, perdre notre identité et trahir notre vocation divine. »

1965

L'Algérie se voile la face

1

Le 19 juin 1965, le président algérien, Ahmed Ben Bella, était destitué.

Cela se passa à deux heures du matin, pendant la relève de la garde.

Ben Bella habitait avenue Franklin-Roosevelt, à mi-chemin entre le centre, bouillonnant et populeux, d'Alger et le quartier résidentiel d'Hydra. Malgré son nom, sa villa « Joly » n'avait rien d'extraordinaire. Son appartement non plus, même s'il était élégant. Ses invités se souviennent qu'il ouvrait lui-même la porte d'entrée avec sa propre clé. Comme il faisait partie des gens distraits, il cherchait sa clé en permanence. Agé de quarante-neuf ans, Ben Bella vivait seul.

Ben Bella était un homme modeste, exceptionnellement honnête et scrupuleux. Il avait une Peugeot 404, voiture qui dans d'autres pays africains est l'apanage d'un directeur de département au maximum. Cette modestie n'était pas calculée. Il se distinguait par une indifférence innée, naturelle, à l'égard des biens de ce monde. Il mangeait sur le pouce et irrégulièrement. Quant à ses vêtements, ils n'étaient pas de la meilleure qualité.

Les choses matérielles n'avaient pas de prise sur lui.

Malgré son âge, il était resté exceptionnellement jeune, tant sur le plan physique que mental. C'était le type même de ce qu'on appelle chez nous un « organisateur pour la jeunesse ». J'ai vu Ben Bella à Addis-Abeba en 1963. Il paraissait à peine trente-six ou trente-sept ans. Il avait une chevelure noire et épaisse qui lui recouvrait le front, un visage expressif, viril, jeune, au teint clair. J'ai toujours été frappé par son air juvénile, capricieux, fantasque. En fait, Ben Bella avait un caractère inégal. En lui tout était fluide, déstructuré, contradictoire. C'était une nature bouillonnante, électrique, indomptable. En l'espace d'un instant, il pouvait changer d'humeur. Il était impulsif, impétueux, passionné. Il brûlait d'impatience, et c'est cette impatience qui l'a perdu. Quand il était énervé, il tenait des propos irresponsables, prenait des décisions invraisemblables qu'il désavouait le lendemain. « Ben Bella créa une situation telle au sein de l'équipe dirigeante qu'on ne savait plus à quoi s'en tenir », raconta par la suite l'un de ses plus proches collaborateurs. Le comportement de Ben Bella était le reflet de son caractère. Son séjour en prison lui avait donné des habitudes particulières : il pouvait rester assis sans bouger pendant des heures, le visage figé, les muscles pétrifiés. C'était impressionnant. Tout à coup, il s'animait, s'exaltait, parlait avec des gestes brusques. Puis soudain, il se calmait, épuisé, souriant. Il devait être agité par des tensions violentes qui ravageaient son paysage intérieur.

Ben Bella avait une personnalité impressionnante, fascinante. Sa passion était le football. Il passait beaucoup de temps à regarder des matchs et lui-même jouait. Souvent, entre la rédaction de décrets et une session du bureau politique, il se rendait sur le terrain pour courir après le ballon. Le plus proche complice de ces instants était un autre footballeur tout aussi passionné, le ministre des Affaires étrangères et le principal coorganisateur du complot contre Ben Bella, Abdelaziz Bouteflika.

2

D'un point de vue technique, le coup d'Etat contre Ben Bella fut mené de main de maître. Pour ses auteurs, les conditions topographiques étaient optimales : la villa « Joly » se trouvait à proximité de l'immeuble où vivait le colonel Boumediene, à proximité de la villa « Arthur » où habitait Bouteflika, à proximité de l'Etat-Major général où fut élaboré le plan du complot, et à deux pas de la caserne de la gendarmerie. Ben Bella vivait seul dans un lieu entouré d'immeubles où habitaient les hommes qui le précipitèrent dans la fosse. Ce fut un drame joué entre voisins.

L'immeuble de Ben Bella était gardé par des policiers et des soldats. A deux heures du matin, la garde vit que la relève était dirigée par le chef d'Etat-Major général de l'armée nationale populaire d'Algérie, Tahar Zbiri. Fils de paysan, génie militaire, type classique du partisan, Zbiri s'était distingué pendant la guerre de libération. Dirigeant de la guerre de maquisards dans la région d'Alger, chef de la Wilaya I, il avait fait preuve d'un courage invraisemblable et d'un esprit tactique extraordinaire. Après la Libération, il fut mis à l'écart par l'élite de l'armée de Boumediene. Ben Bella, qui pressentait que Boumediene lui ferait un jour un croc-en-jambe, promut Zbiri au poste de chef d'Etat-Major général, avec sans doute l'idée de le nommer au poste de Boumediene le jour où la partie se jouerait entre lui et ce dernier.

Pourtant, la nuit du 19 juin, c'est bien Tahar Zbiri qui dirigea l'opération du coup d'Etat. Il était accompagné par quelques officiers de l'Etat-Major général. Tous étaient casqués, portaient l'uniforme et étaient armés d'une mitraillette. Ils pénétrèrent dans la villa « Joly ». Deux colosses T-54 bloquaient l'avenue Franklin-Roosevelt.

La première chose que Ben Bella dut apercevoir à son réveil fut la pointe des canons dirigée sur lui, puis la silhouette massive mais svelte de son camarade, le héros de la guerre de libération, Tahar Zbiri, l'homme sur lequel il avait fondé de grands espoirs politiques.

La suite des événements fait l'objet de différentes versions. Elles sont le fruit de l'invention des journalistes. La seule chose crédible, c'est que Ben Bella a été évacué de sa chambre. Tout le reste n'est que rumeur.

En réalité, on ne sait strictement rien.

On raconte que Ben Bella a été tué. Qu'il est seulement blessé. Qu'il vit. Qu'il n'est pas blessé, mais malade. On dit tout parce qu'on ne sait rien. On dit aussi qu'il se trouve sur un navire ancré à proximité d'Alger. Cette version est réfutée par l'affirmation que Ben Bella est incarcéré au Sahara, sur une base militaire. On prétend aussi que Ben Bella est toujours à la villa « Joly », ce qui semble logique car pour Boumediene, c'est le lieu idéal pour le tenir à l'œil. Il se peut qu'en ce moment Boumediene rencontre Ben Bella et qu'ils soient en train de mener des négociations.

Tout est possible car on ne sait rien.

La version officielle est des plus vagues : il est bien traité et se trouve en Algérie. C'est peut-être vrai.

3

Ben Bella a dirigé l'Algérie pendant trois ans.

L'Algérie est un pays extraordinaire, unique en son genre. A chaque pas, la réalité algérienne dévoile ses contrastes, ses contradictions et ses conflits. Ici rien n'est simple, rien ne se réduit à une simple formule.

Un journaliste français qui s'intéresse à l'Algérie depuis des années m'a confié avec une sincérité pleine de désarroi : « Je ne comprends pas ce pays. » « Je n'arrive toujours pas à comprendre comment tout cela peut tenir », m'a avoué dans une conversation un éminent économiste.

L'Algérie appartient à ce groupe de pays d'Afrique où le colonialisme européen a dominé pendant longtemps. Les Français ont été maîtres de l'Algérie pendant cent trente-deux ans. Seuls les Portugais en Angola et au Mozambique ainsi que les Afrikaners et les Anglais en Afrique du Sud les surpassent en la matière. Cette longue période de domination coloniale a laissé sur l'Algérie une empreinte tragique dont elle ne se débarrassera pas avant des décennies.

Le colonialisme a mutilé et défiguré le pays de manière plus importante qu'il ne l'a fait dans la plupart des autres pays d'Afrique. Les colons européens sont toujours à l'origine de cette dévastation. La durée n'est pas le seul critère permettant de mesurer l'ampleur du ravage : le nombre de colons est aussi significatif, si ce n'est plus. A cet égard, sur le continent africain, l'Algérie ne le cède qu'à l'Afrique du Sud. Le nombre de colons européens présents en Algérie s'élevait à environ un million deux cent mille. Un nombre équivalant à l'ensemble des colons européens établis dans vingt-six pays d'Afrique tropicale. En Algérie, les colons représentaient un dixième de la population.

Mais ce n'est pas la seule explication. La situation géographique de l'Algérie a également joué un rôle fondamental. Parmi toutes les colonies africaines, l'Algérie est la colonie la plus proche de la métropole. Aujourd'hui, pour aller d'Alger à Paris en avion, il faut deux heures. Ces deux heures ne sont pas seulement une donnée objective, elles sont aussi un symbole des liens entre la France et l'Algérie que les Français ont développés pendant cent trente-deux ans et que ni la guerre de libération ni l'indépendance n'ont jamais rompus. Par ailleurs, si on regarde de plus près les chiffres, il apparaît que l'Algérie est aujourd'hui un pays plus lié (pas seulement économiquement) à son ancienne métropole que n'importe quel autre Etat africain.

4

Le passé colonial pèse sur chaque domaine de la réalité africaine. La particularité du colonialisme est de créer dans la vie du pays conquis une série de fractures. Ces fractures se sont ouvertes partout : dans l'économie, dans la stratification sociale, dans les mentalités. L'image que donne souvent un pays colonial est celle d'une usine ultra-moderne, et, à côté de cette usine, de cavernes dans lesquelles vivent des hommes se servant encore d'une houe en bois. « Regardez les belles routes que nous leur avons construites », disent les colons. Certes, mais au bord de ces routes il y a des villages dont la population n'est pas encore sortie du paléolithique.

C'est exactement l'image que donne l'Algérie.

Les amoureux de la France sont obligatoirement enthousiastes d'Alger. C'est une ville française jusqu'à la moelle, même le quartier arabe de la Casbah a un esprit très français. Ce n'est pas l'Afrique, mais Lyon, Marseille : vitrines bien approvisionnées, cuisine française raffinée, bistrots ravissants. Les fantaisies de la mode parisienne arrivent ici le jour même, comme la presse, comme les potins.

A quarante kilomètres d'Alger, de ce Paris d'Afrique, commence l'âge de pierre. Après une demi-heure de route en voiture, je sens que je suis de retour sur le continent noir. Vingt kilomètres plus loin commencent les villages où les hommes ne connaissent toujours pas le tour de potier. Les Kabyles façonnent encore leurs poteries à la main. Nouveau paradoxe : dans cette Kabylie primitive où l'on considère qu'il ne faut pas laver un enfant de peur de le faire mourir dans la douleur, je tombe sur un hôpital et un médecin polonais venu de Cracovie dans le cadre de la coopération : « Monsieur, m'a dit ce compatriote, si vous voyiez la salle d'opérations que nous avons ici ! Jamais je n'aurais imaginé que de telles merveilles technologiques puissent exister ! Je ne sais même pas comment me servir de ces joujoux. »

L'Algérie n'est faite que de contrastes invraisemblables qui coexistent ou s'entrelacent dans une mosaïque stupéfiante.

Deux contrastes sautent aux yeux : celui qui différencie la capitale du reste du pays, et celui qui différencie le Nord méditerranéen du Centre et du Sahara, autrement dit de l'intérieur, que l'on appelle ici le bled. La partie située au nord, au bord de la mer, est dotée d'un climat favorable aux hommes et aux cultures. C'est là que vivaient la plupart des colons. On y trouve d'immenses plantations et des sites industriels. On peut y voir aussi de grandes cités ainsi que de petites villes ravissantes, très françaises, de belles routes, des motels, des résidences, exactement comme sur la Côte d'Azur.

Voyager au cœur de l'Algérie, c'est avant tout voyager dans le temps, c'est plonger dans des époques immémoriales, mais vivantes et omniprésentes. A l'exception du Nord, le pays n'est qu'une steppe brûlée, qu'un désert de sable.

Le Sahara occupe quatre-vingt-dix pour cent du territoire de l'Algérie.

Le Sahara algérien est célèbre pour son centre de recherche atomique français de Reggane, ses premiers gisements de pétrole et ses rochers du Tassili où ont été préservées les fresques rupestres les plus anciennes du monde. Dans le Sahara algérien se trouve aussi la petite ville d'In Salah où récemment encore se trouvait le plus grand marché aux esclaves du monde. Ben Bella a fermé ce marché, il a distribué aux esclaves les terres et les palmiers à dattes qui appartenaient aux marchands d'esclaves. Aujourd'hui, à In Salah, règne une dictature unique au monde, celle des esclaves appelés les « haratine » (les bêtes de somme). C'est ainsi que Ben Bella réalisa le rêve de Spartacus.

Le colonialisme creuse des abîmes sociaux encore vivaces dans la société algérienne. A un pôle, la politique coloniale crée une couche d'indigènes « cultivés » et « adroits », tandis qu'à l'autre pôle, elle confine le reste de la société dans les ténèbres et la pauvreté. De l'ensemble de la société se détache nettement et de manière antidémocratique une couche de fonctionnaires, de petits-bourgeois et d'intellectuels. Ces hommes sont formés sur le modèle français dont ils ont adopté le mode de vie et, dans une large mesure, le mode de pensée. Leur univers est la ville, le bureau à la française et le café français. Font partie de cette couche les représentants de toutes les tendances politiques de l'Algérie, des réactionnaires aux communistes. Ils sont unis non pas par leurs opinions politiques, mais par leur mode de vie. C'est dans ce milieu qu'est recrutée la majorité de l'appareil politique et administratif de l'Algérie. La condition pour faire partie de l'élite algérienne au pouvoir est la connaissance de la langue française ; ces hommes parlent tous couramment le français. Outre le mode de vie, un autre trait les caractérise : leur isolement du pays. S'il y a quelque chose que ces hommes ne font certainement pas, c'est combler le fossé séparant Alger de l'Algérie. Ce n'est pas leur problème. Ils n'y pensent même pas. Et, s'ils ne le font pas, c'est surtout parce qu'ils ne connaissent pas leur pays, parce qu'ils vivent à Alger et non pas en Algérie. « Ce qui est frappant, m'a dit un jour quelqu'un, c'est que ces hommes du gouvernement et du parti ne connaissent pas l'Algérie, ils ne savent rien de leur pays. Ici personne ne connaît le bled. Ben Bella s'y est un peu intéressé, mais c'est une exception. » Or le bled représente quatre-vingts pour cent de l'Algérie.

Là encore, on retrouve l'influence de la tradition française où la vie politique est dominée par « le style de la cour ». Cet état d'esprit contamine toute l'atmosphère politique d'Alger, absorbée par les intrigues et les cancans. Le milieu politique se complaît dans les critiques, les factions, les frondes et les complots. Qu'a dit aujourd'hui Boumaza ? Que va dire demain Mahsas ? Est-ce qu'après-demain c'est Said qui enfermera Mohamed ou le contraire ? Ils ne vivent que pour ça. Pourtant, il y a dans ce pays trois millions de chômeurs. De cela, personne ne parle. Ben Bella voulait débarrasser la vie politique algérienne de cette mentalité insupportable, de ces intrigues, de ces ragots de café, mais il n'a pas réussi, et surtout, il n'en a pas eu le temps.

Ben Bella a commis une erreur fatale et lourde de conséquence en donnant aux fonctionnaires la grille de salaires de l'époque coloniale. J'ai lu des milliers de pages sur l'Algérie, mais je n'ai trouvé nulle part d'allusion à ce sujet. Pourtant, il est évident que cette mesure avait toutes les chances de compromettre l'instauration du socialisme en Algérie. De quoi s'agit-il ? L'administration étatique et économique de l'Algérie compte près de trois cent mille cadres moyens et supérieurs. A l'époque coloniale, ces postes (un peu moins nombreux) étaient occupés par des Français. Les salaires des Français en Algérie étaient nettement supérieurs à ceux de leurs compatriotes travaillant dans la même catégorie en métropole. Mais comparés aux salaires moyens des Algériens, ils étaient mirobolants. La grande majorité des Français étant partie, ils ont été remplacés par des Algériens. Ceux-ci ont peu ou prou hérité des mêmes salaires. Ainsi, instantanément, par un seul décret, une couche bureaucratique bourgeoise a été créée. Ces hommes savent pourtant que toutes les initiatives socialistes nécessitent de l'accumulation. Ils savent aussi que la source de l'accumulation interne dans un pays comme l'Algérie est la part des salaires des fonctionnaires. La bureaucratie mange la moitié du budget de l'Algérie. On sait que tout programme ambitieux visant à instaurer le socialisme doit commencer par abolir la structure postcoloniale des salaires, et par conséquent priver la bureaucratie de ses privilèges matériels.

5

La France a légué à l'Algérie une structure économique typiquement coloniale, arriérée. Cette économie a la particularité de faire partie intégrante de l'organisation économique de la France et d'être indépendante et déficiente.

La surface de l'Algérie est de deux millions trois cent quatre-vingt-un mille kilomètres carrés. L'Algérie est donc près de huit fois plus étendue que la Pologne. Elle compte plus de douze millions d'habitants dont quinze pour cent de Berbères (Kabyles et Touaregs), le reste étant des Arabes.

En ce qui concerne le développement économique, le niveau des infrastructures et la répartition de la population, l'Algérie est divisée en deux parties distinctes, visibles à l'œil nu.

Le Nord qui représente cinq pour cent de la surface, et le reste du pays.

Ces cinq pour cent décident de tout, sur les plans économique, politique, social. La différence entre le nord de l'Algérie et le reste du pays est immense. Si l'on considère que le revenu moyen d'un Algérien est de 100, celui d'un habitant du Sud s'élève à 30, celui d'un habitant d'une ville du Nord comme Oran à 200, et celui d'un habitant d'Alger à 275.

Dans le nord et le centre du pays, la densité de la population est de cinq habitants au kilomètre carré. Dans le sud, elle est de trois habitants pour dix kilomètres carrés.

L'industrie algérienne constitue le secteur d'activité le plus faible. Elle n'emploie que deux pour cent de la population (ce qui représente plus de deux cent quarante mille travailleurs) et représente vingt pour cent du PNB.

Le reste du PNB est fourni par l'agriculture.

L'agriculture emploie près de soixante-dix pour cent de la population.

6

La guerre d'Algérie a duré sept ans et demi. Avec la révolution chinoise et la guerre du Vietnam, elle a été l'une des plus grandes guerres de libération du XXe siècle. Au cours de cette guerre, le peuple algérien a fait preuve d'un courage, d'une endurance et d'un patriotisme exemplaires.

Cette guerre s'est terminée par la défaite de la France.

Mais l'Algérie a payé cette victoire au prix fort. Et elle continue de la payer aujourd'hui.

Cette guerre a coûté la vie à un dixième de la population, à plus d'un million d'hommes. Ces victimes, qu'elles aient été assassinées ou brûlées au napalm, s'appellent ici « chouhada », autrement dit les martyrs.

Les Français ont causé en Algérie des dégâts immenses. Ils ont rasé plus de huit mille villages algériens, privant de leur toit des millions de personnes. Ils ont brûlé des milliers d'hectares de forêts qui protégeaient les terres algériennes de l'érosion. Ils ont abattu des troupeaux entiers alors que pour la moitié des paysans algériens, le bétail représentait l'essentiel de leur subsistance (sur sept millions de têtes, seules trois millions ont été épargnées). Le fellah a été la principale victime de cette guerre.

La guerre a également engendré d'immenses mouvements migratoires. Autant l'idée de la lutte de libération était un facteur de renforcement de l'unité sociale algérienne, autant les migrations ont causé son démembrement, sa destruction. Ce processus simultané a eu des répercussions complexes dans la conscience des Algériens.

Trois millions d'Algériens ont été chassés de leurs villages, enfermés dans des réserves ou déplacés dans des régions isolées. Quatre cent mille d'entre eux ont été incarcérés ou internés. Trois cent mille se sont enfuis en Tunisie ou au Maroc. Parallèlement, pendant toutes les années de la guerre, l'exode rural s'est poursuivi (les villages étaient plus exposés à la répression que les villes).

Aujourd'hui, trente pour cent de la population algérienne vit dans les villes, bien que cela ne se justifie pas d'un point de vue économique. La majorité de cette population urbaine est au chômage, mais soit elle ne veut pas revenir au village, soit elle ne le peut pas parce que ces villages n'existent plus.

Outre les pertes humaines et matérielles, la guerre a aussi laissé des traces dans la conscience sociale. Toujours vivants, ces stigmates sont à la fois positifs et négatifs. Positifs, car à l'issue de la guerre l'Algérie est devenue un pays aux ambitions sociales et politiques autonomes, un pays anti-impérialiste et anticolonialiste. Négatifs car la guerre a créé au sein de la société algérienne des divisions qui paralysent l'action des Algériens et pèsent sur leur vie politique.

La société n'a jamais été homogène. Elle a toujours formé (et elle continue de former) un mélange de groupes ethniques, de sectes religieuses, de couches sociales, de tribus et de clans. C'est toute une mosaïque, riche et complexe. La guerre a mis un semblant d'ordre dans ce chaos social. Elle a attiré la majorité des Algériens dans une lutte pour un objectif commun. Mais au lendemain de la guerre, cette désintégration a repris le dessus. Le soulèvement des Kabyles en est un exemple. Le peuple algérien est un creuset dans lequel des éléments se mélangent constamment.

La guerre a ajouté à tout cela une nouvelle fracture : d'un côté ceux qui ont pris part à la lutte armée, de l'autre ceux qui étaient au service des Français. Mais ceux qui ont pris part à la libération se divisent à leur tour en deux groupes : ceux qui ont combattu à l'intérieur du pays et ceux qui ont combattu en dehors des frontières.

Le pays était le théâtre d'une guerre de résistance. On estime à trois cent mille le nombre des Algériens ayant pris directement part à cette guerre. Ce sont eux qui ont subi les pertes les plus sanglantes.

En même temps, les Français ont recruté dans leur armée et leur administration un certain nombre d'Algériens, les harkis. Ceux-ci se sont battus contre les rebelles algériens. Il arrive souvent que les divisions au sein de la société algérienne traversent un même village, une même famille. (Dans son livre *La Guerre d'Algérie*, Jules Roy écrit à propos d'une de ces petites villes algériennes : « A Toudjy, il n'y a pas une seule famille qui ne soit divisée et qui ne soit obligée de s'entendre tant avec le FLN qu'avec l'armée française... dans certaines familles un homme a rejoint la rébellion, et un autre est dans l'armée française... Pourquoi se mettent-ils au service de la France ? Parce qu'ils reçoivent un morceau de pain et une solde... Ces divisions disparaîtront-elles quand la paix reviendra ? L'armée estime que c'est le contraire, qu'elles se creuseront encore davantage... Comment ne pas partager cette crainte ? A Toudjy, trente hommes servent dans l'armée française et chaque soir organisent des embuscades contre leurs frères-partisans. »)

Le souvenir de ce que les uns et les autres ont fait pendant la guerre est vivace dans l'Algérie d'aujourd'hui, et l'hostilité mutuelle de ces hommes se trouvant des deux côtés de la barricade ne décroît pas. Le problème est que les spécialistes algériens sont recrutés parmi ces anciens collaborateurs, les seuls à avoir reçu une qualification. Ils constituent aujourd'hui les cadres administratifs de l'Algérie, et beaucoup d'entre eux mènent un sabotage silencieux mais systématique. Le gouvernement a même dû les réengager dans l'armée, notamment pendant le conflit avec le Maroc. Le gouvernement a ainsi été amené à engager des « collaborateurs ».

Il y a enfin un troisième groupe : les émigrés. Ceux qui ont passé la guerre dans les prisons françaises (comme Ben Bella), ou ceux qui ont servi dans l'armée algérienne créée au Maroc et en Algérie (comme Boumediene).

Les partisans et les émigrés sont divisés par une polémique qui n'en finit pas et se poursuivra pendant toute une génération.

En fait, l'Algérie a obtenu l'indépendance au moment où la résistance était en pleine débâcle. Les partisans étaient ensanglantés, décimés, refoulés au fond du pays, dans les régions les plus reculées et les plus inaccessibles. Ils étaient éparpillés.

Aux frontières algériennes, en Tunisie et au Maroc, se tenait la jeune armée algérienne, forte, parfaitement organisée, magnifiquement armée, bien entraînée et nourrie.

A la première tentative des partisans de s'emparer du pouvoir, cette armée pénétra en Algérie avec ses colonnes de blindés et elle instaura son ordre.

Depuis l'été 1962, cette armée frontalière a pris en main toutes les décisions. Aujourd'hui encore c'est elle qui décide, et elle continuera de décider pendant des années.

Toute la partie politiquement active de la société algérienne, toute l'élite dirigeante et tout l'appareil administratif de ce pays se divisent en trois groupes, en trois fractions : les émigrés, les combattants et les collaborateurs.

C'est une clé fondamentale pour comprendre le fonctionnement de la politique algérienne.

7

C'est dans ce pays qu'en 1962 Ben Bella prit le pouvoir.

Dès le départ, il ne disposait pas de bonnes conditions. Le contexte détermina sa future défaite. La situation était particulière : le pays sortait de la guerre affaibli, brisé. C'étaient surtout les campagnes qui étaient détruites. Un million de Français avaient quitté l'Algérie dans la panique. La population autochtone rentrait de l'émigration, des camps. Les plantations étaient abandonnées, les usines fermées. L'administration était désorganisée. Les spécialistes étaient peu nombreux, les techniciens pratiquement inexistants. Le chômage était généralisé. Et surtout, la société était exténuée, affamée. Elle aspirait à la paix et voulait manger. Aujourd'hui encore, on ressent la fatigue de la société algérienne.

Ben Bella prit le pouvoir dans le pays d'Afrique sans doute le plus difficile à gouverner. C'est un pays aux problèmes complexes et contradictoires, un pays qui ressemble à une construction à plusieurs étages s'entrecoupant sur divers plans et sur divers niveaux. Nul ne sait comment gouverner ce pays. Les Algériens le reconnaissent eux-mêmes.

Ben Bella commença sa lutte seul. Il venait de sortir de prison après des années d'isolement. Il n'avait pas d'équipe à lui, il n'avait pas de garde. La majorité des hommes politiques en activité étaient ses ennemis, faisaient bloc contre son action, et il ne disposait pas d'un parti fort et fidèle susceptible de s'opposer à eux.

Le parti était ravagé par des luttes intestines, des combats de groupes, des factions qui paralysaient son action.

La seule force à laquelle Ben Bella pouvait demander du soutien dans sa lutte pour le pouvoir était l'armée. Une armée efficace, consciente de sa puissance. L'armée de Boumediene. La caractéristique de cette armée était d'être inactive. Le pays était en proie à une guerre, mais l'armée ne pouvait se rendre sur le champ de bataille parce que la frontière entre la Tunisie et l'Algérie était contrôlée par un système de barrages impossible à forcer. Bloquée, l'armée de Boumediene se tourna vers la politique. Elle compensa son impuissance militaire par un renforcement de son activité politique. Les soldats de Boumediene avaient reçu une formation calquée sur le modèle révolutionnaire : un fusil dans une main, un manuel de propagande dans l'autre. Les hommes politiques professionnels, les anciens, qui s'étaient regroupés autour du Gouvernement Provisoire de la République Algérienne (GPRA) et de la direction du Front de Libération Nationale (FLN), pressentaient depuis longtemps le danger représenté par cette armée. Ils en avaient peur et cherchaient un moyen de la désarmer. Le 2 juillet 1962, trois jours avant l'indépendance, le Gouvernement Provisoire prit la décision de démettre Boumediene et les officiers qui lui étaient proches et qui aujourd'hui siègent dans le gouvernement révolutionnaire. Mais Boumediene ne se laissa pas destituer. Il se trouvait maintenant en opposition ouverte aux anciens. Et Ben Bella se trouvait aussi en opposition à la vieille équipe qui lui refusait l'accès au pouvoir. Ainsi, la logique de la situation favorisa l'union de Ben Bella et de Boumediene. Ils avaient mutuellement besoin l'un de l'autre. Ben Bella avait un nom, il était en conflit avec le Gouvernement provisoire, il savait parler et il défendait la conception d'une armée politisée. L'armée poussa Ben Bella au pouvoir car cette armée était la seule force unie qui restât sur la scène algérienne au lendemain de la guerre. Il était clair que seul un candidat de l'armée avait des chances de prendre le pouvoir. C'était Ben Bella.

Et c'est ce qui se passa.

Néanmoins, dès le départ, Ben Bella avait pieds et poings liés : il était étroitement surveillé par les militaires, conscients que l'armée pouvait faire ce que bon lui semblait.

8

Je vais ici prendre la défense de Ben Bella comme je prendrai celle de Boumediene. Ben Bella n'était pas le « démon » dont il fut question dans la déclaration trop impulsive et démagogique du 19 juin, et Boumediene n'est pas le « réactionnaire » décrit par *L'Unitá*. Tous deux sont les victimes du drame que vit tout homme politique du tiers monde pour peu qu'il soit honnête et patriote. Ce fut le drame de Lumumba, de Nehru, de Nyerere et de Sékou Touré. Il s'explique par la terrible résistance qu'ils rencontrèrent tous dès qu'ils arrivèrent au sommet. Chacun d'entre eux voulait faire quelque chose de bien, commençait à agir, et au bout d'un mois, d'un an, de trois ans, il constatait que rien ne prenait forme, tout se désintégrait, s'enlisait. Sur leur chemin se dressaient toutes sortes d'obstacles : un obscurantisme séculaire, une économie primitive, l'analphabétisme, le fanatisme religieux, l'aveuglement tribal, une famine chronique, un passé colonial avec pour corollaire une politique d'avilissement et l'affaiblissement de la population colonisée, le chantage des impérialistes, une corruption sans bornes, le chômage, les balances déficitaires. Il est périlleux d'avancer sur une pareille route. L'homme politique sent qu'il s'enlise et se débat, il se raccroche à la dictature. La dictature engendre à son tour une opposition. L'opposition organise un coup d'Etat.

Et le cycle recommence.

Il existe plusieurs variantes de ce mécanisme, mais son schéma reste globalement le même. Dans cet univers obscurantiste, les dictatures naissent avec une certaine répétitivité, une certaine régularité. Souvent, elles ne sont pas le fruit individuel de despotes pathologiques, mais la conséquence d'un contexte incompatible avec le modèle de Platon.

9

Ben Bella a gouverné le pays pendant trois ans.
L'opposition lui reproche d'avoir peu agi.
Peut-on vraiment lui faire ce reproche ?
Ben Bella avait une forte individualité, il dominait nettement la scène politique par l'ampleur de ses visions, la profondeur de sa réflexion. Sa pensée était audacieuse, mais souvent inconséquente. C'était une personnalité exceptionnelle, mais complexe et inégale.

Le règne de Ben Bella est sur bien des points positif : il a avant tout remis de l'ordre dans le pays qui sortait de la guerre, il a remis en marche l'Algérie, il a remis en marche l'appareil de l'Etat, de l'économie, de l'éducation, il a fait redémarrer une vie normale dans le pays.

Il s'est lancé dans une courageuse politique de nationalisation et de transfert en faveur des ouvriers des plantations et des entreprises abandonnées par les colons. Par là même, il a créé un immense secteur socialiste dans l'économie algérienne.

Il a évité une guerre civile qui menaçait l'Algérie et aurait pu mener le pays à une crise durable.

Il a participé à l'élaboration d'un programme de réforme agraire qui devait changer la vie de plusieurs milliers de travailleurs.

Il a donné à l'Algérie le rôle prestigieux de premier Etat du tiers monde. Il voulait faire de son pays un pont entre l'Europe et l'Afrique. Par l'intermédiaire de l'Algérie, il a ouvert la route de l'Afrique et du monde arabe à la gauche européenne, aux partis communistes.

Il a été l'un des premiers défenseurs de la lutte active contre le colonialisme.

Il est important de comprendre que la vision du monde de Ben Bella n'était dominée par aucune orthodoxie, par aucun fanatisme. C'était un esprit ouvert, curieux, mais pas assez exigeant. Dans sa jeunesse, Ben Bella n'a appartenu à aucune école idéologique. Il s'est engagé dans le mouvement de libération parce qu'il voulait une Algérie libre. Il a combattu, a fait de la prison. Au moment où il a pris le pouvoir, il était proche de la droite. Puis il est passé à gauche. Cette évolution fut nette, mais elle fut moins le fruit d'une maturation intellectuelle que d'un processus instinctif, d'une expérience. D'où l'opinion que le socialisme de

Ben Bella était sentimental, que Ben Bella « avait le cœur à gauche », qu'il aimait tout simplement le socialisme. Tout cela explique aussi que dans son entourage se trouvaient des communistes dont il mettait souvent en pratique les conseils.

Ben Bella a modifié le climat qui penchait toujours du côté des conservateurs. Il a essayé de créer des conditions de développement pour les jeunes, il a tenté de libérer les fellahs de la tyrannie des propriétaires terriens, il a libéré les esclaves et a lutté pour les droits des femmes. L'annonce de la destitution de Ben Bella a engendré chez les femmes algériennes des réactions de désespoir. Elles prirent le deuil. (L'une d'entre elles me confia un jour : « Il voulait offrir une vie aux femmes. Désormais les hommes vont de nouveau nous enfermer dans nos maisons. »)

Le socialisme de Ben Bella a été une expérience audacieuse, originale. Pour simplifier, c'était une économie qui se voulait socialiste dans une superstructure islamiste. L'opposition lui reproche d'avoir beaucoup parlé et peu agi. Elle reproche au socialisme de Ben Bella d'avoir été verbal.

10

Combien de temps le président de l'Algérie consacra-t-il à la lutte contre l'opposition ?

Il y consacra tout son temps. Au lieu de mettre en chantier un programme positif, il dut débattre avec ses adversaires. Nous nous trouvons dans une situation typiquement algérienne : complots permanents, gouvernement sans cesse paralysé par une menace de coup d'Etat. Pour la seule année 1963 : en avril, Ben Bella destitue Mohamed Khider (le secrétaire général du

FLN) car Khider a organisé contre lui une opposition ; en juin, il arrête Mohamed Boudiaf pour l'instigation d'un complot contre le gouvernement ; en juillet, le dirigeant des Kabyles Aït Ahmed déclare qu'il engage une guerre ouverte contre le gouvernement ; en août, Ben Bella destitue Ferhat Abbas (qui dirige le Rassemblement national) car Abbas est en opposition avec le parti ; en septembre, il révoque Rabah Bitat pour activités dans l'opposition ; en septembre également il renvoie le colonel El-Hadj qui a organisé une insurrection en Kabylie. En octobre et en novembre ont lieu de grands soulèvements kabyles, or les Kabyles représentent près d'un cinquième de la population algérienne. Je n'ai cité que les noms les plus célèbres. Mais combien de complots clandestins ou étouffés dans l'œuf, combien d'opposants moins connus ! En Algérie, rien ne se termine par une discussion. Ici tout le monde a son mot à dire, mais en plus tout le monde éprouve le besoin d'imposer son avis par la force, de prouver le bien-fondé de ses idées en déclarant ouvertement une guerre contre le régime, et, si ce n'est pas possible, on agit par le biais du complot. C'est le manque complet de discipline politique, l'absence totale de réflexion et de prise en compte des intérêts de l'Etat. Pour parvenir à une maturité politique, il faut des années, des générations.

Par ailleurs, tout cela se joue dans un contexte idéologiquement instable, indéfini, car ce n'est pas vraiment le capitalisme, ni vraiment le socialisme, ni l'islam orthodoxe : une nouvelle valeur est en train d'émerger, mais cette valeur n'a pas encore de cadre doctrinal formalisé et chacun l'interprète à sa façon. Cela explique que la mentalité algérienne soit en proie à la confusion, aux paradoxes, aux idées empruntées à des systèmes contradictoires. Cela embrouille la lutte politique car les adversaires (qui n'ont pas les idées claires non plus) ne peuvent ni se comprendre ni fixer leurs positions. La lutte se déplace alors au niveau des conflits personnels, faisant renaître des disputes anciennes, des factions.

Dans ce dédale, Ben Bella louvoie apparemment avec habileté. Progressivement, l'opposition est envoyée en prison ou émigre. Ben Bella estime-t-il qu'il a renforcé son pouvoir pour de bon ?

Il n'en n'est rien.

Le maillon faible de sa doctrine politique, c'est son rapport au parti. Et c'est finalement ce qui provoquera sa chute. Faute d'avoir en main les trois éléments du pouvoir (le parti, l'appareil d'Etat et l'armée), un dirigeant politique doit au moins en maîtriser un.

Ben Bella, lui, ne tient rien.

« Ben Bella se trouvait dans le vide », écrit Mohamed Heikal dans *Al-Ahram*.

Cette phrase explique tout.

Le parti en Algérie, c'est le bureau politique et les comités dans les provinces. L'appareil d'Etat est réticent à l'égard des programmes de Ben Bella car il craint que les retraites ne soient diminuées. L'union de Ben Bella avec l'armée a toujours été tactique.

Dans le monde arabe, les partis politiques ne constituent pas traditionnellement une force sociale importante et organisée. Il est difficile de construire ce type de parti. Mais d'un autre côté Ben Bella n'œuvre pas dans ce sens, il se sert du parti juste comme d'une façade, il le considère comme un groupe de collaborateurs, rien de plus.

11

La situation en Algérie avant le coup d'Etat n'était pas brillante.

Les problèmes étaient les mêmes que ceux qui se posent aujourd'hui et qui n'ont pas été résolus : millions de chômeurs, pauvreté des campagnes, désordres dans le secteur autogéré, pénurie de cadres, écart immense entre les intentions du gouvernement et la situation sur le terrain, balances déficitaires. Ben Bella n'a guère renversé la vapeur et rétabli la situation, et on ignore si quelqu'un y parviendra un jour.

L'atmosphère au sein de l'élite était pire encore.

La stagnation économique, les échecs intérieurs, l'inertie de la bureaucratie, l'immobilisme des masses entraînent habituellement les hommes politiques du tiers monde dans deux directions :

— celle de la dictature,
— celle de l'intensification de la politique étrangère.

C'est la voie que choisit Ben Bella. Il compensa ses défaites intérieures par une politique étrangère destinée à lui donner un certain prestige sur le plan international. Progressivement il consacra à cette politique de plus en plus de temps, de plus en plus de passion. Il aimait les visites, les tables rondes. Il savait être captivant, les gens étaient sous le charme de sa personnalité. Ses ambitions étaient immenses. Il envisageait une aide armée pour les insurgés en Angola et au Mozambique. Il prenait en charge l'instruction de combattants sud-africains. Il organisa à Alger un second Bandung. On dit qu'il dirigea en personne les préparatifs, qu'il ne partagea cette tâche avec personne. Bien avant la conférence, il entreprit une vaste correspondance avec les dirigeants de nombreux Etats d'Afrique et d'Asie. Il organisa la visite de Chou En-lai en juin. En juillet, il rendit une visite à de Gaulle. Il invita en Algérie le Festival mondial de la Jeunesse. L'Algérie était en train de devenir l'un des Etats centraux du tiers monde, mais le coût financier de cette politique était énorme. Elle engloutissait des millions de dollars dont le pays avait cruellement besoin.

Le gouffre entre la politique intérieure et extérieure de Ben Bella se creusait progressivement. Le contraste devenait de plus en plus net : à l'extérieur, l'Algérie avait la réputation d'un Etat révolutionnaire à la politique audacieuse, résolue, dynamique, celle d'un Etat se voulant le havre et le soutien de ceux qui luttent et sont opprimés, d'un Etat exemplaire pour les continents de couleur, bref d'un Etat modèle, brillant et énergique ; à l'intérieur, c'était le règne de la stagnation, du chômage, de la régression économique, de l'analphabétisme, de la vieille bureaucratie, de la réaction, du fanatisme et des intrigues politiques.

Ce décalage entre politique étrangère et politique intérieure, caractéristique de nombreux pays du tiers monde, ne peut tenir longtemps. C'est le pays lui-même qui précipite l'homme politique à terre. Car il n'est pas en mesure de supporter un tel régime. Il ne peut se le permettre, il n'y trouve pas son compte.

Peut-être la chute de Ben Bella annonce-t-elle la fin de l'époque des grands leaders du tiers monde, de ceux qui émergèrent de la misère de leur pays mais qui étaient plus des leaders que des économistes. Même Julius Nyerere et Sékou Touré finirent par s'essouffler et furent écrasés par l'économie. La pénurie de capitaux et de cadres, les difficultés économiques commerciales finissent par avoir le dessus.

Peut-être vivons-nous une époque où la politique étrangère, celle qui est active, celle qui compte, est en train de devenir l'apanage des Etats développés, alors que les pays pauvres devront l'adapter à leurs moyens, modestes, bien plus modestes que leurs ambitions nationalistes.

12

Le coup d'Etat de juin anticipa la situation conflictuelle qui ne cessait de s'aggraver entre Ben Bella et son entourage. Les origines de ce conflit sont complexes. Elles remontent en partie aux événements de l'année 1962, en partie à la période de lutte contre l'opposition. Pour l'élite, les adversaires de Ben Bella n'étaient pas toujours les siens. Les uns estimaient qu'il traitait l'opposition avec trop de sévérité, les autres avec trop de douceur. Peu de temps avant sa chute, Ben Bella entreprit des pourparlers avec l'opposition kabyle. Cela ne plut pas à Boumediene qui ne supportait pas les Kabyles. Ben Bella mena ces négociations dans le dos du gouvernement. Puis il se mit à tergiverser et à nier publiquement ces rumeurs. Son engagement dans la politique mondiale ne plaisait pas. Destinée à impressionner l'opinion internationale et reposant sur des manifestations grandioses et coûteuses, cette direction irritait. D'ailleurs, l'entourage avait peur de la réputation que Ben Bella était en train de construire car son prestige croissant le rendait inaccessible, incontrôlable. Le nom de Ben Bella avait plus de poids à l'étranger que dans l'Algérie elle-même.

Mais deux raisons ont plus que d'autres pesé sur la décision du coup d'Etat : le style de gouvernement du président et le débat avec Boumediene préparé par Ben Bella.

Comme tout autocrate, Ben Bella se débarrassait progressivement de ceux qui ne pensaient pas comme lui et qui persistaient à défendre leur point de vue. Ceux qui restaient, il ne les respectait pas, ne tenait pas compte d'eux, les prenait de haut. Il était obstiné, opiniâtre et détestait changer d'avis. Il était excédé par les hommes qui prenaient des décisions promptement. Petit à petit, Ben Bella cessa d'écouter ceux qui l'entouraient. Il ne les supportait plus. Il leur criait dessus. Il ne les réunissait plus pour prendre des décisions. Il ne les convoquait que pour leur communiquer ses résolutions : « Aujourd'hui j'ai décidé telle et telle chose », c'est ainsi que commençaient les ouvertures de séances du bureau politique.

Ainsi, le mécanisme de cour selon lequel le leader était confiné dans la solitude était en marche. Il était au pinacle mais il était seul. Petit à petit, la villa « Joly » fut désertée. Ben Bella perdit même le contact avec ses vieux camarades. Il n'avait plus de temps à leur consacrer ou alors ces hommes l'énervaient. Si l'un d'eux venait lui rendre visite pour lui faire des remarques, il entrait en fureur, appelait la garde et ordonnait que l'ami en question soit enfermé. Les gens commencèrent à l'éviter, ils avaient peur d'avoir des ennuis.

Ben Bella était un homme coléreux, il s'emportait facilement, puis subitement il devenait morne. Quand il sortait de ses gonds, il ne surveillait pas son langage. Juste avant le coup d'Etat, lors d'une séance du gouvernement, il s'écria : « Je vais tous vous mettre dehors. »

Et il passa à l'acte.

Il n'accordait plus sa confiance à qui que ce fût. Les

gens complotaient contre lui ou faisaient du sabotage. Présentant un jour Boumediene à un journaliste égyptien, il lui dit : « Je vous présente l'homme qui est en train de préparer un complot contre moi. » Puis il se tourna vers Boumediene : « Alors, comment ça va, les intrigues ? » « Très bien, merci », répondit Boumediene.

Il concentrait de plus en plus de pouvoir entre ses mains. Il était président de la République et secrétaire général du parti. Il commença aussi à s'imposer dans les ministères. Lui-même décidait qui serait membre du bureau politique, qui serait membre du Comité central, qui serait au gouvernement et au Parlement. « Il décidait de tout », confia par la suite Abdelaziz Bouteflika à des journalistes.

C'était une personnalité complexe, multiple. D'un côté il ne faisait confiance à personne, de l'autre il s'efforçait de convaincre tout le monde de sa bienveillance. Il discutait avec toutes les factions, leur faisant à toutes des promesses. Le matin, il rencontrait la gauche, faisait des promesses et ne les tenait pas, l'après-midi il rencontrait la droite, faisait des promesses et ne les tenait pas. Les gens cessèrent de lui faire confiance. La suspicion croissait, la tension s'aggravait.

Il jouait, improvisait. C'était un grand improvisateur, un tacticien de génie. Mais sa tactique n'était pas guidée par une pensée stratégique claire. Elle était dénuée de plan, elle était en dents de scie.

Il n'acceptait aucune critique. Il ne pratiquait pas son autocritique non plus. Il croyait en sa force, en son étoile, en sa popularité. Il avait bonne presse. Jusqu'à la fin, les journaux lui restèrent favorables. Il n'était pas de bon ton de dire du mal de Ben Bella. Les journalistes l'aimaient. Il les recevait volontiers.

Il était tellement sûr de lui qu'il crut que le moment était venu d'affronter son principal adversaire, la force qui l'avait conduit au pouvoir, la puissance qui pendant des années s'était tenue moins derrière lui qu'à ses côtés, l'armée. Il ne savait pas dans quel combat solitaire et désespéré il allait s'engager. Car l'armée, c'était non seulement des hommes en uniforme, mais des hommes en civil qui avaient commencé leur carrière dans l'armée. La moitié du gouvernement, du Comité central, du Parlement, c'était l'armée, d'hier ou d'aujourd'hui, celle de l'émigration ou celle des combattants. En fait, dans l'équipe de Ben Bella, la majorité des hommes étaient du côté de Boumediene, et non du côté de Ben Bella.

Ben Bella se lança dans deux coups tactiques. Tout d'abord il décida de créer des détachements de milice populaire censés équilibrer l'influence de l'armée. Il n'en eut pas le temps. Puis, alors que Boumediene était à Moscou, il nomma Tahar Zbiri chef d'Etat-Major général, nomination que Boumediene n'aurait jamais acceptée car Zbiri était un ancien maquisard.

On raconte qu'au début du mois de juin, l'atmosphère au sein des dirigeants devint insupportable. Ben Bella prépara une purge. Il l'annonça lui-même.

Une semaine avant le coup d'Etat, le samedi 12 juin, lors d'une séance du bureau politique, Ben Bella décréta que le samedi suivant, le 19 juin, la séance du bureau aurait l'ordre du jour suivant :

1. Changement de cabinet,
2. Changement de direction de l'armée,
3. Liquidation de l'opposition militaire.

Boumediene n'assistait pas à cette séance car lui et Ben Bella étaient brouillés. Mais la moitié du bureau était des hommes à lui.

A l'issue de cette séance, Ben Bella prit l'avion et s'envola vers Oran pour une semaine. Il partit seul.

Toutes les personnes qu'il avait menacées restèrent à Alger.

La situation était d'autant plus grave que personne ne savait précisément qui tomberait. Chacun faisait sans doute son examen de conscience dans son coin. Tous étaient inquiets et cette incertitude les rendait solidaires. Profitant de l'absence de Ben Bella, ils poursuivirent leurs discussions sur l'opportunité d'un coup d'Etat. Peut-être une simple menace serait-elle suffisante ?

Le vendredi 18 juin, quelques heures avant le coup d'Etat, Ben Bella prit part à un meeting à Oran. Lors de ce meeting, il déclara que « l'Algérie était unie comme elle ne l'avait jamais été », que toutes les rumeurs sur les divisions au sein du gouvernement étaient un non-sens, une propagande hostile.

Après le meeting, il se rendit à un match car il n'en manquait jamais un.

Tard dans la soirée, il rentra à Alger.

Vraisemblablement, quelqu'un dut lui demander par téléphone de convoquer une séance extraordinaire du gouvernement.

Il répondit qu'il était fatigué, qu'il allait dormir.

A deux heures du matin, il fut réveillé par un camarade, le colonel Tahar Zbiri, casqué et une mitraillette à la main.

Ben Bella disparut sans laisser de trace.

13

Le coup d'Etat est amené sur un plateau par Ben Bella.

Son instigateur est le vice-Premier ministre, ministre de la Défense nationale, membre du bureau politique du FLN, chef de l'armée nationale populaire, ancien professeur de littérature arabe : le colonel Houari Boumediene (son nom véritable est Mohamed Boukharrouba).

Colonel, car dans l'armée algérienne, qui se veut une armée populaire, paysanne et révolutionnaire, les grades de général et de maréchal n'existent pas. Les insignes des officiers sont très modestes, les uniformes des hommes de troupe et des officiers ne se distinguent ni par la coupe ni par la qualité du tissu.

Boumediene n'est pas photogénique. De plus, les journaux, qui ne l'aiment pas, retouchent son visage de manière à lui donner un air de rapace.

Dans la réalité, Boumediene laisse une impression plutôt sympathique. Il est de taille moyenne, très mince. Il a le visage allongé, un peu ascétique, des joues tombantes et une mâchoire proéminente. Ses yeux, profondément enfoncés, sont bruns, mobiles, incroyablement pénétrants. Boumediene n'a pas le type arabe. Il a les cheveux châtains, longs et ondulés, une moustache courte, roussie par la nicotine, car il fume cigarette sur cigarette.

Ses manières m'ont étonné. Je l'ai vu quelques jours après le coup d'Etat. Je pensais rencontrer un personnage au comportement de despote. En fait, Boumediene est timide, mal à l'aise. J'ai assisté à une réception qu'il a donnée dans le palais du Peuple. Il saluait tout le monde bien bas, comme un potache. Il ne savait que faire de ses mains et son attitude montrait clairement qu'il n'avait aucune expérience de la vie mondaine. Après avoir salué ses invités, il s'installa dans un fauteuil contre un mur et fixa en silence un coin désert de la salle. Je me demande si au cours de cette réception il échangea une seule phrase avec quelqu'un.

J'ai interrogé un correspondant accrédité à Alger : « Est-ce que quelqu'un a eu l'occasion de discuter avec Boumediene ? » Il m'a répondu : « Personne. Il ne parle à personne. Il ne parle pas en général. » Effectivement, Boumediene est taciturne. C'est une nature hermétique. Quand il doit parler, on a l'impression que cela lui coûte un effort incommensurable. Il préfère répondre par des monosyllabes ou par un hochement de tête. Ses discours sont rares. L'année dernière, il n'en a prononcé qu'un seul. Il lit ses discours qui sont toujours brefs, composés de thèses sèches. On dit que Boumediene ne fait pas confiance aux civils, qu'il ne supporte pas les bavardages diplomatiques et les tables rondes.

Il donne toujours l'impression d'être concentré, plongé dans des réflexions complexes et graves. Aussi sourit-il rarement. Il n'a absolument pas les manières d'un dirigeant : il ne caresse pas la tête des enfants, ne lève pas les mains en l'air, ne se met jamais en avant. Il ne se préoccupe pas de sa popularité, de sa renommée. C'est sa nature, sa manière d'être. Il est peu soucieux de sa tenue vestimentaire ; ses pantalons trop longs lui tombent en plis sur les chaussures, sa veste est boutonnée de travers. Il ne porte pas de cravate ni de chemise blanche, il est toujours en polo ou en treillis.

Boumediene n'a qu'une passion : l'armée. C'est un

soldat jusqu'à la moelle. Il fulmine toujours quand Ben Bella dilapide des fortunes pour des conférences ou des visites car il veut que l'argent aille à l'armée. Son univers est celui des casernes, des états-majors et des polygones.

L'ambition de Boumediene, c'est une armée politique, une armée d'Etat. Le salut de la patrie passe par l'armée, son développement passe par l'armée. Les civils ne font rien de bon, ce sont des démagogues, des hommes corrompus. Les civils mènent toujours le pays à la crise. Il en faut bien quelques-uns dans le gouvernement puisque telles sont les coutumes dans le monde, mais le pays ne peut tenir que grâce à l'armée, surtout dans un pays dominé par la pagaille, les clans qui se dévorent mutuellement sans penser au bien général.

Boumediene rencontre Ben Bella pour la première fois au Caire, en 1954. A l'époque, il n'est rien, il a vingt-huit ans, il enseigne dans une école arabe. Ben Bella l'entraîne dans la lutte pour la libération. Puis Boumediene porte Ben Bella au pouvoir. En contrepartie, Ben Bella défend Boumediene contre la direction du parti qui veut que l'armée soit seulement une armée et qu'elle ne se mêle pas de politique. Pendant des années, ils se rendent mutuellement des services. Partout ils se montrent ensemble : au premier plan Ben Bella, le leader-né, l'homme du monde, et derrière, comme une ombre, silencieux, immobile, Boumediene.

Ben Bella et Boumediene ont des caractères totalement opposés, ce sont deux personnalités, deux mentalités différentes. Mais chacun d'eux est, à n'en pas douter, une individualité. Ben Bella se montre blessant avec Boumediene, car dans le fond il en a peur.

Boumediene a un caractère d'acier. C'est un homme qui ne connaît pas l'hésitation.

Politiquement, c'est un nationaliste arabe révolutionnaire, le défenseur de la cause des fellahs et des petites gens des villes. Pour eux surtout, Boumediene essaiera de faire quelque chose. C'est l'élément social dont le colonel ressent le mieux le malaise et les aspirations. Cet élément constitue quatre-vingt-dix pour cent de la société algérienne.

14

La réaction générale de l'opinion algérienne au coup d'Etat est une sensation de dégoût. Elle s'explique par l'amour-propre. Les Algériens sont en effet considérés comme l'aristocratie arabe, comme les Arabes cultivés, et ils considèrent qu'un événement comme un coup d'Etat est digne de l'Irak ou de la Libye, pas de l'Algérie.

Le coup d'Etat compromet l'Algérie aux yeux du monde, d'autant qu'il a lieu une semaine avant le deuxième Bandung.

Un coup d'Etat alors que la conférence doit se tenir dans quelques jours !

C'est une pagaille indescriptible. On ne peut avoir aucune information. Le Conseil de la révolution agit dans la clandestinité, comme une mafia. Personne ne sait où il siège. Il n'y a aucun pouvoir officiel. Des gens se font passer pour le porte-parole du nouveau régime. Personne ne les connaît. S'agit-il d'un porte-parole ou d'un imposteur ? Mystère ! Les rumeurs vont bon train : Ben Bella vit, Ben Bella est mort, la conférence va se tenir, elle va être annulée, il va y avoir une manifestation, il va y avoir une insurrection, Nasser va venir, Chou En-lai va venir, tout le monde viendra, personne ne viendra, on arrête les communistes, on arrête les Egyptiens, on arrête tout le monde, ça va commencer, à partir d'aujourd'hui, à partir de demain, dans une semaine.

Et les grandes chaleurs arrivent. Les gens s'évanouissent dans la rue. « Le peuple ne s'insurge pas à cause de la chaleur », me confie un jour un inconditionnel de Ben Bella. Effectivement, pendant la journée il règne un calme imperturbable, les manifestations ne commencent que le soir. Elles se succèdent pendant cinq soirées. C'est la jeunesse qui manifeste, les jeunes des rues. Ils le font avec enthousiasme, avec émotion, mais ils ne sont pas organisés. La plus grande manifestation à Alger rassemble peut-être deux ou trois mille personnes. L'armée marche contre les manifestants. Cette armée sait comment combattre la foule. Et elle dispose à cet effet d'équipements modernes. Six jours après le coup d'Etat, les manifestations cessent, l'armée regagne ses casernes.

Hormis la jeunesse, la société garde le silence. Le parti se tait, les syndicats se taisent, les autres organisations se taisent. On prétend qu'ils se concertent, qu'il y a des hésitations. Le coup d'Etat a mis au jour la division de cette société, son manque de cohésion, de solidarité, l'absence d'organisation.

La force se trouve du côté de l'armée. Et l'armée a le pouvoir.

Au sein de la gauche règne le pessimisme. Ils s'attendent à des règlements de comptes, ils ne dorment plus la nuit. Mais la répression ne vient pas. Boumediene n'enferme pas un communiste, pas un gauchiste. Ces craintes de la société algérienne viennent du fait qu'en Algérie personne ne connaît l'armée et tout le monde la redoute. Il s'agit d'une société désintégrée qui a peur de toute force intégrée. L'armée est la seule force structurée en Algérie. Boumediene n'est pas un homme qui convainc, c'est un homme qui agit : il est entièrement absorbé par l'action. En Afrique, les hommes aiment les dirigeants qui parlent, expliquent, se confient. Lors d'un meeting, Nasser a confié à la foule que sa fille n'avait pas été admise à l'université, qu'elle avait échoué à l'examen d'entrée. Il le disait avec regret, comme le père d'un enfant ayant subi un échec, il le disait à des milliers de pères ayant les mêmes soucis que lui.

Le peuple respecte un dirigeant qui est proche de lui, et il lui fera confiance.

Le coup d'Etat dévoila l'Algérie telle qu'elle était : un pays typique du tiers monde. A la base, une masse paysanne en proie à une misère éternelle, terrorisée en permanence par la venue des grandes chaleurs, implorant constamment Allah de lui donner l'écuelle de nourriture que la terre stérile n'est pas en état de lui procurer. Au sommet, dans les salons, un tel enferme un tel en prison, un tel renverse un tel. Deux mondes, sans aucun lien.

Après le coup d'Etat, le Conseil de la révolution prend le pouvoir. La majorité du Conseil est constituée par l'élite de l'armée algérienne. C'est une grande armée qui compte, avec les détachements de police, cent mille hommes. Elle est bien équipée.

Dans la situation prévalant aujourd'hui en Afrique, le gouvernement de Boumediene est un gouvernement nationaliste de gauche.

On ne peut pas appliquer le critère socialiste à l'Afrique car le socialisme en tant que tel n'existe pas là-bas. Les forces de gauche sont informes, elles sont le reflet d'une réalité politique et sociale immature. Les contours de cette réalité ne sont pas nets.

Peut-être eût-il été possible d'éviter le coup d'Etat, qui fut en fin de compte un mouvement tactique d'une brutalité extrême. Mais il faut garder à l'esprit une chose : tous ces événements se déroulent dans un environnement jeune si on le compare aux normes de la politique européenne. L'âge moyen des membres du Conseil de la révolution fluctue entre trente-deux et trente-quatre ans. Boumediene, qui en a trente-huit, est le doyen de ce milieu. En Algérie, la politique est l'apanage des hommes de vingt à trente ans. Toute la politique. De surcroît, il s'agit d'Arabes, de gens incroyablement fiers, ayant un sens de l'honneur aigu, d'hommes au sang chaud qui à la moindre occasion se sautent à la gorge. « Ben Bella nous a offensés », c'est une raison suffisante pour qu'il soit enfermé. Cette politique chaotique est l'œuvre d'hommes sans expérience qui ne sont pas encore en mesure de prévoir les conséquences de leurs décisions, qui ne sont pas encore imprégnés du sérieux et de la prudence des vieux baroudeurs de la politique.

Tout cela est complexe et ne peut être confronté à des schémas classiques. Les choses sont beaucoup plus simples lorsqu'il s'agit de la politique européenne : là-bas on sait que la Suisse garde sa neutralité, que la RFA ne reconnaît pas la RDA et qu'en Angleterre, si ce ne sont pas les travaillistes qui gouvernent, ce sont les conservateurs. En Afrique, rien n'est jamais sûr. En un mois, un pays ultraréactionnaire comme le Congo-Brazzaville bascule dans un régime ultrarévolutionnaire, des pays révolutionnaires comme le Kenya sombrent en deux mois au fond de la réaction. Un homme politique qui, pendant des années, s'est imposé comme le symbole des positions pro-occidentales (Nyerere) peut devenir en deux semaines le partisan le plus enthousiaste de la révolution, et l'homme politique qui pendant des années a été le symbole de la lutte anticoloniale (Kenyatta) peut devenir en l'espace de quelques mois le réactionnaire le plus acharné.

Sur la scène politique algérienne, il reste l'armée. On sait peu de chose sur les relations existant au sein de l'armée en Algérie. L'armée fait un peu penser à une mafia, à une secte religieuse. Les officiers ne se saluent pas avec le salut militaire, mais ils se donnent la main et s'embrassent sur les deux joues.

Le Conseil de la révolution compte des hommes aux orientations politiques différentes. Des réactionnaires et des progressistes que la peur de Ben Bella a unis provisoirement. Ce groupe sera le théâtre de combats, de divisions et de réajustements.

Tout peut encore arriver : un nouveau complot, un nouveau coup d'Etat, une insurrection en Kabylie. « La révolution algérienne est celle des surprises », a dit Boumediene à Mohamed Heikal.

1965

Une dispute à propos d'un juge qui s'est terminée par un renversement de gouvernement

En novembre 1965, je me suis envolé d'Alger pour Accra. L'avion a fait une escale à Conakry. L'aéroport grouillait de policiers et de militaires. Intrigué, j'ai demandé à un Guinéen ce qui se passait. « On a découvert un complot contre la République, m'a-t-il répondu. Sékou Touré a fait l'objet de plusieurs attentats. Il y a en ce moment des arrestations, des démissions. »

Trois jours plus tard, à Accra, Nkrumah convoquait une conférence de presse sur la Rhodésie. Pour atteindre le bureau du président, il fallait franchir trois portes et trois cours. Chacune de ces cours était gardée par des cohortes de policiers et de militaires. On nous a ordonné de venir une heure avant le début de la conférence. Nous avons été mis en rang, puis nous avons été introduits un par un dans une pièce où se tenaient deux policiers. Là nous avons subi une fouille personnelle. Pendant la perquisition, un policier a trouvé dans la poche de ma veste un porte-mine. Il m'a demandé d'appuyer sur le bouton. Je me suis exécuté. Puis il m'a demandé d'actionner le bouton dans l'autre sens. Je me suis exécuté. Les policiers ont tenu conseil : ils avaient des doutes. J'attendais que le verdict tombe. Pour finir, un policier m'a demandé :

« Peux-tu jurer que ce crayon ne tire pas ? » J'ai répondu que je pouvais en faire le serment. Ils m'ont rendu mon porte-mine.

Nkrumah a l'air fatigué. Il dit qu'il est épuisé, qu'il a du mal à s'endormir. En septembre, des rumeurs ont circulé dans Accra faisant état d'une conspiration de l'état-major de l'armée, d'une éventuelle tentative de coup d'Etat militaire. A la fin du mois de septembre, Nkrumah a démis le chef d'Etat-Major général et son adjoint, a réorganisé le ministère de la Défense et s'est nommé commandant en chef de l'armée. Puis a eu lieu la cérémonie de remise du bâton de maréchal.

D'Accra, je suis allé en voiture à Lagos en passant par le Togo et le Dahomey. Entre Accra et la frontière, la route est barrée par six postes de police ou de l'armée. Les voitures sont fouillées, les papiers contrôlés. Au Ghana, l'état d'urgence imposé pendant la période des attentats contre le président est toujours en vigueur. Ces contrôles sur les routes permettent en outre de lutter contre la spéculation qui désorganise l'économie du pays.

La frontière entre le Ghana et le Togo est fermée par un immense portail cadenassé. Quand je suis arrivé, le policier s'est mis à chercher la clé du cadenas. Juste derrière ce portail se trouve la capitale du Togo, Lomé. Un kilomètre plus loin se trouve une ruelle bordée de palmiers, quelques petites maisons et une haute palissade. C'est au pied de cette palissade qu'en 1963 le président du Togo, Silvanus Olympo, a été fusillé par des officiers. Lomé est une petite ville sablonneuse, brûlante et belle. C'est une ville de bord de mer, partout la présence de l'océan se fait sentir. A l'hôtel du Golfe, j'ai écouté les informations à la radio. Le speaker a lu les premiers communiqués de Léopoldville sur le coup d'Etat du général Mobutu. Mobutu a arrêté le président Kasavubu et s'est proclamé président pour cinq ans. Ce qui est incroyable, c'est que Mobutu précise la durée de son mandat.

Et ça marche !

Dans ces pays, il suffit d'un officier et d'un millier de soldats pour constituer un pouvoir fort. Qui s'y opposera ? Quels partis seraient en mesure de lever quelques milliers de partisans fidèles, idéalistes et surtout solidaires ?

Cinquante kilomètres séparent Lomé de la frontière du Dahomey. La route longe la mer. La côte ressemble à un long village de pêcheurs, le village le plus long du monde qui commence au Ghana, se termine au Dahomey et s'étend sur plus de cent kilomètres.

Au Dahomey, je suis tombé tout à fait par hasard sur une révolution.

Quand je suis entré à Cotonou, la moitié de la capitale du Dahomey (l'autre moitié, Porto Novo, se trouve trente kilomètres plus loin), j'ai croisé le correspondant de l'AFP, Jacques Lamoureux, au volant de sa voiture : « Arrête-toi ! Il y a une révolution ici ! » s'est-il écrié. Lamoureux avait l'air tout content car Cotonou a beau être une ville charmante, on s'y ennuie terriblement et les seules distractions du coin sont les révolutions qui y éclatent environ tous les six mois.

Cette fois, la lutte opposait le président de la République Sourou Migan Apithy au vice-président et chef de gouvernement Justin Ahomadegbé. Les deux hommes se querellaient à propos de la nomination d'un juge de la Cour suprême. Telle était du moins la raison formelle du conflit. Chacun voulait nommer le juge, car chacun avait dans sa grande famille des candidats à ce poste.

Depuis quelques mois, l'Etat ne fonctionnait plus, le

gouvernement ne pouvait pas se réunir, le pays était paralysé.

Nous voyons là nettement comment fonctionne la politique africaine : le Dahomey est un pays pauvre, peu développé. Pour sortir de la misère, il a cruellement besoin d'efforts, d'énergie, d'éducation.

Mais personne ne s'en soucie.

Depuis des mois, le gouvernement, le parti et le Parlement, l'armée sont absorbés par cette querelle. A propos de ce juge, des débats interminables ont lieu, des résolutions sont prises, des variantes de compromis sont discutées.

Je suis arrivé à Cotonou le jour où les deux parties avaient épuisé tous les arguments juridiques et avaient décidé de passer à l'acte. Ahomadegbé a attaqué le premier. Il a convoqué une séance du bureau politique du parti au pouvoir (le PDD, le Parti Démocratique Dahoméen), et après le vote du bureau, Apithy a été rayé des listes du parti et destitué de son poste ; c'était « le seul moyen de sauver l'unité du peuple dahoméen ». Le soir, la radio a diffusé un discours d'Ahomadegbé dans lequel il déclarait que l'histoire avait remis entre ses mains le destin du peuple dahoméen et que, conscient de cette responsabilité, il assumait désormais la fonction de président de la République. Apparemment Ahomadegbé avait gagné. Mais lorsque, le lendemain, nous nous sommes rendus à Porto Novo, chez Apithy, nous nous sommes aperçus que ce dernier n'avait pas du tout l'air ému par cette histoire. Il a pris son déjeuner, est allé faire une petite sieste, et enfin a daigné nous recevoir. Il a alors déclaré qu'il avait été élu président par le peuple et que seul le peuple pouvait le priver de cet honneur.

Ainsi donc le Dahomey est doté de deux présidents, deux chefs de l'Etat.

Une telle situation pouvait durer longtemps. Fort heureusement, quelqu'un a eu la bonne idée de soumettre l'affaire à débat. C'est ainsi qu'une conférence de divers responsables a été convoquée : la direction du parti, les membres du Parlement, les dirigeants syndicaux, les présidents des associations de jeunes, les grossistes des marchés (force politique non négligeable), les prêtres, les sorciers et les officiers de l'armée. La conférence s'est tenue dans le palais de l'ancien président du Dahomey, Hubert Maga, destitué par l'armée en 1963.

C'est un palais réputé.

Sa construction a englouti tous les capitaux destinés au plan triennal de développement du pays. Les grilles d'entrée sont en or massif. Des serpents, en or également, s'enroulent autour des colonnes de marbre de la salle de réception. Des niches creusées dans les murs sont serties de pierres précieuses et les planchers sont recouverts d'authentiques tapis persans. En 1963, l'actuel président Christophe Soglo, qui était alors colonel, renversa Hubert Maga, le président de l'époque. Au cours de cette tempête, des couverts en argent de grande valeur que Maga avait commandés à des antiquaires parisiens disparurent du palais. Le vice-président Ahomadegbé entreprit personnellement une enquête ; comme il le confirma par la suite publiquement, cette enquête le mena à la conclusion que l'argenterie avait été subtilisée par l'épouse de Soglo. La crise du gouvernement qui s'ensuivit fut quelque peu désamorcée car il était évident qu'Ahomadegbé était perdu si Soglo réagissait.

Bref, nous nous sommes rendus à cette conférence.

Dans l'escalier, nous avons rencontré le général Soglo qui, après nous avoir salués, a discuté un moment avec nous. Soglo est un homme gros, jovial et énergique. Il a cinquante-six ans. Il a servi dans l'armée française à partir de 1931 comme sous-officier de carrière. Il est habillé très simplement, en chemise militaire, sans décoration. Il est coiffé d'un béret vert. Ni Soglo, ni les autres officiers, ni les parachutistes qui entourent le palais ne sont armés. Pendant toute la durée de ce coup d'Etat militaire, je n'ai pas vu un seul officier ou un seul soldat avec une arme. En cela il se différencie de celui d'octobre 1963 où l'armée a fait usage d'armes, c'est-à-dire du seul mortier dont dispose l'armée du Dahomey. Et lorsque Soglo a arrêté Maga, le gouvernement, qui ne comprenait pas bien ce qui se passait, s'est enfermé dans un petit bâtiment à proximité du marché. Soglo a placé en personne le mortier devant ce bâtiment (il était le seul militaire à savoir s'en servir) et à l'aide d'un porte-voix il a annoncé que si le gouvernement ne donnait pas sa démission avant quatre heures de l'après-midi, il tirerait. Le gouvernement a voté à l'unanimité sa démission et en a informé Soglo par la fenêtre. C'est ainsi que s'est terminée cette crise politique.

Maintenant Soglo se tient avec nous dans l'escalier du palais, il est d'excellente humeur, nous discutons. Il nous dit qu'il est dans l'impossibilité de les réconcilier, il parle du président imposteur et du président élu par le peuple. Puis il ajoute qu'il « doit faire quelque chose ».

Juste avant l'ouverture de la conférence, nous sommes informés que les sorciers se sont déclarés pour Ahomadegbé. « C'est le coup de grâce pour Apithy », décrète Lamoureux qui envoie aussitôt une dépêche à Paris.

Nous attendons. La conférence se termine dans l'après-midi sans résultat car les membres sont divisés en deux camps, les uns soutiennent Apithy, les autres

Ahomadegbé. Dans la soirée, des tracts sont distribués dans la ville avec ces trois phrases : « A bas le fascisme ! A bas Ahomadegbé ! Vive l'armée ! » Ahomadegbé prend alors l'initiative dramatique d'arrêter Apithy. Il va à Porto Novo où réside son adversaire. Il se rend à la caserne de gendarmes où il ordonne au chef de la gendarmerie, le commandant Jacson, d'arrêter Apithy. Mais le major lui répond qu'il n'obéit qu'aux ordres du général : le vice-président se querelle alors avec le commandant, puis rentre bredouille à Cotonou. Vraisemblablement, Jacson fait un rapport à Soglo, car ce dernier décide d'agir immédiatement.

La nuit même, à quatre heures du matin, Soglo réveille Apithy et le somme de signer sa démission. Apithy répond qu'il signera à condition de lire noir sur blanc que Ahomadegbé signe lui aussi sa démission. Soglo accepte le marché, s'installe au volant de sa voiture et se rend à Cotonou. Il réveille Ahomadegbé et le somme de signer sa démission. Ahomadegbé signe. Soglo retourne avec le papier à Porto Novo chez Apithy. Pendant tout ce temps, Soglo est seul. Il montre à Apithy la démission d'Ahomadegbé. Du coup, Apithy signe la sienne.

A six heures du matin, la crise est terminée. Soglo nomme un nouveau Premier ministre, un personnage falot, de deuxième ordre. Il est clair que le pouvoir est entre ses mains.

De cette révolte au Dahomey je suis tombé dans le feu de la guerre civile faisant rage depuis octobre au Nigeria de l'Ouest. La route entre la frontière et Lagos est hérissée de postes de la police, de barrages de l'armée qui procèdent à des fouilles, des contrôles permanents. Dans les fossés gisent des voitures calcinées. Dans les villages les maisons sont brûlées. Des patrouilles militaires sillonnent le pays dans des camions.

C'est une guerre désespérée, absurde, dont on ne voit pas la fin, qui ne rime à rien, dans laquelle des centaines d'hommes ont perdu la vie, des centaines de maisons ont été incendiées et des sommes d'argent fabuleuses gaspillées.

En l'espace d'un mois, j'ai traversé cinq pays. Dans quatre d'entre eux régnait l'état d'urgence. Dans le premier, le président avait été renversé, dans le deuxième il avait été sauvé de justesse, dans le troisième le chef du gouvernement avait peur de quitter sa résidence gardée par l'armée. Deux Parlements avaient été dissous. Deux gouvernements démis. Des dizaines de responsables avaient été arrêtés. Des dizaines d'hommes avaient été tués dans des luttes politiques.

Sur une distance de cinq cent vingt kilomètres, j'ai été contrôlé vingt et une fois et j'ai subi quatre fouilles intimes.

Partout règne une atmosphère de tension, partout on sent une odeur de poudre.

1965

Barrages de flammes

Janvier 1966. Le Nigeria est le théâtre d'une guerre civile. Je suis chargé de couvrir l'événement. Par une journée nuageuse, je quitte Lagos. A un barrage, les patrouilles de police arrêtent toutes les voitures. Elles fouillent les coffres, cherchent des armes. Elles crèvent les sacs de maïs, au cas où des munitions y seraient enfouies.

Au-delà de ce barrage situé aux portes de la capitale, le pouvoir n'existe plus.

La route traverse des régions verdoyantes, des collines basses recouvertes d'une végétation étouffante et dense. C'est une route de latérite couleur de rouille, à la surface inégale et traître.

Ces collines, cette route, ces villages sont le pays des Yoroubas qui vivent dans le sud-est du Nigeria. Ils représentent un quart de la population du pays. Le ciel des Yoroubas est peuplé de dieux et leur terre de rois. Le dieu le plus grand s'appelle Oduduwa et il habite très haut, bien au-dessus des étoiles, bien au-dessus du soleil. En revanche, les rois habitent près des hommes. Chaque ville, chaque village abrite un roi. Les Yoroubas en sont fiers, ils regardent de haut le monde car aucun peuple ne possède autant de rois qu'eux.

(En 1962, les Yoroubas se sont divisés en deux

camps : l'écrasante majorité appartient au parti UPGA (United Progressive Grand Alliance), une toute petite minorité appartient au NNDP (Nigerian National Democratic Party). C'est le parti minoritaire qui a obtenu le pouvoir dans la province des Yoroubas, grâce à une falsification du pouvoir central. Celui-ci préférait en effet qu'en province le pouvoir soit entre les mains du parti le plus faible car cela lui permettait de mieux contrôler les Yoroubas et de tempérer leurs ambitions séparatistes. Ainsi, le parti largement majoritaire, l'UPGA, s'est retrouvé dans l'opposition. Trompée, offensée, la majorité s'est lancée dans la lutte. En automne 1965, des élections ont eu lieu dans la province des Yoroubas. Il était évident que la victoire allait être remportée par la majorité, l'UPGA. Pourtant, au mépris des résultats des scrutins et de l'état d'esprit des Yoroubas, le pouvoir a déclaré le NNDP vainqueur. La marionnette du pouvoir central a formé son gouvernement. En protestation contre les résultats officiels, la majorité a formé le sien. Pendant un certain temps, les deux formations ont cohabité. Finalement, le gouvernement de la majorité a été incarcéré. L'UPGA a entrepris une guerre ouverte contre le gouvernement de la minorité.

Malheureusement c'est donc la guerre. Une guerre injuste, sale, crapuleuse, une guerre où tous les coups sont permis pour renverser au plus vite l'adversaire et prendre le pouvoir. C'est une guerre qui ravage tout par le feu : les maisons flambent, les plantations flambent, les rues et les routes sont jonchées de cadavres calcinés.

Toutes les terres des Yoroubas sont en flammes.

Je parcours une route dont il est dit que personne n'en revient vivant. Je veux en avoir la preuve. Je sais que l'homme est pris de tremblements quand un lion s'approche de lui dans la forêt. J'ai approché un lion pour voir ce que cela faisait. Il fallait que je sache, je savais que personne ne pourrait m'en faire la description. Moi pas plus que les autres. De même que je n'arrive pas à décrire les nuits du Sahara. Les étoiles qui brillent au-dessus du Sahara sont énormes. Il n'y en a de pareilles nulle part ailleurs dans le monde. Elles se balancent au-dessus du sable comme d'immenses lustres. Leur lumière est verte. Au Sahara, la nuit est verte comme un pré de Mazovie.

Peut-être reverrai-je le Sahara. Peut-être reverrai-je la route qui m'a mené à travers le pays des Yoroubas. Cette route m'a conduit au sommet d'une colline, et lorsque j'ai amorcé la descente, j'ai aperçu le premier barrage de feu.

Il était trop tard pour faire demi-tour.

La route était barrée par des troncs en flammes. Au milieu se dressait un grand brasier. J'ai ralenti, puis j'ai arrêté ma voiture car il était impossible d'aller plus loin. J'ai aperçu quelques jeunes gens. Certains avaient des fusils, d'autres des couteaux, d'autres des machettes. Ils étaient tous habillés de la même manière : des chemises bleu ciel avec des manches blanches, les couleurs de l'opposition, de l'UPGA. Ils étaient coiffés de casquettes bleu et blanc marquées du sigle de l'UPGA. Sur leur chemise était agrafée la photographie de leur chef, Obafémi Awolowo. Obafémi Awolowo est le leader de l'opposition, l'idole du parti.

J'étais entre les mains de militants de l'UPGA. Ils avaient dû fumer une bonne dose de haschisch car ils avaient le regard hagard, fou. Ruisselant de sueur, ils semblaient possédés, déments.

Ils m'ont attrapé et tiré hors de la voiture. Ils criaient : « UPGA ! UPGA ! » Cette route était entre leurs mains. J'étais désormais dans la zone d'influence de l'UPGA. J'ai senti la pointe de trois couteaux dans mon dos et j'ai aperçu quelques machettes appliquées sur ma tête. Un peu plus loin, deux militants pointaient leurs fusils dans ma direction au cas où je tenterais de prendre la fuite. J'étais cerné : visages en sueur, regards fébriles, couteaux, canons de fusils.

Mon expérience africaine m'a appris que dans ces circonstances il ne faut pas dévoiler la moindre faille, faire le moindre geste d'autodéfense car cela risque d'enhardir votre agresseur, de libérer chez lui une nouvelle vague d'agressivité.

Au Congo, on nous a pointé des mitraillettes sur le ventre. Nous n'avions pas le droit de frémir. L'essentiel était de ne pas broncher. Pour arriver à rester immobile, il faut un certain entraînement et de la volonté car votre être tout entier brûle de s'enfuir ou de sauter à la gorge de votre assaillant. Or, comme il n'est jamais seul, la mort est alors certaine. C'est l'instant où le Noir m'observe, cherche en moi un point faible. Il a peur de frapper car mon point fort, c'est d'être blanc et le Blanc lui fait encore peur. C'est la raison pour laquelle il cherche mon point faible. Donc à moi de lui dissimuler ma faiblesse, de l'enfouir dans les profondeurs de mon être. C'est l'Afrique, je suis en Afrique. Ils ne savent pas que je ne suis pas leur ennemi. Ils savent seulement que je suis un Blanc, or le seul Blanc qu'ils connaissent, c'est le colon, par lequel ils ont été humiliés. Et maintenant ils veulent le lui faire payer.

La situation est paradoxale : par ma mort je dois répondre du colonialisme, je dois périr pour les marchands d'esclaves, je dois périr pour la cravache du planteur blanc, je dois périr car lady Lugard (l'épouse du premier gouverneur général du Nigeria) s'est fait promener sur une chaise à porteurs.

Les hommes de la route veulent de l'argent. Ils veulent que j'adhère au parti, que je devienne membre de l'UPGA et que je paie la cotisation. Je leur donne cinq shillings. Ce n'est pas assez car je reçois un coup à l'arrière de la tête. Je ressens une vive douleur. Un moment plus tard, un autre coup. Au troisième coup, j'éprouve une immense fatigue. Epuisé, je leur demande combien ils veulent.

Ils veulent cinq livres.

En Afrique, la vie ne cesse d'augmenter. Au Congo, les soldats vous inscrivaient sur les listes du parti pour un paquet de cigarettes et un coup de crosse. Ici non seulement j'avais reçu plusieurs coups mais je devais en plus payer cinq livres. J'ai dû hésiter car le chef qui supervisait l'opération a crié aux militants : « Brûlez la voiture ! » Ce n'était pas ma voiture, mais celle de mon gouvernement, une Peugeot qui m'avait véhiculé à travers toute l'Afrique. Cette Peugeot a été aspergée d'essence.

Je comprends que le stade des discussions est dépassé et que je n'ai pas d'autre issue. Je donne donc cinq livres. Ils se les arrachent.

Mais ils me laissent partir. Deux garçons écartent deux troncs en flammes. Je regarde autour de moi. Le long de la route, dans la forêt, j'aperçois un village et un groupe de villageois contemplant la scène. Les gens sont silencieux, un homme brandit un drapeau de l'UPGA. Tous les hommes ont une photographie d'Obafémi Awolowo épinglée sur la chemise. Ce sont les filles qui sont les plus étonnantes. Leurs seins nus et ronds arborent le sigle du parti : sur le sein droit UP, sur le sein gauche GA.

Je reprends la route.

Je ne peux pas faire demi-tour : ils m'obligent à aller de l'avant. Je poursuis donc ma traversée du pays en guerre, laissant derrière moi un nuage de fumée. Le paysage est magnifique, tout en couleurs vives, c'est l'Afrique telle que je l'aime. Pas un bruit, personne, de temps en temps un oiseau passe devant le pare-brise. J'ai la tête qui bourdonne comme un moulin. Mais peu à peu, la route déserte et le ronronnement de la voiture restaurent le calme.

Désormais je connais le tarif : l'UPGA m'a soutiré cinq livres. Il me reste quatre livres et demie et cinquante kilomètres. Je traverse un village en feu, il est désert, les habitants ont fui dans le bush. Deux chèvres paissent sur les bas-côtés, la route est envahie par la fumée.

Au-delà du village flambe un nouveau barrage.

Les militants revêtus de l'uniforme de l'UPGA, armés de couteaux, donnent des coups de pied à un chauffeur qui refuse de payer sa cotisation. A côté se tient un homme battu, ensanglanté : lui non plus n'a pas de quoi payer ses droits d'entrée. La mise en scène ressemble tout à fait à celle du premier barrage. Mais cette fois-ci, je reçois deux terribles crochets dans le ventre et ma chemise est arrachée avant même que je manifeste mon désir d'adhérer à l'UPGA. Ils me fouillent les poches et prennent tout mon argent.

J'attends maintenant qu'ils me brûlent car l'UPGA brûle vifs beaucoup de gens. Les cadavres calcinés sont une banalité. Le chef de l'opération m'assène un coup dans la gueule, je sens dans la bouche un goût sucré. Puis il m'inonde d'essence, car ici on brûle les gens avec de l'essence, cela garantit une combustion totale.

J'éprouve une peur bestiale, une peur qui me tétanise, j'ai l'impression d'être fiché en terre, d'être enterré jusqu'au cou. Je sens que je suis couvert de sueur, mais sous la peau, je suis si glacé que j'ai la sensation d'être nu par un froid sibérien.

Je veux vivre, mais la vie m'a abandonné. Je veux vivre, mais je suis incapable de défendre ma vie. Ma vie va disparaître dans des souffrances inhumaines, elle va partir en fumée.

Que me veulent-ils ? Ils pointent leurs couteaux vers mes yeux. Ils pointent leurs couteaux vers mon cœur. Le chef de l'opération se bourre les poches d'argent et hurle en m'envoyant dans la figure son haleine empestant la bière : « Power ! UPGA must get power ! We want power ! UPGA is power ! » (« Le pouvoir ! L'UPGA doit avoir le pouvoir ! Nous voulons le pouvoir ! L'UPGA, c'est le pouvoir ! ») Agité de tremblements, la passion du pouvoir l'emporte, elle le rend fou, le mot même de « pouvoir » le met en transe, l'enivre. Il a le visage couvert de sueur, ses veines sur ses tempes sont toutes gonflées, ses yeux sont injectés de sang, ils sont fous. Il est heureux, il est tout joyeux, il se met à rire. Tous se mettent à rire. Ce rire me sauve la vie.

Ils me laissent repartir.

Le petit groupe du barrage crie : « UPGA ! » et ils lèvent les mains en l'air en faisant le « V » de la victoire avec deux doigts : victoire de l'UPGA sur tous les fronts.

Quelque quatre kilomètres plus loin, troisième barrage de flammes. La route est droite et de loin je vois la fumée, puis le feu et les militants. Je ne peux pas faire marche arrière puisque dans mon dos la route est deux fois barrée. Je ne peux qu'aller de l'avant. Je suis pris au piège, je tombe d'un guet-apens dans l'autre. Mais maintenant je n'ai plus un rond et je sais que si je ne paie pas ma cotisation, ils brûleront ma voiture. Ce que je ne veux surtout pas, c'est être battu. Je suis démoli, ma chemise est en lambeaux et je pue l'essence.

Il ne me reste qu'une issue : forcer le barrage. C'est risqué car la voiture peut se renverser ou prendre feu. Mais je n'ai pas le choix.

Je mets le pied au plancher. Le barrage se trouve à un kilomètre. L'aiguille du compteur grimpe en flèche : 110, 120, 140. La voiture tremble de tous les côtés, je m'accroche au volant. J'ai la main appuyée sur le klaxon. Le feu est maintenant tout proche, de part en part de la route. Agitant des couteaux, les militants me font signe de m'arrêter. Deux d'entre eux lancent sur la voiture des bidons d'essence et l'espace d'une seconde, je pense que ma dernière heure a sonné, mais je ne peux plus faire machine arrière. Je ne peux plus faire machine arrière...

Je fonce dans le feu, la voiture fait un bond, un bruit de tôle retentit en dessous, des étincelles jaillissent sur le pare-brise. Et soudain le barrage, le feu, des cris dans mon dos. Les bidons ne m'ont pas atteint. Les couteaux ne m'ont pas atteint. Paniqué, je parcours encore un kilomètre, puis je m'arrête pour voir si la voiture ne brûle pas. Elle ne brûle pas. Je suis en nage. Mes forces m'ont abandonné, je suis incapable de me battre, je suis sans réaction, sans défense. Je reste assis sur le sable, j'ai la nausée. Autour de moi, tout est étranger. Le ciel, les arbres sont étrangers. Les collines et les champs de manioc sont étrangers. Ne pouvant pas rester là plus longtemps, je repars, j'arrive dans une petite ville qui s'appelle Idiroko. La ville est gardée par un poste de police, je m'arrête. Les policiers sont assis sur un banc. Ils me donnent de quoi me laver et m'habiller.

Je veux rentrer à Lagos, mais je ne peux y revenir tout seul. Le commandant se met en quête d'une escorte. Mais les policiers ont peur de partir seuls. Comme il faut emprunter une voiture, le commandant part dans la petite ville. Je reste assis sur le banc à lire le *Nigerian Tribune*, le journal de l'UPGA. Tout le journal est consacré à l'activité du parti ainsi qu'aux méthodes que celui-ci emploie pour lutter contre le pouvoir. « Notre lutte acharnée se poursuit. Nos militants ont ainsi brûlé vive une écolière de huit ans, Janet Bosede Ojo de Ikere. Le père de la fillette avait voté pour le NNDP. » Plus loin : « A Ilesha un fermier du nom de Alek Aleke a été brûlé vif. Un groupe de militants a utilisé sur lui la méthode du "Spray and lit" ("Asperge et allume", méthode que l'on appelle aussi ici "les bougies de l'UPGA"). Le fermier allait dans son champ lorsque les militants l'ont attrapé et lui ont donné l'ordre de se déshabiller complètement. Le fermier s'est exécuté, est tombé à genoux pour implorer leur pitié. C'est dans cette position qu'il a été aspergé d'essence et brûlé. » Le journal entier regorge d'informations de ce genre. L'UPGA se bat pour le pouvoir, la flamme de son combat dévore les hommes.

Le commandant revient bredouille. Il désigne trois policiers qui doivent repartir dans ma voiture. Mais ils ont peur de faire la route. Finalement, ils s'installent et pointent leurs fusils aux fenêtres. C'est ainsi que nous prenons le chemin du retour, comme dans un blindé. Au premier barrage, le feu se consume toujours mais il n'y a plus personne. Les deux autres barrages sont en pleine effervescence, mais à la vue de la police, les militants nous laissent passer. Les policiers ne veulent pas s'arrêter, ils ne veulent pas chercher querelle aux militants. Je les comprends, ils habitent ici et tiennent à la vie. Aujourd'hui ils ont des fusils, mais normalement la police n'est pas armée. Dans la région, il y a eu beaucoup de victimes parmi les policiers.

Au crépuscule, nous arrivons à Lagos.

1966

Nigeria, été 66

Cet été, le Nigeria prie beaucoup. La presse publie des prières pour sauver le pays des malheurs futurs et appelle les fidèles à manifester plus de piété afin que l'Etat ne sombre pas dans une déchéance irréversible. Le *Nigerian Daily Sketch* écrit que « le prophète de l'Eglise apostolique du Christ à Acura a appelé tous les fidèles à des prières et à un jeûne de trois jours afin de préserver la paix et l'unité de la république du Nigeria ». Le prophète a déclaré qu'il priait « afin que Dieu aide le nouveau régime dans toutes ses initiatives ». Le même journal rapporte que « le grand imam de la mosquée centrale de Lagos, Alhadji Liadi Ibrahim, a invité les fidèles de toutes les mosquées de la capitale à implorer Allah d'aider le gouvernement à bien gérer le pays. Le grand imam a récité des prières matinales spéciales pour que le Nigeria retrouve la paix et l'unité. Il a aussi demandé qu'Allah protège le lieutenant-colonel Gowon et qu'il l'accompagne tout au long de sa vie terrestre », peut-on y lire.

Le *Morning Post* rapporte que « les fidèles de l'Eglise du Seigneur ont commencé des prières de treize jours sur le mont Tabor (près d'Ogere) sous la direction de l'apôtre Adeleke Adejobi pour que la paix et l'unité reviennent au Nigeria ». Le même journal publie le sermon du saint évêque de la cathédrale du Christ de Lagos, F. O. Segun, dans lequel le prélat affirme que le Nigeria est tombé si bas que « si le Christ voulait venir à Lagos, on lui refuserait son visa et la télévision refuserait de le filmer ».

Le *Daily Times* écrit que le chef de l'Eglise méthodiste du district d'Ibadan, le révérend père Nathanel O. Saleko, « a appelé tout le peuple du Nigeria à une renaissance morale afin d'entreprendre une guerre impitoyable contre le furieux démon de la discorde qui veut aujourd'hui anéantir notre peuple ».

Le *West African Pilot* (daté du 11 août 1966) a suscité une grande émotion en publiant dans ses colonnes une information sur la vision qu'a eue le prophète de l'Eglise de Jésus à Lagos, Glover Ola Olorum Ogung-Bamila Pedro Ilaje. Le lendemain de cette vision, le 7 juin, le prophète s'est rendu à la résidence du chef du gouvernement du Nigeria, le général Aguiyi-Ironsi, pour le mettre en garde contre un danger imminent. « Malheureusement, affirme le journal, la police l'a arrêté et le prophète a même été enfermé. » Inutile d'ajouter que deux semaines plus tard le général a été enlevé et tué. Juste après cet événement, le 30 juillet, le prophète, alors qu'il faisait une autre prédiction de mauvais augure pour le Nigeria, a été de nouveau arrêté par la police déchaînée. Néanmoins, guidé par des forces surnaturelles, il a déclaré à la presse : « Dès que je pourrai mettre en garde le pays contre les nouveaux malheurs qui le guettent, j'userai de mon rôle de prophète qui est de prévenir mon peuple au nom de Dieu. »

L'attitude malveillante de la police à l'égard du prophète semble peu compréhensible au journaliste, d'autant que le premier coup d'Etat nigérian du 15 janvier avait également été prédit par le prophète Oba Salamu

Aminu J. T. Durojaiye, d'Ecotedo, dans le district d'Ibadan. J'ai conservé la coupure du journal avec la prophétie et la photographie du prophète, c'est à mon avis un document unique. Le texte a été publié exactement la veille du premier coup d'Etat, le 14 janvier, dans le journal *Nigerian Tribune*. Par ailleurs, la rédaction avait placé à côté de la prophétie les photos du Premier ministre Tafawa Balewa et du chef Samuel Akintola, les deux hommes politiques qui devaient périr dans un attentat le jour de la parution du journal.

La prophétie de Salamu Aminu est donc publiée à la une du journal. Le prophète déclare : « J'ai vu un grand troupeau de vaches énormes qui, des quatre coins du ciel, tombait sur le Nigeria... Le peuple du Nigeria s'est enfui dans la jungle et a grimpé aux arbres... Les gens suaient de peur, ils suaient même des jambes... Dans l'air un cri puissant a retenti : la guerre, la guerre !... J'ai demandé à Dieu ce que signifiait ma vision... Et le Seigneur m'a répondu : le Nigeria va bientôt vivre une guerre... Que dois-je faire ? ai-je demandé à Dieu... Il m'a dit d'informer le Conseil des ministres de ma vision... afin que le peuple prie, afin que Dieu lui-même descende sur terre et prenne le pouvoir au Nigeria... Je tiens à rappeler, a conclu le prophète, que déjà en 1962, avec Sa Majesté le Roi d'Ibadan, le défunt Olubaden d'Ibadan Oba Akinyele, nous avions distribué des tracts sur lesquels était imprimé le texte de la prophétie que j'avais faite à l'époque. Pourtant le gouvernement du Nigeria n'y avait pas prêté la moindre attention. »

Un jour après la publication dans le *Nigerian Tribune* de la prédiction de Salamu Aminu, ce gouvernement n'existait plus.

Le nouveau chef du gouvernement nigérian, le lieutenant-colonel Gowon, a trente-deux ans. C'est un homme mince, beau et très intelligent. Il ressemble à tous les jeunes officiers d'ici, il est modeste et a des manières simples. Au cours des deux coups d'Etat, il s'est distingué par un courage et une vivacité extraordinaires. Jusqu'à maintenant, il ne s'est montré en public qu'une seule fois (à l'occasion d'une conférence de presse). Il gouverne de sa caserne, quitte rarement son bureau. Il est sévèrement gardé. Hier, je l'ai vu alors qu'il traversait la ville. Il était dans une Mercedes verte précédée de jeeps avec des mitrailleuses et des soldats. Le cortège était aussi fermé par des jeeps. En tête, une voiture de police faisait hurler une sirène retentissante. Les hommes se massaient le long de la route pour acclamer le jeune lieutenant-colonel.

Gowon doit être surveillé à chaque pas.

L'armée est brisée, décimée, et il est impossible de comprendre quels détachements sont loyaux à l'égard du nouveau régime et lesquels lui sont hostiles. Jusqu'à présent, la majorité des victimes se trouve parmi les militaires qui se sont massacrés entre eux. Réduit de moitié, le corps des officiers est composé de jeunes gens enragés, prompts à la dispute, au pistolet facile.

Lors du premier coup d'Etat, les officiers ibos ont massacré les officiers yoroubas et haoussas, dans l'autre coup d'Etat, les officiers yoroubas et haoussas ont massacré les officiers ibos.

Il y a eu peu de survivants.

La haine tribale, obsession monstrueuse et démoniaque de l'Afrique, a été équipée d'armes à tir rapide et la faux de la mort fait des ravages parmi les officiers. Chacun va se coucher sans savoir s'il verra le jour se lever.

Si on veut comprendre l'Afrique, il faut lire Shakespeare. Dans les pièces du dramaturge anglais, tous les héros périssent, les trônes dégoulinent de sang tandis que le peuple horrifié contemple en silence le grand spectacle de la mort.

Dans le numéro du mois d'août de la revue *African Statesman* (publication trimestrielle paraissant à Lagos), le juriste nigérian Dan Zaki, écrit à ce sujet :

« Les coups d'Etat militaires visant à renverser les gouvernements sont la tendance en Afrique et ils sont devenus partie intégrante de sa vie politique.

« A l'époque du colonialisme, les mouvements de libération concentraient leurs efforts sur la conquête de l'indépendance, c'était leur objectif majeur. Les frontières de la plupart des Etats d'Afrique ne sont que la conséquence des décisions arbitraires prises par les grandes puissances coloniales : de nombreuses tribus et cultures ont été intégrées à ces Etats, et les différences qui les séparent sont à l'origine des tensions politiques.

« Ce contexte a engendré un mécontentement qui s'explique directement par les raisons suivantes : apparition d'une bourgeoisie populaire corrompue, impitoyable et pleine de mépris à l'égard de ses propres électeurs, aggravation de la crise économique liée à l'indifférence cynique d'une partie des dirigeants politiques, politique d'investissements de prestige masquée sous des slogans favorables au bien public mais visant en réalité à détourner les capitaux d'Etat sur les comptes privés de certains dirigeants, liquidation ou musellement des institutions démocratiques et judiciaires, voyages à l'étranger extravagants, coûteux et inutiles de responsables politiques avec leurs familles aux frais de l'Etat, trucage des élections, augmentation et isolement d'une intelligentsia déclassée, dégradation des salaires et des conditions matérielles des ouvriers, économie non planifiée, corruption et déception des parlementaires, frilosité et désorientation de la presse préoccupée de sophistique plutôt que de commentaires honnêtes et profonds, et enfin chômage croissant. Tels sont les bacilles qui gangrènent les Etats africains indépendants. Face à un gouvernement brutal, sans pitié, incompétent, sourd à ses plaintes, incapable d'entreprendre des réformes et faisant obstacle à tout changement, le peuple est contraint de faire appel au seul moyen dont il dispose pour se débarrasser de ces dirigeants présomptueux : le coup d'Etat. »

« En plein après-midi, le *Nigerian Tribune* informe que les ténèbres se sont dissipées et que dans le ciel est apparue une étoile rayonnante. » Ce phénomène s'est produit le 3 août 1966, alors que le chef Obafémi Awolowo quittait la prison de Calabar.

Dans le même journal, Bola Oragbaiye raconte que depuis plusieurs années il se pose la même question : « Sur quoi repose le mystère de la grandeur du chef Awolowo ? » Depuis plusieurs années, Bola retourne dans sa tête cette question et réfléchit : « Vivre avec une énigme qui me tourmentait à ce point aurait été insupportable si je n'avais eu le fervent espoir d'y trouver un jour une réponse. »

Pour l'instant, Bola se console à l'idée que l'esprit humain est trop petit pour comprendre la grandeur du chef Awolowo. « L'homme qui essaierait de compter les vertus du chef Awolowo serait forcément à court de nombres car ces vertus sont tout bonnement incalculables », affirme-t-il. Par ailleurs, toujours selon Bola, tous devraient croire profondément à la grandeur du chef Awolowo, car tout scepticisme est ici un symptôme de maladie mentale : « Tous ceux qui doutent un tant soit peu de la Grandeur du chef Awolowo devraient subir un examen psychiatrique sur-le-champ. »

Omo Ekun, qui partage cette opinion, écrit : « Le Chef Awolowo est la Grandeur incarnée. Toute incapacité à reconnaître cette Grandeur ou toute attitude réservée à l'égard de la supériorité d'Awolowo sur tout le monde est une manifestation de troubles psychiques » (*Nigerian Tribune*, 20 août 1966).

Il suffit de lire la brochure sur le chef Awolowo publiée il y a quelques jours à Lagos pour admettre les arguments de Bola Oragbaiye et d'Omo Ekun. Intitulée « Awo l'Homme, Awo le Guide, Awo le Prophète, Awo le Sauveur », cette brochure a été rédigée par G. B. A. Akinyede et est en vente dans les rues de Lagos au prix de un shilling.

« La libération du chef Awolowo par le régime du lieutenant-colonel Gowon, écrit l'auteur de la brochure, a déchaîné une tempête de joie sur toute l'Afrique, dans tous les pays du Commonwealth britannique et dans le monde entier. » Cet acte de libération était inspiré par le doigt de la Providence : « C'est sous la direction de la Providence qu'il a été libéré afin que les ténèbres et le désarroi dans lesquels nous piétinions disparaissent à jamais.

« La Providence, poursuit G. B. A. Akinyede, a investi le chef Awolowo de sa confiance. Il avait prédit l'arrivée des ténèbres tandis qu'il se rendait chez Hadès, et lorsqu'il pénétra dans les murs de la prison, le ciel devint noir de nuages et la nuit tomba en plein jour, ce fut l'obscurité, l'obscurité complète, il y eut un tremblement de terre, des tourments, des épidémies, de la perfidie et de grandes souffrances. Mais lorsqu'il quitta sa prison, nous l'entendîmes dire : "Que la lumière soit, et la lumière fut ; que la paix soit, et la paix fut", et alors les tremblements de terre, les tourments, la perfidie et les grandes souffrances cessèrent ! Yé ! Yé !

« Certains considèrent le chef Awolowo comme un Guide, mais c'est un guide exceptionnel. D'autres diront de lui qu'il est un Prophète, mais c'est un grand prophète. Des milliers d'hommes sages le considèrent comme un Sauveur. Oui, c'est aujourd'hui le plus grand parmi les grands. On peut le dire, il est vraiment Grand.

« Comme les grands prophètes de l'Ancien Testament, le chef Awolowo porte sur ses épaules sa croix en solitaire. Parmi ses adeptes, certains ont été des Judas, d'autres des Pierre. Mais beaucoup lui sont restés fidèles. Et comme Jésus, il peut aujourd'hui dire aux Judas et aux Pierre : "Pourquoi m'avez-vous abandonné ? Pourquoi m'avez-vous renié ?" Et à nous tous, le chef Awolowo peut dire aujourd'hui : "Ne craignez rien, je suis là. C'est l'œuvre du Seigneur qui est un miracle à vos yeux." Et le fils le plus grand du Nigeria peut dire : "Le Seigneur les a absous même s'ils savaient ce qu'ils faisaient." »

La grandeur du chef Awolowo est également glorifiée par d'autres plumes.

Dans le *Nigerian Tribune*, Elleh Kcorr déclare : « La libération du chef Awolowo est l'acte de naissance du Messie dont nous avons tant besoin, car seul le Messie peut sauver de l'extermination notre Nigeria, surtout la région occidentale. » Et il ajoute : « Si l'on vient me dire que le chef Awolowo n'est pas le Messie d'aujourd'hui, alors j'ignore qui il est. »

Plus que quiconque, Elleh Kcorr est obsédé par le paradoxe de la grandeur du chef Awolowo : « On est complètement abasourdi quand on s'imagine que le chef Awolowo a le corps et l'âme d'un homme normal, qu'il ressemble tout à fait à un homme ordinaire. »

La libération du chef Awolowo a inspiré le poète Jola West qui a écrit un poème intitulé « L'histoire de la vaillance d'Awolowo » :

Mon héros, Votre héros, Notre héros,
Le Premier parmi les Premiers,
Le plus Grand parmi les Grands,
Sa Majesté se tient, la loi dans la voix,
Notre destin entre ses mains,
Un Savant, un Savant mûr, mûr et bon.
Awolowo le Prophète.
Il a marché vers la Grandeur et il l'a atteinte.
Il ne s'est pas fait rouler,
On voulait son sang, et il a seulement regardé, c'est tout.
Ses prophéties seront réalisées.
Il dit : je me suis hâté,
En tant que roi, j'ai droit au trône.
Un Grand Homme doit atteindre la Grandeur,
A dit Awolowo.
Awo est arrivé, et la lumière fut,
Le ciel a ouvert ses portes
Où se tenait une foule d'anges et d'âmes humaines
Pour chanter la gloire du chef Awolowo :
Awo, viens ici, viens vers moi,
Mon grand apaisement.
Awo les a regardés et les anges et les âmes ont disparu,
Ils sont partis célébrer la fête et se réjouir.
Sa Grandeur, la parure de tout.
L'Est, l'Ouest, le Nord et le Sud,
Sarah et Daniel,

Tous sont agenouillés et s'inclinent devant lui.
(*Nigerian Tribune*, 20 août 1966)

Mais sur quoi repose en réalité la grandeur du chef Awolowo ? Et, plus précisément, quelles sont les origines de son culte ?

Awolowo appartient à la vieille génération des hommes politiques africains, la génération des Bourguiba, Banda et Houphouët-Boigny. Il est né en 1909, dans une famille de fermiers, non loin de Lagos. Son village natal s'appelle Ikenne (« Ainsi j'ai fait un pèlerinage à Ikenne, le Nazareth du Nigeria », etc., écrit aujourd'hui Olawumi Falodun) et se trouve en terre yorouba.

Awolowo est un Yorouba.

A la sortie de l'école il est successivement instituteur, fonctionnaire, journaliste et entrepreneur. En 1944, il part pour Londres étudier le droit. Un an après, il y fonde une association de Yoroubas qui s'appelle Egbe Omo Oduduwa (selon la croyance, les Yoroubas descendraient d'un ancêtre commun, Oduduwa).

C'est le début de la carrière d'Awolowo. Il a trente-six ans. Egbe Omo est une sorte de franc-maçonnerie tribale. Cette organisation, à l'origine ouverte, prend progressivement des formes secrètes, celles d'une mafia, la mafia des Yoroubas. On sait que Egbe Omo existe, mais personne n'avoue en être membre. Le sort des Yoroubas est tranché lors de réunions secrètes.

Awolowo qui a inventé et fondé Egbe Omo a également rédigé son programme. D'après ce programme, l'objectif d'Egbe Omo consiste à :

– Développer et propager le nationalisme des Yoroubas.

– Renforcer les institutions monarchiques des Yoroubas.

– Créer un Etat yorouba.

Les Yoroubas peuplent l'ouest du Nigeria. Selon Awolowo, ils sont treize millions, selon d'autres sources ils sont six millions. Peut-être le nombre exact se situe-t-il entre les deux. Les Yoroubas occupent une position particulière parmi les peuples africains car depuis des siècles ils vivent dans des villes. En Afrique, les villes des Yoroubas constituent un phénomène car l'Afrique est surtout un continent de villages, de paysans. L'organisation d'Etat des Yoroubas rappelle celle de la cité-Etat de la Grèce antique. Chaque ville yorouba a son roi qui s'appelle Oba. Les Obas sont répartis sur une échelle hiérarchique de cinquante et un échelons. Les Yoroubas ont préservé ce système féodal jusqu'à aujourd'hui et ils sont très fiers qu'aucun autre peuple au monde ne possède autant de rois qu'eux. Ce nombre énorme de rois s'explique par le fait que la monarchie des Yoroubas est décentralisée. Il y a des rois plus ou moins importants, mais il n'y a pas de roi principal, de roi monopoliste. Ainsi le féodalisme des Yoroubas, bien que rigide et protocolaire, a des aspects démocratiques.

Le rêve de tout Yorouba est de devenir soit seigneur féodal, soit homme d'affaires. Mais il y a beaucoup de Yoroubas qui ne peuvent réaliser ce rêve.

Les Yoroubas exportent du cacao et dans ce domaine ils sont les principaux concurrents des Achantis ghanéens. Les Ibos, qui n'aiment pas les Yoroubas, disent d'eux qu'ils sont présomptueux, querelleurs et roublards. Si vous traversez Ibadan et que vous entendez un vacarme d'enfer, ne vous affolez pas : ce sont deux Yoroubas qui discutent entre eux. Les Yoroubas ont une langue très difficile, à structure tonale, qui rappelle un peu la musique de la langue chinoise.

Ils s'habillent richement, avec élégance et noblesse. Les habits des femmes sont le plus souvent bleu ciel. C'est la couleur de l'amour. Toute la culture yorouba est imprégnée d'une intense sensualité que les Yoroubas ont transmise à la culture sud-américaine, notamment brésilienne et cubaine. A l'époque de l'esclavage, les Yoroubas menaient entre eux des guerres acharnées et ils se vendaient mutuellement comme esclaves en Amérique. Là-bas, les descendants des Yoroubas ont gardé jusqu'à aujourd'hui de nombreuses particularités culturelles de leurs ancêtres : on peut par exemple reconnaître les danses des Yoroubas dans les divertissements populaires à La Havane, Rio de Janeiro, et dans les petites villes de Haïti.

En fondant Egbe Omo, Awolowo a tenu compte de cet aspect universel de la culture yorouba et la première personne qu'il a placée à la tête de l'organisation est un Brésilien, Adeyomo Alakija, un descendant des Yoroubas.

Awolowo est le fondateur et l'idéologue du « panyoroubisme ». Il inocule aux Yoroubas un nationalisme spécifique, qui n'a rien à voir avec le panafricanisme ni le « pannigérianisme », mais qui est yorouba, spécifique et conservateur. Awolowo rassemble les Yoroubas, il active le processus d'identification de ce peuple, il met en avant leur caractère propre, il soude leur communauté.

En 1947, Awolowo rentre au Nigeria avec le titre d'avocat et ouvre un cabinet privé. Il y transfère les activités d'Egbe Omo. Il est connu : en Afrique la profession d'avocat jouit du plus grand prestige. Les Africains sont procéduriers. Le tribunal est pour eux une véritable passion. Les journaux abondent en comptes rendus de procès. L'avocat est une personne hautement qualifiée, il sait ce qui est permis et ce qui ne l'est pas. Les gens le regardent avec admiration : l'avocat a les pieds sur terre et sait éviter les pièges.

Dans le Nigeria colonial, la profession d'avocat était également la garantie de la réussite dans le domaine de la politique. Le problème de l'indépendance ne se joue pas sur le front militaire ni dans le feu de la révolution. Tout se passe à travers ce que l'on appelle *constitutional progress*, par la voie de discussions et de négociations, dans le cadre de la légalité coloniale. Si les partis de la libération enfreignent la loi, les Anglais bloquent tout. Aussi la présence d'un avocat est-elle indispensable. Chez les Anglais, la politique est toujours revêtue d'une apparence juridique, on comprend dès lors qu'un avocat embrasse souvent la carrière politique. Au Parlement du Nigeria, la veille de l'indépendance, les avocats représentaient le deuxième groupe professionnel après les hommes d'affaires. A la direction de chaque parti nigérian se trouvait un groupe de *legal advisers*, de conseillers juridiques, et l'influence de ce groupe sur les activités tactiques du parti, et même sur ses stratégies, était généralement immense.

Deux ans après son retour au Nigeria, Awolowo fonde son journal, le *Nigerian Tribune*, qui jusqu'à aujourd'hui est le principal porte-parole des Yoroubas. En 1951, Awolowo fonde son parti, l'Action Group Party. Ce parti est l'instrument politique d'Egbe Omo Oduduwa. En 1954, la fédération du Nigeria est encore coloniale, mais les trois régions qui la composent sont autogérées. L'Action Group Party accède au pouvoir dans le Nigeria de l'Ouest. Le Premier ministre de cette région est bien sûr le leader de ce parti, Obafémi Awolowo.

A partir de ce moment, la politique d'Awolowo restera prisonnière de cette même contradiction insurmontable qui, depuis des années, déchire intérieurement le Nigeria et se trouve à l'origine d'une crise permanente et destructrice. Le parti que dirige Awolowo est le parti des Yoroubas. Le gouvernement dont Awolowo est le Premier ministre est celui d'une région peuplée de Yoroubas. Mais les Yoroubas, Action Group Party et la région de l'Ouest ne sont qu'une partie du Nigeria. Or c'est le pouvoir sur tout le Nigeria que brigue Awolowo. Ce pouvoir fait l'objet de luttes acharnées entre les Yoroubas de l'Ouest, les Haoussas du Nord et les Ibos de l'Est. Toute alliance durable est impossible. Toutes les coalitions demeurent temporaires et fragiles. Chacun de ces trois peuples n'aspire qu'à une seule chose : dominer les deux autres. Chacun de ces trois peuples est pour le Nigeria, mais pour un Nigeria sous sa domination. Chacun de ces trois peuples est conscient de sa faiblesse : sa force est prisonnière des frontières de sa propre région. Au-delà de ces frontières, il est vaincu et discriminé. Le morceau de choix a été suspendu par les Anglais assez bas pour exciter les narines mais trop haut pour être attrapé.

Le Nigeria a hérité sa Constitution des Anglais. La Constitution reconnaît au Nord le droit de dominer le Sud, plus riche et plus développé.

Awolowo essaie de s'attaquer à ce système. Il fonde l'Action Group Party, le parti le mieux organisé, le plus dynamique du Nigeria. Awolowo y consacre des sommes d'argent fabuleuses car au Nigeria la force d'un parti repose moins sur l'idéologie que sur les capitaux dont il dispose.

En 1959, à la veille de l'indépendance, des élections ont lieu au Nigeria. Awolowo renonce au poste de Premier ministre de la région de l'Ouest et se présente aux élections avec l'espoir de devenir Premier ministre du

Nigeria. (« L'espoir de devenir Premier ministre du Nigeria, dira-t-il quelques années plus tard, ne m'a jamais abandonné. Je garde toujours l'espoir de devenir un jour Premier ministre du Nigeria. ») L'Action Group Party présente des candidats à la députation dans toutes les régions du pays. Mais il perd les élections à l'échelle fédérale. Au Nigeria, un Ibo ne votera pas pour un Yorouba ou un Haoussa, un Haoussa ne votera pas pour un Ibo ou un Yorouba, un Yorouba ne votera pas pour un Ibo ou un Haoussa. C'est ainsi que la loi du nombre va décider de l'issue des élections, or les Yoroubas ne représentent pas plus de vingt pour cent de la population totale du Nigeria.

A l'issue de ces élections, Awolowo ne peut ni réintégrer le fauteuil de Premier ministre de la région de l'Ouest qui est occupé par un nouveau Premier ministre (le chef Akintola), ni devenir Premier ministre du Nigeria (qui est Balewa). Dans cette situation, il devient leader de l'opposition parlementaire. Il remplit cette fonction jusqu'en 1962, année qui, au Nigeria, est appelée « l'année de la crise de l'Ouest » : Akintola, qui a été acheté, provoque une scission au sein de l'Action Group Party. Les Yoroubas se divisent en deux camps entre lesquels s'engage une lutte politique acharnée. Le gouvernement de Balewa ordonne l'arrestation d'Awolowo, qui est jugé et accusé d'avoir préparé un coup d'Etat. Dans la salle se déroule un procès politique, un procès pour le pouvoir ; le régime féodal des Haoussas veut écraser les ambitions usurpatrices de la bourgeoisie yorouba. Awolowo est condamné à quinze ans de prison. La peine est par la suite réduite à dix ans. Il est incarcéré à Calabar, à l'est du Nigeria, non loin de la frontière du Cameroun. Sa carrière est pour le moment terminée. Mais son mythe prend son essor.

L'incarcération d'Awolowo provoque une crise profonde chez les Yoruba. Des luttes de factions font exploser leur solidarité nationale dont Awolowo était l'apôtre. Le parti dissident du chef Akintola prend le pouvoir (au pays des Yoruba), refoulant l'Action Group Party dans l'opposition. Les projets de la prise de pouvoir au Nigeria sont désormais caducs. Cette période de faiblesse et de déchirement affaiblit les positions des Yoruba à l'extérieur. En face d'eux se tiennent les Haoussas qui restent unis et disciplinés, et les Ibos qui coopèrent dans un esprit de solidarité. Ces deux nationalismes dynamiques attendent la chute finale des Yoruba. Divisés par des luttes intestines, les Yoruba ne sont pas en état de résister. Leur importance diminue, leurs perspectives s'amenuisent.

L'opinion politique yorouba impute cette discorde et cette déchéance à l'absence de leur chef Awolowo. L'arrestation d'Awolowo est perçue comme un complot contre eux, le premier coup d'une offensive d'extermination. Lui, Awolowo, a ramené les Yoruba à leurs origines, aux cendres d'Oduduwa dont ils sont issus. Puis il les a conduits au pouvoir. Et voilà qu'un coup perfide lui a été asséné.

Derrière les murs de Calabar, le chef Awolowo dispose d'une petite maison et d'un jardin dans lequel il se promène (« Quand je m'imaginais les tortures et les tourments terribles que cet homme subissait, je croyais que mon cœur allait éclater », écrit Aintunde Lalude). Pendant les années d'incarcération de leur chef, les pensées des Yoruba sont avec lui. Dans leur conscience, leur chef subit une métamorphose. Leur chef se déifie. Il devient grand. Le plus grand.

L'avenir des Yoruba et le destin d'Awolowo sont liés par un fil identitaire. Plus notre chef devient grand, plus nous serons grands. Plus il est divin, plus nous sommes immortels. Outre son aspect extatique, cette déification contient un élément de fierté purement nationaliste : s'il est d'origine divine, cela veut dire que les Yoroubas sont un peuple élu. Mais cette déification est aussi un réflexe d'autodéfense : car leur chef, parmi les dieux, transformé en dieu, se trouve désormais hors d'atteinte de toute critique, il est désormais placé au-dessus des contingences politiques, il devient, comme dit le poète Jola West, « le premier parmi les Premiers ».

La prison joue un rôle essentiel dans les processus de mythification. Dans une société, l'homme politique a une position totalement différente avant la prison et après la prison. La prison renforce son crédit, elle lui confère la confiance et la sympathie de l'opinion. Si le contexte est favorable, la prison lui permet de sauter plusieurs échelons de sa carrière. Et souvent elle lui permet d'entrer dans l'histoire.

Plus la crise s'aggrave, plus on parle de l'affaire Awolowo. Que l'on libère Awolowo, il trouvera bien une solution. Les gens sont persuadés qu'une révélation va se produire. Les gens savent qu'Awolowo est emprisonné et que dans son isolement il réfléchit. Et comme il est en prison pour une longue période, il doit beaucoup réfléchir. Les gens sont impatients que leur chef prenne la parole. Ils veulent qu'il parle. Ils attendent un programme. Ils attendent l'évangile.

Awolowo est de nouveau parmi nous.

Je compare son visage avec celui de la photo que je connais. L'hiver dernier, les gens devaient traverser la terre des Yoroubas avec la photo d'Awolowo épinglée à leur chemise. Sur les routes, des groupes de combat armés d'Action Group Party contrôlaient les voitures :

— Tu as une photographie d'Awolowo ?
Si tu n'en as pas, tu risques un coup de pied, voire un coup de couteau. Si tu veux vivre, mon vieux, il faut que tu reconnaisses la grandeur de notre chef Awolowo.

C'est le même visage : serein, un visage de prof, des yeux de myope avec des lunettes aux verres épais dans une monture en fer.

Il dit : « Je me suis hâté,
Comme roi, j'ai droit au trône. »

Mais en général, il parle peu.
Il pense beaucoup (apparemment).

1966

Suite du plan d'un livre jamais écrit qui aurait pu l'être...

31. Sacrifié sur l'autel de la maladie, je suis alité depuis deux mois à Lagos. Vais-je ressusciter comme Lazare ?

Il s'agit d'une infection tropicale, d'un empoisonnement du sang ou d'une réaction à un mystérieux venin. Bref, à cause de cette saleté, j'ai le corps gonflé et couvert d'abcès, de furoncles, de pustules. N'ayant plus la force de lutter contre le mal, je demande à Varsovie l'autorisation de rentrer. En Afrique, je suis souvent tombé malade. Sous les tropiques, les maladies que l'on contracte sont toujours excessives, exagérées. Les bactéries et les virus, comme tout le reste, y pullulent et prolifèrent. De toute façon, il n'y a pas d'autre solution : si on veut pénétrer les recoins les plus obscurs, les plus dangereux, les plus reculés de ce continent, il faut être prêt à le payer de sa santé sinon de sa vie. Dès qu'une passion côtoie le risque, elle se transforme en Moloch qui n'a de cesse de vous dévorer. Aussi certains optent-ils pour un mode de vie paradoxal. Dès leur arrivé en Afrique ils se réfugient dans des hôtels confortables, ne quittent plus les quartiers luxueux réservés aux Blancs. Bien qu'ils soient géographiquement en Afrique, ils continuent de vivre en Europe, ou du moins dans une Europe de rechange, plus petite, de deuxième ordre. Mais ce mode de vie n'est pas digne d'un voyageur authentique et il est incompatible avec le travail du reporter qui doit tout expérimenter par lui-même.

32. Il existe des maux plus ravageurs encore que la malaria ou les amibes, les fièvres ou les maladies contagieuses ; c'est la maladie de la solitude, la dépression tropicale. Pour se défendre contre ce mal, il faut avoir une capacité de résistance, une volonté de fer. Mais même si l'on est bien armé, cela n'est pas facile. Commencer ici la description de la dépression. Décrire l'épuisement extrême après une journée vide passée à ne rien faire. Puis une nuit d'insomnie, la faiblesse au lever, la lente plongée dans une substance désagréable, dégoûtante, dans un fluide gluant, visqueux, collant. Notre blancheur repoussante. Sans saveur, peu appétissante. Une peau blanche comme la craie, une peau blanche en cire, avec des taches de rousseur, des boutons, des plaques, sous ce climat, ce soleil ! Une horreur ! De plus nous suons de partout : de la tête, des épaules, du ventre, du derrière, comme si nous avions été placés sous un robinet mal fermé d'où coule sans fin (insister sur « sans fin ») un liquide à l'odeur acide et entêtante. La sueur :

Oh, monsieur, je vois que vous suez beaucoup.

Oui, madame, je sue beaucoup, mais c'est bon pour la santé. Sous les tropiques, la sueur, c'est la santé. Celui qui sue supporte mieux le climat, il n'en souffre pas.

Vous savez, monsieur, je n'arrive pas à transpirer. Je transpire bien un tout petit peu, mais jamais vraiment beaucoup. Je ne sais pas à quoi ça tient.

Parce qu'il faut boire beaucoup. Boire toujours et encore, tout ce qui vous tombe sous la main, il faut le boire : des jus, des boissons, un peu d'alcool, ça aide aussi. Il vaut mieux suer que pisser, les reins travaillent moins.

(Oh mon Dieu, ces radotages sur la transpiration ! A vous en donner la nausée.)

C'est naturel de suer, il n'y a rien de honteux là-dedans.

Et savez-vous, monsieur, que c'est psychologique : si vous faites remarquer à une personne qu'elle sue, elle suera aussitôt encore plus.

C'est vrai, dis-je tout en me couvrant de sueur.

Merci, messieurs dames, pour cette conversation ! Dans mon for intérieur, je ne peux m'empêcher de penser : pauvres Blancs, ils sont écrasés par les tropiques, ils agonisent comme un poisson sur le sable. Etouffés, ramollis, chiffonnés, essorés et surtout, couverts de sueur (elle moins, lui plus). Décrire le complexe caractéristique de la sueur, une forme, une manifestation de faiblesse parmi d'autres.

Sous les tropiques, le Blanc se sent abattu, anéanti, ce qui explique sa propension à l'irascibilité et à l'agressivité. Des gens qui en Europe sont agréables, timides, et même dociles, piquent ici des colères, se chamaillent, écrasent les autres, leur cherchent des poux. Ils deviennent mégalomanes, prennent la mouche dès que leur prestige ou leur importance est mis en jeu et sans aucun complexe parlent des influences et des postes qu'ils occupent chez eux. Du haut de leur trône imaginaire, ils jurent vengeance à leurs ennemis (un simple collègue de bureau) et si vous vous hasardez à dire : « Monsieur, reprenez vos esprits » (ce que je dois moi-même faire souvent), ils se vexent à mort. Ces gens s'offrent en spectacle sans même y penser. Mais s'il en était autrement, la littérature n'existerait pas, les écrivains n'auraient rien à observer. Tout cela, les faiblesses et les agressions, les dégoûts et les manies, c'est l'effet de la dépression tropicale qui se caractérise aussi par des sautes d'humeur. Par exemple, deux amis sont assis depuis quelques heures au bar, ils boivent de la bière. Par la fenêtre on peut voir les vagues de l'Atlantique, les palmiers, des filles sur la plage. Cela ne les intéresse pas, ils sont en proie à leur dépression, leur regard est mort, leur âme est endolorie, leur corps exténué. Pendant toute la soirée ils se taisent, complètement indifférents. Soudain l'un des deux saisit une chope de bière et la renverse sur la tête de l'autre. Cris, bruit sourd d'un corps qui s'effondre, sang. Que s'est-il passé ? Rien, justement, ou plutôt il s'est passé la chose suivante : la dépression est un tourment permanent, il faut à tout prix s'en débarrasser. Seulement pour cela il faut de la force, et cette force ne surgit pas en un instant, il faut du temps pour qu'elle s'accumule en quantité suffisante pour vaincre la dépression. En sirotant votre bière, vous attendez le moment béni. C'est alors qu'intervient le dérapage pathologique provoqué par les tropiques ; au moment où vous êtes sur le point de vaincre sereinement et dignement votre dépression, vous êtes submergé par un excédent de force qui vient d'on ne sait où, un excédent qui provoque un afflux de sang au cerveau et vous fait exploser. Pour vous libérer de ce surplus, vous êtes dans l'obligation de frapper votre camarade innocent. Ce symptôme de la dépression est connu de tous ceux qui fréquentent les tropiques. Si vous êtes témoin d'une scène de ce genre, il ne faut pas intervenir car cela n'a plus de sens ; en donnant ce coup, l'homme s'est libéré d'un trop-plein et il est désormais un individu normal, conscient, guéri de son mal. Décrire d'autres comportements dépressifs. Des changements physiologiques chroniques : sommeil des cellules grises, insensibilité du bout des doigts, perte de la sensibilité aux couleurs et baisse de la vue, perte temporaire de l'ouïe, etc., il y a de quoi dire.

33. Peu de gens se rendent compte de ce que représente le travail de correspondant d'une agence de presse.

Il doit être témoin de tous les événements importants se déroulant sur une surface de trente millions de kilomètres carrés (la surface de l'Afrique), savoir ce qui se passe simultanément dans cinquante Etats du continent, ce qui s'y est passé autrefois et ce qui peut s'y passer dans l'avenir, connaître au moins la moitié des deux mille tribus qui composent la population africaine, maîtriser des centaines de détails techniques du genre : comment se rendre au plus vite de Rabat à Lilongwe, comment aller le plus facilement de Tamanrasset à Mombassa, où obtenir un visa pour les Comores, quel pays demande une vaccination contre le choléra, quel est le numéro de télex à Yaoundé, et en outre, que dis-je, non pas en outre mais avant tout, il faut réfléchir, c'est ça, réfléchir toujours et encore. Il faut aussi avoir une bonne résistance psychique et une bonne endurance physique. C'est bien beau de réfléchir : mais si notre correspondant est immobilisé par une dépression pendant plusieurs mois alors que le pays est en proie à des événements d'importance capitale, et que pendant ce temps il n'écrit pas un mot, qu'est-ce que cela veut dire ? Ou alors si notre correspondant va d'hôpital en hôpital au lieu de se rendre d'un front à l'autre, d'un pays où vient d'avoir lieu un coup d'Etat à un autre pays où un coup d'Etat se prépare ? De la même manière, celui qui a peur de la mouche tsé-tsé, du cobra noir, de l'éléphant, des cannibales, celui qui a peur de boire l'eau des rivières et des torrents, de manger un gâteau de fourmis rôties, celui qui tremble à l'idée d'attraper des amibes ou une maladie vénérienne, à l'idée d'être volé et tabassé, celui qui économise ses dollars pour se faire construire une maison au pays, celui qui n'est pas capable de dormir dans une case africaine et qui méprise les hommes au sujet desquels il écrit, celui-là ne peut pas exercer le métier de correspondant.

34. Au début des années 1960, l'Afrique était un univers réellement passionnant. J'ai écrit sur le sujet des livres et des livres. (Ah oui ! J'ai oublié de dire qu'on exige aussi d'un correspondant de presse qu'il écrive sans répit ; il lui arrive certes de faire des pauses, mais parfois on lui demande d'envoyer, par dépêches, par télex ou à l'occasion par la poste, des rubans interminables d'informations, de commentaires, de reportages, d'opinions, d'évaluations, etc., et ce n'est que lorsque les cartons entassés à la centrale et contenant sa correspondance craquent de tous les côtés qu'il peut espérer recevoir une appréciation favorable, du genre : celui-là est bon, vraiment bon.) Bien que je n'aie pas été bon et que mon exemple ait plutôt servi de contre-exemple, j'ai néanmoins écrit des volumes entiers d'informations et de commentaires dont il n'est pas resté la moindre trace. En fait, notre travail rappelle celui du boulanger : son pain a du goût tant qu'il est frais, au bout de deux jours, il durcit, au bout d'une semaine il est rassis et bon pour la poubelle.

35. Peu de temps après avoir envoyé à Varsovie mon reportage « Barrages de flammes », j'ai reçu à Lagos une dépêche signée de mon chef Michal Hofman, qui était à l'époque rédacteur en chef de l'Agence de Presse Polonaise. « Je vous prie de renoncer une fois pour toutes à des expéditions pouvant se terminer tragiquement. » L'expression « une fois pour toutes » était une allusion à l'une de mes dernières escapades qui avait manqué me coûter la vie. Mon chef était à mon égard patient et compréhensif. Il tolérait mes extravagances et mon indiscipline maladive. Je faisais surtout preuve d'irresponsabilité quand je coupais brusquement les ponts avec Varsovie, quand je n'informais personne de mes intentions et disparaissais sans laisser de trace : je m'enfonçais dans la jungle, je traversais en barque le Niger ou je voyageais avec des nomades à travers le Sahara. La centrale ne savait pas ce qui se passait, où j'étais ni comment me joindre. A tout hasard, ils envoyaient des dépêches à diverses ambassades. Un jour je suis arrivé à Bamako, et à notre ambassade on m'a dit : « On te cherche, depuis longtemps. » Ils m'ont montré une dépêche : « Si par hasard le correspondant Kapuściński devait se trouver sur le territoire de votre pays, nous vous prions d'en informer la PAP par l'intermédiaire du ministère des Affaires étrangères. »

36. A Lagos, pendant ma maladie, j'ai lu Tristes Tropiques. *Depuis très longtemps, Claude Lévi-Strauss vit dans la jungle brésilienne où, parmi les tribus indiennes, il fait des recherches ethnographiques. Il se heurte à des difficultés, à la résistance des Indiens, il est découragé et épuisé : « Surtout, on s'interroge : qu'est-on venu faire ici ? Dans quel espoir ? A quelle fin ? Qu'est-ce au juste qu'une enquête ethnographique ? L'exercice normal d'une profession comme les autres, avec cette seule différence que le bureau ou le laboratoire sont séparés du domicile par quelques milliers de kilomètres ? Ou la conséquence d'un choix plus radical, impliquant une mise en cause du système dans lequel on est né et où on a grandi ? J'avais quitté la France depuis bientôt cinq ans, j'avais délaissé ma carrière universitaire ; pendant ce temps, mes condisciples plus sages en gravissaient les échelons ; ceux qui, comme moi jadis, avaient penché vers la politique étaient aujourd'hui députés, bientôt ministres. Et moi, je courais les déserts en pourchassant des déchets d'humanité. Qui ou quoi m'avait donc poussé à faire exploser le cours normal de ma vie ? Etait-ce une ruse, un habile détour destinés à me permettre de réintégrer ma carrière avec des avantages supplémentaires et qui me seraient comptés ? Ou bien ma décision exprimait-elle une incompatibilité profonde vis-à-vis de mon groupe social dont, quoi qu'il arrive, j'étais voué à vivre de plus en plus isolé ? Par un singulier paradoxe, au lieu de m'ouvrir un nouvel univers, ma vie aventureuse me restituait plutôt l'ancien, tandis que celui auquel j'avais prétendu se dissolvait entre mes doigts. Autant les hommes et les paysages à la conquête desquels j'étais parti perdaient, à les posséder, la signification que j'en espérais, autant à ces images décevantes bien que présentes s'en substituaient d'autres, mises en réserve par mon passé et auxquelles je n'avais attaché aucun prix quand elles tenaient encore à la réalité qui m'entourait. En route dans des contrées que peu de regards avaient contemplées, partageant l'existence de peuples dont la misère était le prix – par eux d'abord payé – pour que je puisse remonter le cours de millénaires, je n'apercevais plus ni les uns ni les autres, mais des visions fugitives de la campagne française que je m'étais déniée, ou des fragments de musique et de poésie qui étaient l'expression la plus conventionnelle d'une civilisation contre laquelle il fallait bien que je me persuade avoir opté, au risque de démentir le sens que j'avais donné à ma vie. Pendant des semaines, sur ce plateau du Mato Grosso occidental, j'avais été obsédé, non point par ce qui m'environnait et que je ne reverrais jamais, mais par une mélodie rebattue que mon souvenir appauvris-*

sait encore : celle de l'étude numéro 3, opus *10, de Chopin, en quoi il me semblait, par une dérision à l'amertume de laquelle j'étais aussi sensible, que tout ce que j'avais laissé derrière moi se résumait. »*

37. *J'ai reçu l'autorisation de rentrer au pays. Directement de Lagos, je me suis retrouvé dans un lit d'hôpital de la rue Plotcka. Dans une petite salle à l'atmosphère étouffante, une quinzaine de personnes étaient alitées, dont deux agonisaient à mes côtés tandis que les autres ronflaient, gémissaient, se querellaient ou évoquaient leurs souvenirs de guerre. Par la fenêtre on apercevait une cour aveugle, fermée par le mur de la morgue, un ciel grisâtre éternellement privé de soleil et un arbre dénudé rappelant un balai dont le concierge aurait enfoncé le manche dans une congère pour aller boire une petite vodka. Néanmoins je me sentais bien dans ce lieu.*

38. *J'ai réintégré la rédaction (c'était au début de l'année 1967) et je ne savais absolument pas quoi faire. Intérieurement je me sentais abattu, déconcentré, je ne m'adaptais à rien, je ne communiquais avec personne, j'étais absent. Je n'arrivais pas à considérer mon séjour en Afrique comme un travail quelconque, comme la simple exécution d'un contrat. La période que j'avais passée sur le continent noir faisait suite à une période de ma vie professionnelle qui n'avait été pour moi qu'une suite d'instructions rigoureuses à exécuter, de recommandations et de règles. L'Afrique était en quelque sorte mon jardin privé où, entre 37° 21' et 34° 52' de latitude, et entre 17° 32' et 51° 23' de longitude, j'avais laissé une partie de moi-même. Sous mes yeux le film de l'Afrique continuait de se dérouler sans pause, non-stop, séquence après séquence, tandis qu'autour de moi personne ne s'intéressait à mon cinéma. Les gens parlaient de tel col-*

lègue ayant remplacé tel autre à Koszalin, se disputaient à propos d'une émission télévisée où Cwiklinska était exceptionnelle alors que d'autres estimaient que non. Ou bien ils s'échangeaient des tuyaux sur les moyens de passer des vacances en Bulgarie non seulement sans rien dépenser mais encore en gagnant pas mal d'argent. Je ne connaissais pas le collègue qui avait été envoyé à Koszalin, je n'avais pas vu l'émission à la télévision et je n'étais jamais allé en Bulgarie. Mais le pire, c'était de m'entendre dire quand je rencontrais une connaissance dans la rue : « Mais qu'est-ce que tu fais ici ? » Ou bien : « Quoi ? Tu n'es pas encore parti ? » Ils ne me considéraient plus comme un des leurs. La vie poursuivait son cours, ils étaient emportés par son tourbillon. Ils se mettaient d'accord, s'arrangeaient, manigançaient, mais moi, je n'étais pas au courant, ils ne me disaient rien, ne m'incluaient pas, n'essayaient pas de m'attirer. J'étais exclu.

39. La rédaction voyait bien que je traînais dans les couloirs sans but, la tête vide. En principe, il est normal qu'un correspondant revenant d'un poste à l'étranger soit pendant un certain temps déconnecté et désœuvré, qu'il se sente la cinquième roue du carrosse de l'équipe dévouée et laborieuse. Mais mon comportement d'outsider et mon oisiveté avaient dépassé toutes les bornes de la tolérance. Hofman décida de faire quelque chose de moi. C'est à cette époque qu'on essaya de m'installer à une table de travail (ce n'était pas la première tentative). Mon chef me conduisit dans une pièce où se trouvait un bureau derrière lequel était assise une dactylo, et il me dit que j'allais travailler là. Je pris d'emblée la mesure de la situation : la dactylo, certes, était sympathique, mais le bureau abominable. C'était l'un de ces petits bureaux, ces pièges à souris

que l'on trouve par milliers dans nos administrations bourrées et encombrées. L'homme assis à ce bureau évoque davantage un invalide en corset orthopédique qu'un employé en charge d'un travail sérieux. Pour serrer les mains, il ne peut pas se lever normalement, il doit d'abord faire reculer délicatement sa chaise et se redresser prudemment en se concentrant sur son bureau plutôt que sur son interlocuteur, car à la moindre secousse cette créature rachitique sur pattes de mouche s'effondre avec fracas sur le plancher. Rien de tel pour discréditer tout un service que de voir surgir un individu tout ratatiné de derrière un minuscule piège à rat ! Je ne peux pas supporter les bureaux ! Je n'en ai jamais eu et je n'ai jamais participé à une réunion où les gens se bouffaient le nez à la même table. En général je ne me passionne pas pour les meubles et je considère la maison japonaise, où il n'y a rien d'autre que les murs, le plancher, le plafond, comme idéale. Les meubles séparent les gens les uns des autres, les hommes se réfugient derrière les meubles comme derrière une barricade, ils s'y nichent comme des oiseaux dans le creux d'un arbre. Quand on me montre une antiquité et qu'on me parle avec dévotion de son âge et de son style, cela ne me fait ni chaud ni froid. Je conçois toutefois l'utilité de certains meubles, leur nécessité, les services, maladroits mais efficaces, qu'ils rendent à l'homme. Mais ma tolérance s'applique à tous les meubles à l'exception des bureaux contre lesquels je mène une guerre silencieuse. Le bureau est en effet un meuble spécifique, particulier. Autant les meubles en tant qu'espèce sont un instrument au service de l'homme, autant la situation s'inverse en ce qui concerne le bureau : l'homme devient l'instrument et l'esclave du bureau. De nombreux penseurs déplorent que le monde se bureaucra-

tise, que la société soit menacée par la tyrannie bureaucratique. Ils oublient toutefois que les bureaucrates eux-mêmes sont victimes de cette terreur, et que ce sont justement les bureaux qui les terrorisent. Une fois installé à un bureau, l'homme devient incapable de s'en détacher. La perte de son bureau sera dans sa vie une véritable catastrophe, une calamité, une plongée dans l'abîme. Il suffit de voir combien d'hommes se sont suicidés à leur bureau, combien d'hommes ont été menés directement de leur bureau à l'hôpital psychiatrique, combien d'hommes ont eu un infarctus à leur bureau. Assis à son bureau, l'homme se met à penser différemment, il change son point de vue sur le monde, son échelle de valeurs. Pour lui, l'humanité se divise en deux catégories : ceux qui n'ont pas de bureau et ceux qui en ont un, et ces derniers se subdivisent en ceux qui ont des bureaux importants et ceux qui ont des bureaux moins importants. Sa vie désormais sera un parcours fanatique d'un bureau plus petit à un bureau plus grand, d'un bureau plus bas à un bureau plus élevé, d'un bureau plus étroit à un bureau plus large. Installé à son bureau, il se met à parler une autre langue. Désormais il sait, alors qu'hier, sans bureau, il ne savait rien. Les bureaux m'ont valu la perte de beaucoup d'amis. De bons amis. Quel démon peut bien sommeiller dans l'homme pour qu'il se mette à parler autrement dès lors qu'il est installé à un bureau ? Notre relation symétrique, fraternelle se disloque. Aussitôt une asymétrie pénible et désagréable s'instaure, une division entre personnes supérieures et inférieures, un climat hiérarchique dans lequel nous nous sentons mal à l'aise mais qu'il n'y a plus moyen de changer. Je sais désormais que le bureau a pris mon ami dans ses griffes. Après quelques essais, je me résigne, je cesse de lui téléphoner et de le rencontrer. Je pense que pour l'un comme pour l'autre ce sera un soulagement. Quand un ami se met à décrocher des bureaux de plus en plus imposants, je sais qu'il est perdu pour moi. Je l'évite afin de m'épargner le grincement que provoque toute transition d'une situation symétrique à une situation asymétrique. Il arrive pourtant qu'un homme installé à un bureau quitte son siège pour entamer une conversation à l'autre bout de la salle de travail, dans un fauteuil ou autour d'une table ronde. Il comprend alors ce qu'est un bureau, et il se rend compte qu'une discussion de gens séparés par un bureau ressemble à un échange entre un sergent assis dans la tourelle de son char et une jeune recrue effrayée, au garde-à-vous dans la ligne de mire du canon.

40. Même si mon chef m'avait installé à un bureau en ébène incrusté de nacre, je me serais enfui. Derrière un bureau, j'ai l'impression d'être près de la fin, je dépéris. Car le bureau a encore la dangereuse particularité de servir d'instrument d'autojustification. Ce sentiment m'envahit pendant les périodes de crise, quand je ne peux rien écrire. Alors je suis tenté de me réfugier derrière un bureau. Je n'écris pas car je suis préoccupé par des affaires importantes. Qu'est-ce que je pourrais écrire ? Ecrire n'a aucun sens. Nous sommes absous, le bureau devient une solution de remplacement, une valeur de compensation.

Il est grand temps de commencer à écrire le livre suivant jamais écrit

ou seulement le plan de ce livre, ou même des fragments de ce plan ; car si cela devait être une œuvre entière et terminée, elle ne pourrait s'insérer dans un livre existant dans lequel j'ai déjà placé un livre inexistant.

1. A l'automne 1967, je suis parti pour cinq ans en Amérique latine. Ma première ville a été Santiago du Chili, une création architecturale excentrique et hétéroclite : miniature de Manhattan entourée d'un océan de maisons du style capricieux et artificiel de la Sécession espagnole (les quartiers luxueux de Los Leones, Apoquindo et Vitacury), interminables banlieues aux maisons de bois, appelées ici « callampas » et habitées par des ouvriers, des pauvres, des marginaux. J'ai toujours cru que les Chiliens étaient des gens calmes, doux, voire un peu efféminés (la ville regorge de salons de beauté pour hommes dans lesquels des dames soignent les pieds de messieurs et leur vernissent les ongles), jusqu'au jour où, brusquement, au lendemain de la mort de Salvador Allende, il est apparu que ces ongles étaient des griffes de loup. Dès mon arrivée à Santiago je me suis adressé à une agence immobilière où l'on m'a donné le plan de la ville et une liste d'adresses. Je suis parti à la recherche de ces adresses et j'ai visité les appartements à louer. C'est alors que j'ai découvert un univers que j'ignorais totalement. Les propriétaires de ces logements étaient des dames très âgées, des veuves, des femmes divorcées, des vieilles filles, en bonnet, en étole et en pantoufles. Après m'avoir salué, elles me montraient des chambres invraisemblablement encombrées, puis me proposaient une somme phénoménale qu'il faudrait leur payer en guise de loyer, et pour finir, elles me glissaient dans la main un contrat contenant, outre les modalités, l'inventaire de tous les objets se trouvant dans l'appartement. Cet énorme registre pourrait constituer un document passionnant pour un psychologue étudiant le degré de folie que peut atteindre un homme avare et maniaque. Page après page s'allongeait une liste de centaines, de milliers de bricoles, de chatons, de figurines, de petites tapisseries, d'imagettes, de cruchettes, de petits cadres, d'oiseaux en verre, en peluche, en laiton, en feutre, en plastique, en marbre, en viscose, en liège, en stéarine, en satin, en laque, en papier, en noisettes, en osier, en coquillages, en laine, en baleine et en porcelaine. Tous ces appartements étaient bourrés comme des œufs de cette camelote, ils craquaient sous la pression de cette pacotille, de ces gadgets, de ces vieilles hardes qui, selon ces vieilles dames, étaient sans prix, ravissantes et émouvantes. Par la suite j'ai pu observer que dans ces quartiers petits-bourgeois des babioles futiles circulaient sans arrêt, qu'à la moindre occasion on recevait une babiole futile qu'il fallait, selon la coutume, rendre aussitôt sous la forme d'une autre babiole futile qui serait rangée (posée, suspendue) à côté d'autres babioles futiles, si bien qu'au bout de quelques années de collecte scrupuleuse (achats et cadeaux), chaque appartement se transformait en un immense magasin de babioles futiles. J'ai aussi remarqué plus tard que la moitié des magasins dans ces quartiers étaient exclusivement spécialisés dans la vente de bibelots, mascottes et bric-à-brac en tout genre et que c'était un commerce extraordinairement juteux. Après avoir vécu pendant des années parmi les Africains qui, pour la plupart, avaient comme seul bien une binette en bois, et comme seule nourriture quelques bananes arrachées à l'arbre, cette avalanche absurde d'objets qui me submergeaient dès que je franchissais le seuil de n'importe quelle maison m'écrasait et me répugnait. Je me consolais en me persuadant que ce n'était pas la bonne entrée pour aborder cet univers qui, au fond, devait être différent.

2. Effectivement, les appartements de ces petites vieilles n'étaient en réalité qu'une manifestation pathologique et kitsch de ce qui constitue la clé de l'Amérique latine, le baroque sous toutes ses formes. Il ne s'agit pas seulement du baroque comme style de création ou comme mode de pensée, mais de la notion même d'excès et d'éclectisme en général. Ici tout est en grande quantité et tout prend une forme exagérée, tout veut s'imposer, choquer et écraser. Comme si nous étions myopes, sourds, privés d'odorat et par conséquent insensibles à toute manifestation quelque peu modérée et modeste. Si c'est la jungle, elle est immense (l'Amazonie), si ce sont des montagnes, elles sont gigantesques (les Andes), si c'est une plaine, elle est infinie (la pampa), si c'est un fleuve, c'est le plus grand du monde (l'Amazone). Des hommes de toutes les races et de toutes les couleurs : blancs, rouges, noirs, jaunes, métis, mulâtres. Des cultures diverses : indienne, anglo-saxonne, espagnole, lusitanienne, française, hindoue, italienne et africaine. Une palette d'orientations et de partis politiques la plus vraisem-

blable et invraisemblable. Un excès de richesse et un excès de misère. Des gestes pathétiques et un langage fleuri (une pléthore d'adjectifs). Des marchés, des foires, des étalages, des devantures croulant sous les fruits, les légumes, les fleurs, les fripes, la vaisselle, les outils, et tout ce qui ne cesse de croître, de se multiplier, dans les profondeurs du sol, de la pierre, sur les comptoirs, dans les mains, avec des couleurs par centaines, plus criardes les unes que les autres, des couleurs contrastées qui s'entrechoquent, explosent. Il est impossible de traverser cet univers avec sérénité et indifférence. On le pénètre non sans mal, avec un sentiment d'impuissance, avec le même désarroi que l'on éprouve en contemplant les fresques de Diego Rivera ou en lisant la prose de Lezama Lima. La réalité ici est mêlée à la fantaisie, la vérité au mythe, le réalisme à la rhétorique.

3. J'ai dû me débattre longtemps dans ces fourrés, cette exubérance, ces façades, ces redondances, ces ornements et cette démagogie avant d'atteindre l'homme, avant de faire mon trou parmi ces gens, connaître leurs drames, leurs défaites, leurs humeurs, leur romantisme, leur sens de l'honneur et de la trahison, leur solitude.

4. Décrire un vieil Indien dans un désert du Mexique. Je roulais en voiture et de loin j'ai aperçu quelque chose qui ressemblait à un chapeau indien posé sur le sable. J'ai arrêté ma voiture, puis je me suis approché. Sous le chapeau, un Indien était assis dans un renfoncement qu'il avait creusé pour se protéger du vent. Devant lui se trouvait un vieux gramophone avec un pavillon tout courbé et esquinté. Le vieux tournait sans arrêt la manivelle (visiblement le gramophone n'avait pas de ressort), entraînant un disque (le seul qu'il avait) si usé que les sillons avaient disparu. Du pavillon sortaient des crépitements, des parasites et les lambeaux chaotiques d'une chanson latino-américaine, « Rio Manzanares, déjame pasar » (rivière Manzanares, laisse-moi traverser). Je l'ai salué, je suis resté longtemps posté au-dessus de lui, pourtant le vieux ne me prêtait pas la moindre attention. « Papa, me suis-je enfin écrié, il n'y a pas de rivière ici. » Le vieux restait silencieux. « Mon fils, a-t-il fini par répondre, la rivière, c'est moi et je n'arrive pas à me traverser. » Sans rien ajouter, il a continué de tourner la manivelle et d'écouter son disque.

5. Décrire l'histoire du sergent de l'armée bolivienne, Mario Terana, qui a abattu Che Guevara. Juste après cet événement, il s'est mis à avoir peur. Il ne réagissait plus aux ordres et ne répondait plus aux questions. Il a été limogé. Pour changer d'aspect, il portait des lunettes sombres. Puis il s'est mis à avoir peur de ses lunettes sombres car elles permettraient aux vengeurs du Che de le reconnaître. Il s'est enfermé dans son appartement qu'il n'a plus quitté pendant une longue période. Après, il a commencé à avoir peur de son appartement : c'était une sorte de piège dans lequel il était facile de tomber aux mains des partisans qui le filaient. Il refusait de prendre la moindre boisson, convaincu que tout liquide renfermait un poison qui lui était destiné. Il est allé droit devant lui pendant deux jours, dans une direction inconnue. Le soir du deuxième jour, il s'est tiré une balle dans la tête à proximité de Madre de Dios, un petit village pauvre.

6. Au sujet de mon ami Pedro Morote, un Péruvien. Tout jeune, il avait déclaré la guerre à l'aristocratie et combattait dans une unité de partisans dirigée par son camarade le poète Javier Heraud. En mai 1963, ils sont tombés dans un guet-apens à Puerto Maldonado, et Heraud, qui était alors âgé de vingt et un ans, a été abattu par des policiers alors qu'il tentait de fuir en traversant une rivière. Pedro a réussi à s'enfuir, puis il s'est caché. Quand les militaires ont pris le pouvoir et que les temps ont changé, Pedro a repris la lutte contre l'aristocratie et est devenu un militant de la réforme agraire. Nous nous rendions dans les villages indiens les plus reculés dans lesquels Pedro distribuait la terre aux paysans pauvres et abrutis. Un jour, en rentrant d'une de ces expéditions, Pedro a appris la mort subite d'un ami qui lui laissait en héritage une somme d'argent importante. En l'espace d'un instant, tout a basculé. Du jour au lendemain, le partisan, le militant de la réforme agraire, a ouvert dans la capitale un restaurant de luxe (« La Palissade ») réservé à l'aristocratie. Si vous avez l'occasion d'y aller, vous verrez un brun, gros et trapu, en habit, à la mine satisfaite (l'affaire marche bien) et obséquieuse, déambulant de salle en salle. Il a pris du poids mais reste alerte et fort. Il se promène dans son restaurant en fredonnant à mi-voix. Je doute que ses élégants clients sachent que Pedro chante les vers de son ami et chef, Javier Heraud, qui périt dans un piège il y a de cela bien longtemps.

7. Décrire le marché de la petite ville de Quetzalteped (Mexique, au nord de Oaxaca). Le matin, des Indiens de la tribu des Mixes descendent des montagnes environnantes. Ils viennent au marché, portant sur leurs épaules des marchandises dans des balluchons, des paniers. Ils étalent tout sur le sol, à l'ombre des acacias branchus. Le kilo de maïs coûte 1,25 peso, le kilo de haricots 1,75 peso, 100 oranges coûtent 2 pesos, 100 avocats 3 pesos. C'est un marché silencieux, personne ne fait la réclame de sa marchandise, les transactions se déroulent sans un mot, dans une atmosphère d'indifférence totale, tant de la part des marchands que de celle des clients. Vers midi, la chaleur augmente, le marché se fige, se meurt, et tous se réunissent dans des bars indiens misérables qui entourent la place (puestos de mezcal). Le litre de mezcal coûte 4 pesos. Le marché se termine par une beuverie générale. Puis, tous en état d'ébriété, hommes, femmes, enfants, regagnent leurs villages en titubant, s'effondrant sur le sable et les pierres puis se relevant, ils rentrent sans un sou, inconscients et misérables.

8. Décrire la guerre du foot, l'histoire de l'unité de Chato Peredo qui se perdit et périt d'épuisement, la mort de Victoriano Gomez.

La guerre du foot

D'après Luis Suarez, il va y avoir une guerre. Or tout ce que dit Luis, je le crois. Nous habitons ensemble au Mexique et Luis me donne des leçons sur l'Amérique latine. Il m'initie à l'histoire de ce continent, il m'explique comment l'appréhender. Luis a d'ailleurs prévu de nombreux événements. En leur temps, il a pronostiqué la chute de Goulart au Brésil, la chute de Bosch en République dominicaine et celle de Jimenez au Venezuela. Bien avant le retour de Perón, il était convaincu que le vieux caudillo serait de nouveau président de l'Argentine, il a annoncé la mort prématurée du dictateur de Haïti, François Duvalier, que le monde croyait éternel. Luis sait se déplacer sur les sables mouvants de la politique latino-américaine dans lesquels les amateurs comme moi s'enlisent désespérément, faisant faux pas sur faux pas.

Cette fois-ci, Luis prononce son verdict après avoir lu dans la presse le compte rendu d'un match de football entre l'équipe du Honduras et celle du Salvador. L'enjeu de ce match était la participation à la Coupe du monde prévue en 1970 au Mexique. Le premier match eut lieu le dimanche 8 juin 1969 dans la capitale du Honduras, Tegucigalpa.

Dans le monde, personne ne prêta attention à cet événement.

L'équipe du Salvador arriva à Tegucigalpa le samedi et passa une nuit blanche. Elle ne put pas fermer l'œil de la nuit car les supporters honduriens déchaînèrent contre elle une guerre psychologique impitoyable. L'hôtel fut assiégé par la foule. Les gens lançaient des cailloux dans les vitres, jouaient du tambour sur des tôles et des tonneaux vides, faisaient éclater sans répit des pétards tonitruants. Des voitures garées devant l'hôtel klaxonnaient en continu. Les supporters sifflaient, hurlaient, criaient des injures. Cela dura toute la nuit. Tout cela dans le but de faire perdre le match à leurs hôtes exténués et exaspérés. En Amérique latine, ce sont des pratiques courantes dont plus personne ne s'étonne.

Le lendemain, le Honduras battit à plate couture l'équipe somnolente du Salvador 1-0.

Au moment où l'attaquant du Honduras, Roberto Cardona, marquait à la dernière minute le but de la victoire, Amelia Bolanios, une jeune fille de dix-huit ans qui suivait le match à la télévision, se leva et se précipita vers le bureau de son père où se trouvait un pistolet. Elle se suicida en se tirant une balle dans le cœur. « La jeune fille n'a pas pu supporter que sa patrie soit mise à genoux », écrivit le lendemain le quotidien du Salvador *El Nacional*. Toute la capitale assista aux obsèques d'Amelia Bolanios retransmises en direct à la télévision. En tête du convoi funèbre défilait une garde d'honneur salvadorienne. Derrière le cercueil recouvert du drapeau national marchait le président de la République entouré de ses ministres. Derrière le gouvernement suivait l'équipe de foot du Salvador revenue au pays par un avion spécial, alors que le matin même elle endurait les sifflets, la risée et les crachats de la foule à l'aéroport de Tegucigalpa.

Mais une semaine plus tard, c'était dans la capitale du Salvador, à San Salvador, au stade portant le joli nom de Flor Blanca (la Fleur Blanche) qu'avait lieu le match retour. Cette fois-ci, ce fut l'équipe du Honduras qui passa une nuit blanche : une foule hurlante de supporters brisa toutes les fenêtres de l'hôtel, y jetant des tonnes d'œufs pourris, de rats crevés et de chiffons puants. Les joueurs furent emmenés au stade dans des blindés de la 1re division mécanisée du Salvador afin d'être protégés de la populace avide de vengeance et de sang. Se tenant sur le parcours, elle brandissait des portraits de l'héroïne nationale, Amelia Bolanios.

Tout le stade fut entouré par l'armée. Des soldats du régiment d'élite de la Guardia Nacional étaient échelonnés en un cordon serré, le doigt sur la détente de leur mitraillette. Quand retentit l'hymne national du Honduras, le stade hurlait et sifflait. Puis, à la place du drapeau national du Honduras brûlé sous les yeux des spectateurs ivres de bonheur, les organisateurs du match hissèrent sur un mât un chiffon tout sale et déchiré. Il n'est pas étonnant que, dans ces conditions, les joueurs de Tegucigalpa n'eussent pas la tête au jeu. Tout ce qu'ils voulaient, c'était sortir de ce match sains et saufs. « Une chance qu'on ait perdu ce match », devait déclarer avec soulagement l'entraîneur de l'équipe, Mario Griffin.

Le Salvador gagna 3-0.

L'équipe du Honduras fut conduite directement du terrain de sport à l'aéroport, dans les mêmes blindés. Leurs supporters n'eurent pas ce privilège. Malmenés, battus, ils s'enfuirent en direction de la frontière. Deux personnes perdirent la vie. Des dizaines se retrouvèrent à l'hôpital. Cent cinquante de leurs voitures furent brûlées. Quelques heures plus tard, la frontière entre les deux Etats était fermée.

Après avoir lu ces informations dans le journal, Luis dit qu'il allait y avoir une guerre. C'était un reporter chevronné qui connaissait bien le sujet.

En Amérique latine, disait-il, la frontière entre le foot et la politique est extrêmement ténue. La liste des gouvernements qui sont tombés ou ont été renversés par l'armée parce que l'équipe nationale avait essuyé une défaite est longue. Au lendemain de leur défaite, les équipes professionnelles sont dénoncées dans la presse comme des traîtres à la patrie. Lorsque le Brésil remporta la Coupe du monde au Mexique, un de mes collègues, un émigré politique brésilien, fut désespéré : « La droite militaire a au minimum cinq années de calme devant elle. » Lorsque le Brésil élimina l'Angleterre de la Coupe du monde, un article intitulé « Jésus défend le Brésil », dans le quotidien *Jornal dos Sportes* de Rio de Janeiro, expliquait ainsi les raisons de la victoire de son pays : « Chaque fois que le ballon fonçait vers notre cage et que le but paraissait inévitable, Jésus pointait une jambe des nuages et mettait le ballon *out*. » L'article était accompagné de dessins illustrant le phénomène surnaturel.

En allant au stade, on peut y laisser sa vie. Prenons le match dans lequel le Mexique perdit contre le Pérou 1-2. Plein d'amertume, un supporter mexicain s'écria sur un ton de bravade : « Viva México ! » Il devait périr peu de temps après, massacré par la foule. Mais les émotions suscitées par le foot peuvent se manifester sous d'autres formes. A l'issue d'un match où le Mexique battit la Belgique 1-0, le directeur d'une prison de condamnés à perpétuité, à Chilpancingo (Mexique, Etat de Guerrero), Augusto Mariaga, fou de joie, se mit à courir, un pistolet à la main, tirant des coups de feu en l'air et criant : « Viva México ! » Puis il ouvrit toutes les cellules, libérant cent quarante-deux dangereux criminels. Le tribunal acquitta Mariaga « car il avait agi dans un élan patriotique », pouvait-on lire dans les conclusions du verdict.

— Tu crois que cela vaut le coup d'aller au Honduras ? ai-je demandé à Luis qui dirigeait à cette époque un hebdomadaire sérieux et influent, *Sempre*.

— Oui, a-t-il répondu, il va sûrement se passer quelque chose.

Le lendemain matin, j'étais à Tegucigalpa.

Au crépuscule, un avion a survolé la ville et largué une bombe. La déflagration a fait un bruit impressionnant. Les collines environnantes ont répercuté l'écho violent du métal éclaté. Cela explique que par la suite certains ont prétendu qu'il y avait eu une série de bombes. La ville a été saisie de panique. Les gens se réfugiaient chez eux, les commerçants fermaient leurs boutiques. Les voitures étaient abandonnées en pleine rue. Affolée, une femme s'est écriée : « Mon enfant ! Mon enfant ! » Puis elle s'est tue et le silence est revenu. Un silence si pesant qu'on avait l'impression que la ville ne vivait plus. Les lumières se sont éteintes et toute la ville de Tegucigalpa a sombré dans les ténèbres.

J'ai foncé vers mon hôtel, me suis précipité dans ma chambre, j'ai enroulé une feuille de papier dans ma machine à écrire et j'ai commencé à rédiger une dépêche pour Varsovie. J'étais très impatient car j'étais le seul correspondant étranger et je voulais être le premier à informer le monde qu'une guerre venait d'éclater en Amérique centrale.

Mais dans ma chambre il faisait sombre, je ne voyais rien. Je suis descendu à tâtons à la réception où on m'a donné une bougie. Je suis revenu dans ma chambre, j'ai allumé la mèche et j'ai branché le transistor. Le speaker lisait un communiqué du gouvernement du Honduras au sujet de la guerre contre le Salvador. Puis il a lu une information faisant état de l'attaque de l'armée salvadorienne sur toute la ligne du front.

Je me suis mis à écrire :

TEGUCIGALPA (HONDURAS) PAP 14 JUILLET VIA TROPICAL RADIO RCA AUJOURD'HUI SIX HEURES SOIR A ÉCLATÉ GUERRE ENTRE SALVADOR ET HONDURAS FORCES AÉRIENNES SALVADOR ONT BOMBARDÉ QUATRE VILLES HONDURAS STOP PARALLÈLEMENT ARMÉE SALVADOR A COUPÉ FRONTIÈRE AVEC HONDURAS ET PÉNÉTRÉ DANS PAYS STOP EN RÉPONSE ATTAQUE AGRESSEUR FORCES AÉRIENNES HONDURAS ONT BOMBARDÉ PRINCIPAUX SITES INDUSTRIELS ET STRATÉGIQUES SALVADOR ET ARMÉE DE TERRE A ENTREPRIS ACTIONS DÉFENSIVES.

Au moment où j'étais en train d'écrire ces mots, un cri s'est fait entendre de la rue : « Apaga la luz ! » (Eteindre la lumière !) à plusieurs reprises, de plus en plus fort et avec de plus en plus de nervosité. J'ai donc dû éteindre la lumière. J'ai continué à écrire dans le noir, au petit bonheur, éclairant de temps en temps le clavier de ma machine avec la flamme d'une allumette.

RADIO FAIT ÉTAT COMBATS TOUTE LIGNE FRONT ET LOURDES PERTES INFLIGÉES PAR ARMÉE HONDURAS À ARMÉE SALVADOR STOP GOUVERNEMENT APPELLE PEUPLE ENTIER DÉFENSE PATRIE EN DANGER ET DEMANDE ONU CONDAMNER ATTAQUE.

Je suis descendu avec ma dépêche. J'ai trouvé le propriétaire de l'hôtel et lui ai demandé si quelqu'un pouvait m'accompagner à la poste. J'étais là depuis un jour seulement, je ne connaissais absolument pas Tegucigalpa. La ville n'est pas grande (deux cent cinquante mille habitants), mais elle s'étend sur des collines et ses rues sont tortueuses. Le propriétaire voulait bien m'aider, mais il n'avait personne sous la main. J'étais pressé. Pour finir, il a téléphoné à la police. Tous les policiers étaient occupés. Il a alors appelé la caserne des pompiers. Trois pompiers sont arrivés en uniforme, un casque sur la tête et une hache à la main. Nous nous sommes salués à tâtons, je ne voyais pas leur visage. Je les ai suppliés de m'accompagner, leur disant que je connaissais bien leur pays (c'était un mensonge) et leur hospitalité légendaire. J'étais persuadé qu'ils ne pourraient me refuser ce service. C'était très important que le monde sache la vérité, qu'il sache qui avait commencé la guerre, qui avait tiré le premier, etc., et je leur ai assuré que je n'avais écrit que la stricte vérité. C'était une affaire de temps, il fallait faire vite.

Nous sommes sortis de l'hôtel. La nuit était sombre, je ne voyais que la ligne des rues. J'ignore pourquoi nous parlions à voix basse. Essayant de mémoriser le chemin, je comptais mes pas. J'approchais de mille quand les pompiers se sont arrêtés et l'un d'entre eux a frappé à une porte. Une voix à l'intérieur a demandé qui nous étions. Puis la porte s'est ouverte pour se refermer aussitôt car il ne fallait surtout pas laisser passer de lumière. J'ai eu le temps de m'engouffrer à l'intérieur. On m'a prié d'attendre. Dans tout le Honduras, il n'y a qu'un seul télex. Or cet appareil était occupé par le président de la République. Le président échangeait des informations avec l'ambassadeur du Honduras à Washington, il lui demandait de s'adresser au gouvernement des Etats-Unis pour solliciter une aide armée. Cela a duré un bon moment, car le président et l'ambassadeur s'exprimaient dans un style fleuri. Par ailleurs la liaison était constamment coupée.

A minuit seulement, j'ai réussi à établir le contact avec Varsovie. La machine a frappé le numéro TL 813480

PAP VARSOVIA. J'ai bondi de joie. L'opérateur a demandé :

— Varsovie, c'est un pays ?

— Non, c'est une ville. Le pays s'appelle Pologne.

— Pologne, Pologne, a-t-il répété, mais je savais que ce nom ne lui disait rien.

Il a interrogé Varsovie :

HOW RECEIVED MSG BIBI ++ = : ?

Et Varsovie a répondu :

RECEIVED OK OK GREE FOR RYSIEK TKS TKS +++ !

J'ai sauté au cou de l'opérateur, lui ai souhaité de sortir sain et sauf de cette guerre et me suis précipité dehors, bien décidé à regagner mon hôtel. Mais j'avais à peine fait quelques mètres que je me suis rendu compte que j'étais perdu. J'étais plongé dans des ténèbres effrayantes, totales, compactes, impénétrables, comme si mes yeux avaient été barbouillés d'un goudron noir et épais, je ne voyais littéralement rien, je ne voyais même pas mes mains tendues devant moi. Le ciel avait dû se couvrir de nuages car les étoiles avaient disparu, on ne voyait nulle part la moindre lumière.

J'étais seul dans une ville étrangère et inconnue, invisible comme si elle s'était enfoncée dans les profondeurs du sol. Un silence saisissant m'entourait, la ville se taisait comme si elle était ensorcelée, aucune voix, aucun son ne perçait. Tel un aveugle, je marchais en tâtant les murs, les caniveaux et les grilles devant les vitrines des magasins. Me rendant compte que mes pas résonnaient, je me suis mis à marcher sur la pointe des pieds. Soudain j'ai senti que le mur se terminait : je devais me trouver à un croisement. A moins que ce ne fût une place ? Ou alors je me trouvais au bord d'un gouffre profond ? J'ai sondé le sol de mes pieds. C'était bien de l'asphalte ! J'étais donc sur une chaussée. J'ai traversé et me suis de nouveau accroché au mur. J'ignorais où se trouvait la poste, où se trouvait l'hôtel, mais j'avançais. Soudain un bruit de ferraille tonitruant a retenti, j'ai senti que je perdais l'équilibre et que je m'écroulais sur le trottoir.

J'avais renversé une poubelle en métal.

La rue devait être en pente car la poubelle a roulé en bas dans un tintamarre infernal. Au-dessus de moi, de tous les côtés en même temps j'ai entendu des fenêtres s'ouvrir avec fracas et des chuchotements hystériques et pleins d'épouvante : « Silencio ! Silencio ! » Cette nuit, la ville voulait se faire oublier du monde entier en sombrant dans les ténèbres et le silence, elle luttait de toutes ses forces pour passer incognito. Au fur et à mesure que la poubelle vide roulait en bas de la rue, des fenêtres s'ouvraient les unes après les autres, de plus en plus loin de moi, et un murmure tantôt implorant tantôt plein de fureur s'élevait : « Silencio ! Silencio ! » Mais il était impossible d'arrêter le monstre de tôle qui dégringolait comme un dément dans les rues mortes, heurtant les pavés, fonçant dans les réverbères, dans un épouvantable bruit de ferraille. Je me suis collé contre le trottoir. J'étais allongé, mort de peur, en sueur. J'avais peur qu'on me tire dessus. En effet, j'étais coupable de haute trahison. L'ennemi pouvait entendre le bruit de la poubelle et identifier la situation géographique de Tegucigalpa qui autrement n'aurait jamais pu être découverte du fait de l'obscurité et du silence qui y régnaient. Il ne me restait qu'une solution : fuir, filer au plus loin. Je me suis redressé et j'ai foncé droit devant moi. J'avais mal à la tête car en tombant sur le trottoir, je m'étais donné un bon coup. J'ai couru à perdre haleine jusqu'au moment où j'ai trébuché et je suis tombé sur le visage. J'ai senti dans ma bouche un goût de sang. Je me suis relevé et me suis appuyé contre une paroi. J'avais l'impression d'être écrasé par les murs voûtés des maisons, je n'arrivais pas à me redresser, j'étais prisonnier d'une ville que je ne voyais pas. Je guettais le moment où les réverbères s'allumeraient et où ils enverraient quelqu'un à ma poursuite. Ils allaient attraper l'intrus qui avait enfreint la loi militaire. Mais il n'en fut rien. Je me traînai plus loin, les mains tendues devant moi, égaré dans le labyrinthe des murs, couvert de bleus, ensanglanté, la chemise déchirée. Des siècles avaient dû s'écouler, j'avais probablement atteint le bout de monde. Soudain a éclaté une averse, violente, tropicale. Un éclair a momentanément éclairé la ville fantomatique. Debout au milieu de rues inconnues, j'ai entrevu quelques misérables maisons en pierre, une maison en bois, un réverbère, des pavés. En une fraction de seconde tout a disparu. J'entendais seulement le bruit de la pluie et, de temps en temps, des rafales de vent. Je me tenais là, frigorifié, mouillé, tremblant. A tâtons, j'ai découvert dans un mur le renfoncement d'une porte et je me suis abrité de la pluie. Coincé dans l'alcôve, j'ai essayé de m'endormir. En vain.

A l'aube, une patrouille militaire m'a déniché.

— Espèce d'idiot, a dit un sergent à moitié endormi, où traînes-tu ainsi pendant le couvre-feu ?

M'observant avec suspicion, ils ont voulu m'emmener au poste. Heureusement j'avais sur moi une pièce d'identité et je leur ai expliqué ce qui s'était passé. Ils m'ont raccompagné à mon hôtel. En chemin, le sergent a dit que pendant toute la nuit les combats avaient fait rage sur le front, mais que de Tegucigalpa on ne pouvait pas entendre les tirs.

Dès le matin, les gens se sont mis à creuser des tranchées et à élever des barricades. La ville se préparait à un siège. Les femmes faisaient des provisions et collaient des bandes de papier aux fenêtres. Les gens couraient dans les rues, c'était la panique générale. Des brigades d'étudiants peignaient d'immenses slogans sur les murs et les palissades. Un vent de poésie soufflait sur Tegucigalpa. En quelques heures, les murs ont été recouverts de milliers d'inscriptions :

QU'ILS NE S'IMAGINENT PAS, LES ABRUTIS,
QU'ILS VONT CONQUÉRIR NOTRE PAYS

Ou bien :

EH, COMPATRIOTES, IL EST L'HEURE
DE DÉCAPITER NOTRE AGRESSEUR

L'HEURE DE LA VENGEANCE A SONNÉ 3-0

HONTE A PORFIRIO RAMOS QUI VIT AVEC UNE
SALVADORIENNE

SI VOUS APERCEVEZ RAIMUNDO GRANADOS
APPELEZ LA POLICE
C'EST UN ESPION DU SALVADOR !

Etc.

Les Latinos-Américains, qui sont en général obsédés par les espions, les renseignements, les conspirations et les complots, quand ils sont en guerre voient en chacun un agent de la cinquième colonne. Ma situation n'était pas brillante. Des deux côtés du front, la propagande se déchaînait, accusant les communistes de tous les malheurs. Or j'étais le seul correspondant d'un pays socialiste. Ils pouvaient m'expulser. Mais moi je voulais assister à la guerre jusqu'au bout.

Je suis allé à la poste et j'ai invité l'opérateur à boire une bière. Il était effrayé, car bien que son père fût originaire du Honduras, sa mère était citoyenne du Salvador. Comme citoyen issu de parents de nationalités différentes, il faisait partie du cercle des suspects. Il ne savait pas ce qui l'attendait. Depuis le début de la matinée, la police parquait tous les Salvadoriens dans des camps provisoires, le plus souvent des stades. En Amérique latine, les stades ont toujours une double fonction : en temps de paix, ils abritent des matchs, en période de crise ils sont transformés en camps de concentration.

Il s'appelait José Malaga. Nous avons bu notre bière au bar près de la poste. Notre situation incertaine nous unissait, nous nous trouvions dans la même galère. José téléphonait sans arrêt à sa mère qui s'était enfermée chez elle et il lui disait : « Maman, tout va bien pour moi, ils ne m'ont pas arrêté, je travaille. »

Dans le courant de l'après-midi, une quarantaine de correspondants ont débarqué, des collègues du Mexique. Comme l'aéroport de Tegucigalpa était fermé, ils avaient pris un vol pour le Guatemala d'où ils avaient loué un autocar. Ils voulaient aller au front. C'est dans ce but que nous nous sommes tous rendus au palais du président. C'était un vilain bâtiment d'un bleu criard, datant de l'époque de la Sécession et situé au cœur de la ville. Le palais était entouré de nids de mitrailleuses protégés par des sacs de sable. Dans la cour se dressaient des canons antiaériens. L'endroit grouillait de militaires. A l'intérieur, dans les couloirs, des soldats dormaient, des tas d'armes traînaient. C'était la pagaille générale.

Chaque guerre est une immense pagaille et un gaspillage énorme de vies et de choses. Les hommes font la guerre depuis des millénaires, pourtant chaque fois ils donnent l'impression de recommencer de zéro, d'entreprendre la première guerre du monde.

Un capitaine a fait son apparition et il s'est présenté comme le porte-parole de l'armée. Interrogé sur la situation, il a affirmé qu'ils gagnaient sur tout le front et qu'ils infligeaient de lourdes pertes à l'ennemi.

— D'accord, a acquiescé Green de l'AP, mais nous voulons le voir.

A la moindre occasion, nous mettions en avant les Américains car c'était leur zone d'influence. Ils étaient écoutés et pouvaient régler pas mal d'affaires. Le capitaine a déclaré que nous irions au front le lendemain, nous n'avions qu'à apporter deux photographies d'identité.

Nous sommes arrivés à un endroit où sous un arbre se trouvaient deux canons et, à côté, des tas de munitions. Devant nous s'étirait la route qui mène au Salvador. Des deux côtés s'étendaient des marécages au-delà desquels commençaient des broussailles denses et vertes. Jusqu'à la frontière du Salvador, il restait huit kilomètres.

En sueur et mal rasé, le commandant qui dirigeait la défense de la route a dit que nous ne pouvions aller plus loin. A partir de là commençait un territoire où les deux armées menaient des opérations où il était difficile de s'y retrouver. On ne pouvait pas savoir de quel côté on était et à qui on avait affaire. Dans ces broussailles, on ne voyait rien. Souvent, en errant dans ce maquis, deux détachements ennemis se retrouvaient soudain nez à nez. De plus les deux armées avaient les mêmes uniformes, le même matériel et parlaient la même langue, l'espagnol, si bien qu'un détachement qui tombait sur un autre détachement pouvait ne pas savoir s'il s'agissait des siens ou de ses ennemis.

Le commandant nous a incités à retourner à Tegucigalpa car, en allant plus loin, nous pouvions mourir de la main de soldats dont on ne connaissait même pas la nationalité (comme si c'était important, ai-je pensé). Les opérateurs de la télévision ont dit qu'ils devaient aller de l'avant, en première ligne, pour filmer des soldats dans le feu de l'action, des soldats qui tirent et qui meurent. Gregor Straub de NBC a dit qu'il devait avoir en gros plan le visage d'un soldat dégoulinant de sueur. Rodolfo Carrillo de CBS a dit qu'il devait prendre un commandant effondré assis au pied d'un buisson et pleurant car tout son détachement avait péri. L'opérateur français voulait avoir une vue panoramique avec d'un côté un détachement du Honduras, de l'autre un détachement du Salvador, ou vice versa. Un autre encore tenait beaucoup à prendre un soldat en train de porter un ami tué peu auparavant. Les opérateurs ont été appuyés par les reporters de la radio. Enrique Amado de Radio Mundo voulait enregistrer un gémissement de soldat blessé implorant de l'aide, de plus en plus faiblement, jusqu'au dernier soupir. Charles Meadows de Radio Canada voulait avoir la voix d'un soldat qui, dans le feu de l'action, maudit la guerre. Naotake Mochida de Radio Japan voulait avoir les hurlements d'un officier qui, couvrant le grondement des canons, discute avec un supérieur dans un radio-téléphone japonais.

Beaucoup d'autres ont aussi décidé de poursuivre la route. La concurrence était rude. Puisque la télévision américaine y allait, les agences de presse américaines devaient y aller aussi. Puisque les Américains y allaient, Reuter et l'AFP devaient y aller aussi. Puisque le reporter de NBC y allait, le reporter de la BBC devait y aller. Seul Polonais de toute la compagnie, j'ai moi aussi été emporté par un élan de patriotisme et je me suis joint au groupe se lançant dans cette aventure désespérée. Certains ont déclaré qu'ils avaient le cœur malade, d'autres ont dit qu'ils ne voulaient rédiger que des commentaires généraux et que les détails ne les intéressaient pas. Ceux-là sont restés sous l'arbre.

Nous sommes partis à une vingtaine sur une route déserte illuminée par un soleil intense. Cette marche était risquée et même folle car la route dominait les broussailles qui commençaient à cent mètres de nous et où étaient cachées les deux armées. Nous nous trouvions donc dans leur ligne de mire. Il suffisait d'une bonne rafale de mitrailleuse dans notre direction pour exterminer notre groupe.

Au début, tout s'est bien passé. Nous entendions des tirs nourris et des explosions d'obus d'artillerie, mais c'était loin, à environ deux kilomètres. Pour se donner du courage, tout le monde discutait (nerveusement, à tort et à travers). L'un faisait même des plaisanteries. Nous voulions nous faire croire que nous nous promenions normalement, tranquillement, naturellement. Mais au bout d'un kilomètre, la peur a gagné l'équipe. Il n'y a rien de plus désagréable que de marcher en étant conscient qu'à tout moment vous pouvez être atteint par une balle. Vos jambes sont en plomb, votre front se couvre de sueur. Pourtant personne n'avouait ouvertement sa peur. L'un a commencé tout simplement à prendre du repos. Et si on faisait une petite pause ! Puis, après avoir repris la marche, deux sont restés en arrière comme s'ils avaient des tas de choses à se raconter. Un autre a aperçu un bosquet particulièrement intéressant qu'il avait envie de voir de plus près. Deux autres ont déclaré qu'ils devaient rentrer parce qu'ils avaient oublié les filtres de leur caméra. Nous nous sommes encore reposés, ces haltes sont devenues de plus en plus fréquentes. Nous n'étions plus que dix.

Autour de nous, il ne se passait rien. Nous marchions sur une route déserte en direction du Salvador, l'air était merveilleux, le soleil se couchait. C'est justement lui qui nous a tirés d'affaire. Car, après avoir consulté à tour de rôle leur photomètre, les opérateurs de télévision ont déclaré qu'il faisait trop sombre pour filmer. Impossible de capter ni gros plans, ni panoramas, ni mouvements, ni plans statiques. Or nous étions encore loin du front. Avant d'y arriver, la nuit nous prendrait de court.

Alors tout le groupe a fait demi-tour. Nous sommes revenus sous l'arbre où nous attendaient, à côté des canons en action, ceux qui étaient malades du cœur, ceux qui devaient rédiger des commentaires généraux, ceux qui avaient dû rebrousser chemin plus tôt car ils avaient des tas de choses à se raconter et ceux qui avaient oublié leurs filtres.

En sueur, mal rasé, le commandant (il s'appelait Policarpo Paz) nous a fait monter dans un camion militaire. C'est ainsi que nous avons été rapatriés pour la nuit à l'arrière dans une petite ville, Nacaome. Arrivés sur place, nous avons tenu conseil et avons décidé que les Américains appelleraient aussitôt le président : ils lui demanderaient de donner l'ordre de nous emmener en première ligne, dans l'enfer de la guerre, dans le bain de sang.

Le matin, ils ont envoyé un avion censé nous déposer à l'autre bout du front où se déroulaient des combats acharnés. Pendant la nuit, la pluie avait transformé la piste de décollage de l'aéroport de Nacaome en un terrain marécageux couleur de rouille. Le vieux DC-3 tout déglingué, noirci par la suie de la combustion, émergeait de l'eau comme un hydravion. La veille, un chasseur salvadorien l'avait bombardé et les trous dans la carlingue avaient été rafistolés avec des planches rabotées. La vue de ces planches ordinaires a effrayé ceux qui étaient « fragiles du cœur ». Ils sont restés sur place, puis sont rentrés à Tegucigalpa.

Quant à nous, nous nous sommes envolés pour Santa Rosa de Copan. Au démarrage, l'avion a craché plus de feu et de fumée qu'une fusée décollant pour la Lune. Dans les airs, il grinçait, craquait, en tournant comme un ivrogne emporté par une bourrasque d'automne. Tantôt il plongeait désespérément dans l'abîme, tantôt il prenait de l'altitude comme un damné. Son vol n'était jamais dans la norme, jamais en ligne droite. Comme c'était un avion qui servait à transporter du matériel, il n'y avait pas de bancs ni de sièges. Nous nous cramponnions à une rampe métallique afin de ne pas valdinguer d'une paroi à l'autre. Le vent soufflait si fort par les larges fentes de la carlingue qu'on avait l'impression qu'il allait nous arracher la tête. Seuls les deux pilotes, deux jeunes gens complètement insouciants, nous faisaient de grands sourires dans le rétroviseur comme s'ils s'amusaient comme des fous.

— L'essentiel, me criait Antonio Rodriguez, de l'agence espagnole EFE, dans le tintamarre des moteurs et de la bourrasque, c'est que les moteurs ne s'arrêtent pas. Seigneur, pourvu qu'ils ne s'arrêtent pas !

A Santa Rosa de Copan (petite bourgade misérable, endormie, bourrée de militaires), un camion nous a conduits par des rues boueuses à la caserne. Elle se trouvait dans une ancienne forteresse espagnole entourée d'un mur gris, gonflé d'humidité. Dans la cour, trois prisonniers étaient interrogés.

— Parlez ! hurlait un officier. Vous allez tout dire !

Les prisonniers bredouillaient, affaiblis car ils avaient perdu beaucoup de sang. Nus jusqu'à la ceinture, l'un était blessé au ventre, l'autre au bras, le troisième avait une partie de la main arrachée. Celui qui était blessé au ventre n'a pas tenu le coup longtemps. Il gémissait. Soudain il a fait un tour sur lui-même comme un danseur et il est tombé à terre. Les deux autres se sont tus et ils ont contemplé leur camarade terrassé, le regard hébété, mort.

Un officier nous a conduits chez le commandant de la garnison. Pâle, fatigué, le capitaine ne savait que faire de nous. Il a ordonné qu'on nous distribue des chemises militaires. Puis il a demandé à son ordonnance de nous apporter du café. Il craignait que des unités salvadoriennes ne débarquent à tout instant. Santa Rosa était située en plein dans la ligne de frappe de l'ennemi, c'est-à-dire sur la route reliant l'Atlantique au Pacifique. Bordant le Pacifique, le Salvador avait l'ambition de conquérir le Honduras, situé sur l'Atlantique. Il deviendrait ainsi une puissance ayant un accès sur deux océans. La route la plus courte pour atteindre l'Atlantique passait justement par l'endroit où nous nous trouvions : Ocotepeque, Santa Rosa de Copan, San Pedro Sula, Do Puerto Cortes. La tête de la colonne de blindés salvadoriens avait déjà profondément pénétré le territoire du Honduras. Ils avaient reçu l'ordre d'atteindre l'Atlantique, l'Europe, le monde !

Leur radio répétait :

UN PEU DE BRUIT ET QUELQUES CRIS
ET LE HONDURAS EST FINI

Faible, plus pauvre, le Honduras se défendait bec et ongles. Par les fenêtre ouvertes de la caserne, on voyait les officiers supérieurs envoyer des détachements au front. Alignés tant bien que mal, c'étaient de jeunes conscrits, pour la plupart menus, basanés, des Indiens aux visages tendus, effrayés, mais enragés. Les officiers leur disaient quelque chose, leur montraient l'horizon au loin. Puis un prêtre passait dans les rangs et aspergeait avec un goupillon les pelotons envoyés à la mort.

L'après-midi, nous avons été embarqués pour le front dans un camion ouvert. Nous avons parcouru une quarantaine de kilomètres sans incident. Nous grimpions de plus en plus haut, dans des montagnes vertes recouvertes de broussailles tropicales épaisses. Sur les pentes, on voyait des masures en argile, vides, parfois brûlées. Nous croisions des villages entiers marchant sur le bord de la route avec des balluchons sur le dos. A un endroit, un groupe de paysans en chemises blanches et en sombreros nous a fait des signes avec leurs machettes et leurs fusils. Au loin a retenti un bruit de canons.

Soudain, sur la route il y eut de l'agitation. Nous étions arrivés dans une clairière de forme triangulaire où étaient rassemblés les blessés. Certains gisaient sur des civières, d'autres étaient allongés à même le sol. Quelques soldats et deux infirmiers allaient de l'un à l'autre, il n'y avait pas de médecin. A côté de quatre soldats, on creusait une fosse. Les blessés étaient calmes, patients. Le plus étonnant était leur patience, leur endurance à la souffrance, incroyable, surhumaine, si caractéristique des Indiens. Personne ne criait, personne n'appelait au secours.

Les soldats leur distribuaient de l'eau, les infirmiers, plutôt primitifs, faisaient des pansements avec les moyens du bord. Je n'avais jamais vu une chose pareille. Avec un bistouri, un infirmier allait de blessé en blessé et il faisait ressortir la balle comme on fait sauter les pépins d'une pomme. Un autre infirmier inondait la blessure de teinture d'iode et la recouvrait d'un pansement.

Sur ces entrefaites, des soldats ont débarqué un

blessé d'un camion. Un Salvadorien. Une balle s'était fichée dans son genou. Ils lui ont donné l'ordre de se coucher sur l'herbe. L'homme était pieds nus, pâle, couvert de sang. L'infirmier a fouillé avec son bistouri dans le genou, il cherchait la balle. L'homme a poussé un gémissement.

— Tais-toi, mon vieux, a dit l'infirmier, tu me gênes.

Il s'est aidé de ses doigts et a retiré la balle. Il a inondé la blessure de teinture d'iode et lui a fait un bandage de fortune.

— Debout et en marche pour le camion, a dit le soldat de l'escorte.

Le blessé s'est levé péniblement et a regagné le camion en boitillant. Il n'a pas dit un mot, il n'a pas poussé un cri.

— Grimpe ! a ordonné le soldat.

Nous nous sommes rués pour l'aider, mais le soldat de l'escorte nous a barré la route avec son fusil. C'était un soldat furieux, un soldat du front, un soldat dont les nerfs étaient atteints. L'homme s'est agrippé des deux mains à la ridelle élevée et s'est hissé dans le camion. Son corps s'est effondré sur le plancher. Nous avons cru qu'il avait rendu l'âme. Mais au bout d'un moment nous avons vu son visage réapparaître, gris, crispé, naïf, attendant avec soumission le prochain coup du sort.

— Donnez-moi de quoi fumer, nous a-t-il dit d'une voix faible et rauque.

Nous avons envoyé dans le camion toutes les cigarettes que nous avions. Le véhicule a démarré, et lui a éclaté de rire, ravi de cette pluie de cigarettes dont il aurait pu régaler tout son village.

Un infirmier faisait une perfusion à un soldat agonisant. Beaucoup de curieux assistaient à la scène. Les uns s'étaient assis à côté de la civière, d'autres étaient appuyés à leur fusil. Il avait peut-être vingt ans. Il avait été transpercé par plusieurs balles. Si ces balles avaient atteint un homme faible, le blessé serait mort depuis longtemps. Mais les balles avaient pénétré un corps jeune, fort, solidement bâti, et la mort rencontrait une résistance. Le blessé était inconscient, il était déjà de l'autre côté, mais une parcelle de vie menait en lui un dernier combat désespéré. Le soldat était torse nu et tout le monde voyait ses muscles se contracter et la sueur couler sur sa peau bronzée. Ces muscles tendus et ces filets de sueur permettaient à tous de mesurer l'intensité de la lutte que la vie mène contre la mort. Tous étaient fascinés par ce combat car tous voulaient mesurer la force que détient la vie, la force que détient la mort. Chacun voulait voir pendant combien de temps la vie pouvait lutter contre la mort. Chacun voulait savoir si une jeune vie qui est encore là et refuse de se rendre pouvait réussir à repousser la mort.

— Il va peut-être s'en sortir ? a demandé un soldat.
— C'est impossible, a répondu l'infirmier, en maintenant la bouteille de glucose bien au-dessus du blessé.

Un silence lugubre régnait dans la clairière. Le blessé respirait avec violence, comme s'il venait de faire une course à pied longue et pénible.

— Personne ne le connaissait ? a demandé un soldat.

Le cœur du blessé battait à grands coups.

— Personne, a répondu un autre soldat.

Des camions grimpaient sur la route, les moteurs vrombissaient. Dans les sous-bois, des soldats creusaient une fosse.

— C'est un des nôtres ou un des leurs ? a demandé un soldat assis près de la civière.

— On n'en sait rien, a répondu l'infirmier après un silence.

— C'est le fils de sa mère, a dit un soldat debout.

— Maintenant c'est le fils de Dieu, a rajouté un troisième.

Il a retiré sa casquette et l'a accrochée au canon de son fusil.

Le blessé tremblait, sous la peau luisante, mate, ses muscles frémissaient.

— Que la vie est forte, a dit, stupéfait, un soldat appuyé à son fusil. Elle est toujours là ! Elle est toujours là !

Tout le monde scrutait le blessé avec concentration, il régnait un silence absolu. Le jeune homme respirait de plus en plus lentement, sa tête s'est renversée en arrière. Les soldats assis étaient blottis les uns contre les autres comme si le feu s'était éteint et qu'il soufflait un vent froid. Finalement, au bout de minutes interminables, quelqu'un dit :

— C'est fini, il a rendu l'âme.

Ils sont restés encore un moment, contemplant le mort avec frayeur, puis voyant qu'il ne se passerait plus rien, ils se sont dispersés.

Nous avons repris la route. Elle serpentait à travers des montagnes boisées. Nous sommes passés par un village du nom de San Francisco, les virages s'enchaînaient les uns aux autres. Brusquement, derrière un lacet, nous avons plongé dans le chaos de la guerre. Des soldats couraient et tiraient, dans la montagne des obus éclataient avec fracas, des deux côtés de la route des mitrailleuses envoyaient des rafales interminables. Le chauffeur a freiné brusquement et à ce moment, juste devant nous, un obus a explosé. Une seconde après, un sifflement suivi d'une deuxième explosion, puis d'une troisième. Seigneur Jésus, ai-je pensé, c'est la fin. Nous avons été éjectés du camion comme par une tornade. Nous nous sommes éparpillés, nous précipitant à terre au plus vite, roulant dans le fossé, disparaissant. Du coin de l'œil, en courant, j'ai aperçu le gros caméraman de la télévision française ; sous le choc, il s'agitait dans tous les sens à la recherche de sa caméra. Ni l'explosion des grenades ni les tirs nourris des mitraillettes ne lui faisaient de l'effet. Quelqu'un lui a crié : « Plaque-toi au sol ! » et seule cette voix lui a fait prendre conscience du danger : il est tombé raide par terre.

J'ai foncé comme un fou dans la direction où la situation me semblait moins agitée, j'ai couru dans les broussailles, descendant toujours plus bas, de plus en plus bas, le plus loin possible de ce virage où nous avions été pris au piège, la pente était raide, la terre était lisse, je glissais sur l'argile, puis encore des broussailles, de plus en plus épaisses, mais je me suis arrêté net car devant moi, à deux pas, une fusillade avait éclaté, une mitrailleuse envoyait des tirs nourris, les balles sifflaient, crépitaient dans les branches des arbres. Je suis tombé et je me suis aplati, nez au sol.

Quand j'ai repris conscience et rouvert les yeux, j'ai aperçu une languette de terre et des fourmis qui la parcouraient.

Elles suivaient leurs petites pistes, les unes derrière les autres, dans des directions différentes. Ce n'était pas le moment de contempler des fourmis, mais le fait de les voir défiler tranquillement, de voir un autre univers, une autre réalité, m'a aidé à me ressaisir. J'ai pensé que si j'arrivais à maîtriser ma peur en me bouchant les oreilles et en me concentrant sur ces insectes laborieux, je recouvrerais mes esprits. Et le nez collé à terre, j'ai scruté les fourmis.

Combien de temps cela a-t-il duré ? Je l'ignore.

Quand j'ai relevé la tête, j'ai aperçu devant moi le visage d'un soldat.

J'étais pétrifié. Ma hantise était de tomber aux mains des Salvadoriens car je n'avais aucune chance d'en réchapper. C'était une armée terrible et aveugle qui, dans la folie de la guerre, fusillait tous ceux qui lui tombaient entre les mains. C'est du moins ce que m'avait appris la propagande du Honduras. Un Américain ou un Anglais avaient des chances d'être épargnés. Ce n'était même pas certain. La veille, à Nacaome, un missionnaire américain avait été massacré par des Salvadoriens.

Le soldat était stupéfait lui aussi. Rampant dans les broussailles, il m'avait aperçu au dernier moment. Il réajusta son casque camouflé par des herbes et des feuilles. Il avait un visage sombre, maigre. Dans la main, il serrait un vieux Mauser.

— Qui es-tu ? a-t-il demandé.

— Et toi, tu appartiens à quelle armée ?

— A l'armée hondurienne, a-t-il répondu car il avait deviné que j'étais un étranger, que je n'étais ni des siens ni des leurs.

— L'armée hondurienne ! Mon frère ! ai-je répondu tout content, et j'ai tiré de ma poche un papier.

C'était une lettre du chef de l'armée du Honduras, le colonel Ramirez Ortega. Adressée aux détachements du front, elle m'autorisait à séjourner sur le terrain des opérations militaires. Chacun d'entre nous avait reçu cette lettre à Tegucigalpa avant de se rendre au front.

J'ai dit au soldat que je devais me rendre à Santa Rosa, puis à Tegucigalpa, pour envoyer une dépêche à Varsovie. Cette nouvelle a réjoui le soldat, car il a tout de suite compris qu'avec ce papier du chef de l'armée (qui ordonnait à tous les subalternes de nous venir en aide), il pouvait se retirer à l'arrière avec moi.

— Nous allons y aller ensemble, señor, m'a-t-il dit. Vous direz que vous m'avez donné l'ordre de vous accompagner.

C'était un pauvre paysan appelé sous les drapeaux une semaine auparavant, il ne connaissait pas la guerre, il n'était pas concerné par elle, il cherchait des combines pour survivre.

Autour de nous les obus explosaient, au loin on entendait des cris, des coups de canon, l'air sentait la poudre et la fumée. Derrière nous et sur le côté, des mitraillettes tiraient sans répit.

Sa compagnie rampait parmi les buissons, remontant en direction du fameux virage où nous étions tombés dans l'enfer de la guerre et où notre camion nous avait laissés. Plaqués au sol, nous voyions les semelles de la compagnie, de grosses semelles cannelées en caoutchouc, qui avançaient, s'immobilisaient, progressaient de nouveau, et ainsi de suite. Le soldat m'a donné un coup de coude.

— *Señor, mire cuantos zapatos* ! (Regardez toutes ces chaussures !)

Il avait les yeux fixés sur les chaussures de la compagnie qui rampait, il fronçait les sourcils, faisait des calculs. Enfin il a dit, d'un ton désespéré :

— *Toda mi familia anda descalzada*. (Personne dans ma famille n'a de chaussures.)

Nous nous sommes mis à ramper dans le bois.

Les coups de feu se sont calmés pendant un instant et le soldat s'est arrêté, épuisé. Essoufflé, il m'a dit de l'attendre, m'expliquant qu'il allait retourner à l'endroit où sa compagnie s'était battue. D'après lui, ceux qui étaient restés en vie avaient dû continuer leur route car ils avaient l'ordre de poursuivre l'ennemi jusqu'à la frontière ; mais ceux qui avaient été tués devaient se trouver sur le champ de bataille, et leurs chaussures ne leur servaient plus à rien. Il allait y aller, déchausserait quelques morts, cacherait les chaussures dans les buissons qu'il marquerait d'un signe. Quand la guerre serait finie et qu'il serait libéré, il reviendrait ici et chausserait sa famille. Il avait déjà fait le calcul qu'une paire de chaussures militaires pouvait être échangée contre trois paires de chaussures d'enfant, or il avait neuf marmots à la maison.

Pensant qu'il était devenu fou, je lui ai dit qu'il était sous mes ordres et que nous devions poursuivre notre route. Mais le soldat ne voulait rien entendre. Il était obsédé par les chaussures, il était prêt à se lancer aux premières lignes pour s'emparer d'un butin éparpillé dans l'herbe avant qu'il ne soit enterré. Désormais la guerre avait pour lui un sens, un contenu. Désormais il avait un objectif. Désormais il savait ce qu'il voulait et ce qu'il devait faire. J'étais persuadé que si je le laissais partir, je ne pourrais jamais le retrouver. Pour rien au monde je ne voulais rester seul dans le bois car j'ignorais quelle armée le tenait, où se trouvaient les positions des Salvadoriens et des Honduriens, et dans quelle direction il valait mieux aller. Il n'y a rien de pire que de se retrouver seul dans un pays étranger en temps de guerre. J'ai donc suivi le soldat, rampant derrière lui en direction du champ de bataille. Nous sommes arrivés dans un endroit où le bois était plus clair, et à travers les souches et les buissons nous avons aperçu un nouveau champ de bataille. Le front s'était un peu déplacé sur les côtés, des obus explosaient derrière la montagne qui s'élevait à notre gauche, et à notre droite, comme venant des profondeurs du sol, sans doute du fond d'un ravin, on entendait des tirs de mitrailleuses. Devant nous un mortier avait été abandonné et dans l'herbe gisaient des cadavres de soldats.

J'ai dit à mon compagnon que je n'irais pas plus

loin. Qu'il fasse ce qu'il avait à faire, mais qu'il ne se perde pas et qu'il revienne au plus vite. Il m'a laissé son arme et, en faisant des bonds, il a foncé. Je ne l'ai pas suivi du regard, j'étais obnubilé par l'idée d'être pris en flagrant délit, d'être attaqué par un soldat sortant des buissons ou atteint par une grenade. Je me sentais mal, j'étais allongé, la tête collée contre le sol mouillé, la terre sentait la pourriture et la fumée. Pourvu que nous ne soyons pas encerclés ! pensais-je. Pourvu que nous réussissions à atteindre un lieu plus calme ! Mon petit soldat, pensais-je, doit être content. Son ciel s'est éclairci, une manne lui est tombé sur la tête. Il a gagné sa guerre, il va rentrer au village, il va ouvrir son sac bourré de chaussures, les enfants vont danser de joie.

Le soldat est revenu avec son butin et l'a camouflé dans les buissons. Il a essuyé son visage couvert de sueur, a observé attentivement les environs afin de les mémoriser. Nous nous sommes enfoncés dans la forêt. Il tombait une pluie fine, un brouillard épais planait dans les clairières. Nous n'avions pas de direction définie, nous essayions de nous éloigner le plus possible de cet endroit. Nous ne devions pas être très loin du Guatemala. Plus loin se trouvait le Mexique. Plus loin encore les Etats-Unis. Mais, pour nous, tous ces pays se trouvaient sur une autre planète. Les habitants de cette planète avaient leur propre vie et des préoccupations différentes des nôtres. Peut-être ignoraient-ils que nous étions en guerre ? Aucune guerre ne peut être transmise à distance. L'homme est assis, prend son déjeuner et regarde la télévision : sur son écran des piliers de terre explosent – *coupé* – un char d'assaut – *coupé* – des soldats tombent et hurlent de douleur, l'homme fait la grimace et peste parce qu'il s'est laissé prendre par l'image et a trop salé sa soupe. La guerre devient un spectacle dès qu'elle est vue à distance et qu'elle est remaniée par des professionnels dans une salle de montage. En réalité le soldat ne voit pas plus loin que le bout de son nez, sa vue est bouchée par le sable ou voilée par la sueur, il tire à l'aveuglette et s'accroche à la terre comme une taupe. Il a surtout peur. Le soldat du front parle peu. Quand il est interrogé, il ne répond généralement pas, ou peut-être répond-il tout juste par un haussement d'épaules. La plupart du temps, il est affamé et manque de sommeil, il ne sait pas quel sera le prochain ordre qu'il aura à exécuter et ce qui va se passer dans une heure. La guerre le met en contact permanent avec la mort. Une telle expérience se grave profondément dans sa mémoire. Dans ses vieux jours, l'homme repense de plus en plus souvent à ces épreuves, comme si le temps qui passe faisait remonter à la surface les souvenirs du front, comme s'il avait passé toute sa vie dans les tranchées.

Tout en marchant à pas de loup dans la forêt, j'ai demandé au soldat pourquoi ils se battaient contre le Salvador. Il m'a répondu qu'il n'en savait rien, que c'était l'affaire du gouvernement. Je lui ai demandé comment il était possible de se battre en ignorant pour quoi le sang est versé. Il m'a répondu que quand on vit dans un village, il vaut mieux ne pas poser de questions car l'homme qui pose des questions éveille la suspicion du maire. Après, le maire l'envoie prendre part à des travaux publics. Occupé à ces travaux, le paysan est contraint de négliger sa ferme et sa famille, il est exposé à une famine encore plus grande. On a déjà assez de malheur comme ça, ce n'est pas la peine d'en rajouter. Il faut vivre de manière que ton nom ne vienne pas aux oreilles des autorités. Dès que les autorités entendent un nom, elles le notent et une personne qui a été repérée est par la suite exposée à toutes sortes d'ennuis. Les affaires du gouvernement ne sont pas pour la tête d'un paysan parce que c'est le gouvernement qui détient le savoir, alors que personne ne donnera le savoir à un paysan.

A la tombée de la nuit, marchant dans la forêt en redressant le dos car la situation était de plus en plus calme, nous sommes arrivés à un petit village en torchis, Santa Teresa. Décimé par les combats journaliers, un bataillon d'infanterie y tenait ses quartiers. Les soldats erraient entre les masures, exténués et traumatisés par les épreuves du front. Il tombait toujours une pluie fine, ils étaient tous sales, barbouillés d'argile.

Les hommes du poste qui nous ont accueillis à l'entrée du village nous ont accompagnés jusqu'au chef du bataillon. J'ai montré la lettre du chef de l'armée, j'ai demandé à être transporté à Tegucigalpa. Le brave homme m'a donné une voiture, mais il m'a prié d'attendre le lendemain matin : les routes étaient détrempées et montagneuses, elles longeaient des précipices et la nuit, sans phares, je n'arriverais pas à destination. Le chef du bataillon était assis dans une masure abandonnée et il écoutait la radio. Le speaker lisait les uns après les autres des communiqués du front. Nous avons ensuite appris que plusieurs pays du monde voulaient entreprendre une médiation afin de mettre un terme à la guerre entre le Honduras et le Salvador. Les pays d'Amérique latine, plusieurs pays d'Europe et d'Asie s'étaient déjà portés volontaires. L'Afrique allait prendre position d'un instant à l'autre. On attendait aussi un communiqué sur la position de l'Australie. Seul le silence de la Chine et du Canada était à signaler. Le silence du Canada s'expliquait par le fait que sur le front séjournait un correspondant canadien,

Charles Meadows, et Ottawa ne souhaitait pas compliquer la tâche périlleuse du reporter par une déclaration.

Puis le speaker annonça qu'une fusée, Apollo 11, avait été envoyée dans l'espace depuis le cap Kennedy. Trois astronautes, Armstrong, Aldrin et Collins, volaient en direction de la Lune. L'homme s'approche des étoiles, découvre des univers nouveaux, plane dans les espaces sidéraux de la galaxie. De tous les coins de la terre des félicitations affluent à Houston, toute l'humanité se réjouit du triomphe de la raison et de la précision, conclut le speaker.

Epuisé par les épreuves de la journée, mon soldat ronflait dans un coin de la chambre. A l'aube, je l'ai réveillé et je lui ai dit que nous devions partir. A moitié endormi, le chauffeur du bataillon nous a conduits en jeep à Tegucigalpa. Pour ne pas perdre de temps, nous sommes allés directement à la poste. Là-bas, on m'a prêté une machine et j'ai rédigé ma dépêche qui a par la suite été publiée dans nos journaux. José Malaga l'a fait passer en priorité en court-circuitant la censure militaire (du reste, elle était écrite en polonais).

Mes collègues revenaient un à un du front. Chacun séparément, car ils s'étaient perdus au fameux virage. Enrique Amado de Radio Mundo était tombé sur une patrouille salvadorienne, trois hommes de la Guardia Rural. C'est une milice privée entretenue par les grands propriétaires terriens du Salvador et recrutée parmi la pègre. Des gars très dangereux. Ils lui avaient donné l'ordre de se mettre contre un mur. Enrique faisait tout pour retarder le moment de son exécution, récitant d'interminables prières, demandant à ses bourreaux de lui laisser le temps de faire ses besoins. Visiblement, le spectacle d'un homme qui a peur les faisait jouir. Finalement, ils lui ont redonné l'ordre de se mettre contre un mur, mais à ce moment une rafale de mitraillette venant des buissons a retenti, l'un des gars de la patrouille s'est effondré, les deux autres ont été faits prisonniers.

La guerre du foot a duré cent heures. Elle a fait six mille morts, quelques milliers de blessés. Près de cinquante mille hommes ont perdu leur maison et leurs terres. De nombreux villages ont été détruits.

A la suite de l'intervention des Etats d'Amérique latine, les deux pays ont cessé les hostilités, mais aujourd'hui encore, des escarmouches armées éclatent à la frontière du Honduras et du Salvador, des hommes meurent, des villages flambent.

La véritable raison de cette guerre est la suivante : le Salvador, le plus petit pays d'Amérique centrale, a la plus forte densité de population de tout le continent américain (plus de cent soixante personnes au kilomètre carré). C'est un problème d'espace vital, d'autant que la majorité de la terre est entre les mains de quatorze grands clans. On dit même que « le Salvador est la propriété de quatorze familles ». Mille *latifundistas* possèdent exactement dix fois plus de terres que n'en possèdent cent mille paysans réunis. Deux tiers de la population rurale sont privés de terres. Une partie de ces pauvres a émigré au Honduras où il y a beaucoup de terres abandonnées. Le Honduras (cent douze mille kilomètres carrés) est presque six fois plus étendu que le Salvador, mais il a une population deux fois moins importante (près de deux millions cinq cent mille). Il s'agit d'une émigration discrète, illégale mais tolérée depuis des années par le Honduras.

Des paysans du Salvador s'installent au Honduras, fondent des villages et y mènent une existence un peu meilleure que dans leur pays. Ils sont environ trois cent mille.

Dans les années 1960, des troubles éclatent parmi les paysans honduriens revendiquant des terres. Le gouvernement promulgue un décret sur la réforme agraire. Comme c'est un gouvernement oligarchique, dépendant de surcroît des Etats-Unis, le décret ne prévoit ni le partage des propriétés, ni le partage des terres appartenant à la multinationale américaine United Fruit qui possède au Honduras d'immenses plantations bananières. Le gouvernement veut répartir les terres occupées par les paysans du Salvador entre les paysans du Honduras. Cela implique que trois cent mille émigrés doivent revenir dans leur pays où ils n'ont rien. Craignant une révolution paysanne, le gouvernement oligarchique du Salvador refuse d'accueillir ces hommes.

Le gouvernement du Honduras insiste, le gouvernement du Salvador refuse. Les relations entre les deux pays deviennent de plus en plus tendues. Des deux côtés de la frontière, les journaux mènent une campagne de haine, de calomnies et d'injures. Ils se traitent mutuellement de nazis, de nabots, d'ivrognes, de sadiques, d'araignées, d'agresseurs, de salauds, etc. Il y a des massacres, des magasins sont brûlés.

C'est dans ce contexte qu'ont lieu les rencontres de foot entre les équipes du Honduras et du Salvador. Le match décisif se tient en terrain neutre, au Mexique (c'est le Salvador qui a gagné 3-2). Les supporters du Honduras sont placés d'un côté du stade, les supporters du Salvador de l'autre, séparés au milieu par cinq mille policiers mexicains armés de grosses matraques.

Le foot contribue à enflammer dans les deux pays les humeurs hystériquement chauvines et patriotiques dont tout pouvoir oligarchique a besoin pour déchaîner une guerre et renforcer son pouvoir.

Le premier à attaquer est le Salvador qui dispose

d'une armée beaucoup plus forte et qui compte sur une victoire facile.

La guerre s'achève par une impasse. La frontière reste inchangée. Il s'agit d'une frontière tracée approximativement dans les broussailles, sur un terrain montagneux que les deux adversaires revendiquent.

Une partie des émigrés rentre au Salvador, une autre vit toujours au Honduras.

Les deux gouvernements sont satisfaits de cette guerre car, pendant quelques jours, le Honduras et le Salvador ont la vedette de la presse internationale. Les petits pays du tiers monde, du quart-monde et autres n'ont de chances d'attirer l'intérêt général qu'en faisant couler le sang. C'est triste à dire, mais c'est ainsi.

1969

Tu auras droit à une fille

A La Paz, tout près de la plaza Murillo, dans les sous-sols d'un vieil immeuble se trouve une cave appelée « El Canto ». On y accède par une porte en bas d'un escalier tout vermoulu. L'entrée coûte dix pesos. Le billet donne droit à un verre de vin rouge. Le verre à la main, il faut aller au fond de la cave et chercher à tâtons une place sur un banc car il y fait plus noir que dans un tunnel. Le soir (l'heure n'est jamais fixe), un Indien avec une guitare, Diego Fernandez, vient y chanter. Il s'assied contre un mur et allume une bougie sur une petite table. Diego joue de la guitare et chante des chansons. Tout son répertoire est triste. Le visage de Diego est triste aussi. La flamme de sa bougie est triste. Diego chante la chanson d'une jeune fille qui supplie son ami Rosenda de ne pas mourir car demain ils doivent se marier. « Ne me fais pas ça, Rosenda, implore la jeune fille, tout est déjà prêt, les invités sont prévenus, nous avons tué la seule vache que nous avions, j'ai nettoyé la salle, la bière a fermenté dans les cruches, ne me fais pas ça, Rosenda, ne meurs pas, Rosenda. » Diego chante des chansons sur la vie qui est mauvaise, sur l'amour qui ne peut se réaliser.

La nuit, des âmes tourmentées, des révolutionnaires et des conspirateurs, des étudiants révoltés se réunissent dans cette cave. Ils y tiennent leurs conseils, y préparent leurs plans de partisans. A la tête de la conspiration se trouve Chato Peredo, un homme de vingt-neuf ans.

La famille Peredo pourrait être le sujet d'un roman. Le père de Chato, Romulo Peredo, éditait un quotidien à scandale, *El Imparcial*, à Cochabamba, la deuxième ville de Bolivie après La Paz. C'est lui qui rédigeait tous les articles. L'alcool l'y aidait beaucoup. On pouvait y lire des informations du type : « Le curé de la paroisse de Pocón a violé une jeune fille de six ans. » Le lendemain, le curé débarquait à Cochabamba, scandalisé, effrayé.

— Moi, señor Peredo ? Une fille de six ans ?

Peredo prenait une mine déconfite :

— L'affaire est compliquée. La seule chose que l'on puisse faire, c'est insérer un rectificatif, mais cela va vous coûter cent pesos.

Cela représentait une somme importante. Le curé déboursait et le lendemain, *El Imparcial* publiait : « Hier nous avons écrit que le curé de la paroisse de Pocón avait violé une fillette de six ans. Nous nous excusons de cette erreur. En fait, il s'agissait du curé de la paroisse de Colón. » Le lendemain, le curé de Colón débarquait, etc. Toutefois, certains refusaient de payer le rectificatif et venaient casser la gueule au rédacteur. Romulo Peredo avait fini par prendre comme directeur le célèbre boxeur bolivien Ernesto Aldunate. Aldunate réglait leur compte à tous ceux qui venaient réclamer. C'est ainsi que les revendications cessèrent.

Comme celui de Job, le destin de Romulo Peredo était tragique. Il avait six fils. Le premier, Romulo comme lui, avait péri au cours d'une fusillade entre ivrognes dans un bar de la petite ville de Trinidad. Il était âgé de trente-deux ans. Le deuxième fils, Esteban, un cow-boy, mourut alors qu'il participait à l'attaque d'un troupeau. Il avait vingt-trois ans. Le troisième, Pedro, policier, fut abattu par des bandits. Il était âgé de vingt-cinq ans. Les trois autres fils de Romulo Peredo étaient nés de son union avec sa huitième épouse. Parmi eux Coco, partisan d'un détachement de Che Guevara, mourut au combat à l'âge de vingt-huit ans. Son frère, Inti, qui luttait aussi aux côtés du Che, survécut une année en errant à travers la Bolivie. Rescapé solitaire, il formait à lui tout seul le détachement de l'Armée de libération nationale. Il périt en septembre 1968 à La Paz, assassiné par la police pendant son sommeil.

Aujourd'hui Chato, le benjamin, venge ses frères. Il a créé un détachement de partisans composé de soixante-quinze hommes, des étudiants pour la plupart. Le 18 juillet 1970, le détachement a pris le maquis.

« ... nous avons quitté La Paz dans deux camions. Officiellement nous étions une brigade luttant contre l'analphabétisme. Devant le palais du Président, nous avons eu droit à des adieux solennels. Le ministre de l'Education, Mariano Gumucio, a prononcé un beau discours. Personne n'a jeté un œil à l'intérieur des camions, pourtant ils étaient bourrés d'armes et de conserves. Dans l'après-midi, nous sommes arrivés à la mine d'or de South American Placers, la propriété d'une firme californienne. Nous avons fait exploser un monte-charge et enlevé deux techniciens de la République fédérale d'Allemagne. Le chef adjoint, Alejandro, a téléphoné au palais présidentiel à La Paz et a dit que nous libérerions les techniciens si le gouvernement libérait dix collaborateurs de Che Guevara. Parmi eux se trouvait Loyola, l'agent de liaison du Che, qui avait été cruellement torturée. L'armée en a profité pour extorquer trois cent mille dollars à l'ambassade, prétendant que nous réclamions cet argent. C'était un mensonge. Au petit matin, nous sommes arrivés à Teoponte, à trois cents kilomètres au nord de La Paz. Nous sommes restés aux portes de la ville car l'armée l'occupait déjà. Nous avons abandonné nos camions sur la route, et nous sommes entrés dans la forêt que l'on appelle chez nous la "selve". Dès le début, l'armée était sur nos traces. Toute la journée, des avions tournoyaient au-dessus de nos têtes. Ils nous pourchassaient même pendant la nuit. L'armée occupait les routes et les villages, nous devions nous cacher dans la selve, dans les montagnes, nous devions sans arrêt changer de place, nous ne devions jamais nous arrêter de marcher. Aucun d'entre nous ne connaissait le terrain. La moitié du détachement sortait pour la première fois de la ville. Dans sa correspondance, le Che avait laissé l'instruction suivante : il faut à tout prix attirer les paysans dans notre lutte. Or nous ne pouvions pas entrer dans les villages car ils étaient occupés par l'armée. D'ailleurs, presque personne ne vivait sur ces territoires. C'est un univers sans hommes. La selve ressemble au désert, la seule différence c'est qu'elle est verte. Il n'y a rien à manger, il n'y a pas d'eau, la nature y est le plus grand ennemi de l'homme. On y trouve des arbres qui sécrètent une sève plus toxique que l'acide. Une goutte suffit à vous brûler le crâne jusqu'au cerveau. Les guêpes sauvages y pullulent. Si l'une d'entre elles vous pique dans l'œil, vous devenez aveugle aussitôt. A chaque pas, vous tombez sur des serpents venimeux. Le pire est celui qui s'appelle "coralito". S'il vous mord, votre sang se transforme en eau et se met à gicler de vos orbites. Pendant la journée, on ne peut s'asseoir nulle part car les fourmis vous piquent, pendant la nuit on ne peut pas dormir car ce sont les moustiques qui vous assaillent. Il ne vous reste qu'à marcher sans répit. Dans ces régions se trouvent des camps dans lesquels le gouvernement envoie des prisonniers politiques. Il n'y a pas de barbelés, il n'y a pas de murs non plus puisque de toute façon on ne peut s'enfuir nulle part. Autour, il n'y a que la selve et des marécages. Il n'y a pas de routes, la seule liaison avec l'extérieur se fait par un avion militaire. Les gardiens et les prisonniers vivent ensemble, ceux qui surveillent les prisonniers sont eux-mêmes emprisonnés. Plusieurs gouvernements se sont succédé sans qu'ils connaissent l'existence de ce camp ; ces affaires sont tenues secrètes, à la limite de la légalité. Il arrive que le camp tout entier meure de faim. Parfois les gardiens et les prisonniers s'entendent : ils volent un avion et s'enfuient.

« Parmi nous, personne ne savait exactement où nous nous trouvions. Nous passions d'un défilé à l'autre, d'une colline à l'autre. Nous pénétrions dans les profondeurs de la selve. Il était de plus en plus difficile d'avancer car la végétation est dense, épineuse, agressive. Nos uniformes n'étaient plus que des lambeaux. Nous avions les bras et les jambes en sang. Boire, il n'y avait rien à boire. Il fallait avancer et surtout ne pas se faire encercler. Deux fois seulement nous sommes tombés dans un piège. Dans le premier, nous avons perdu onze hommes. C'est tout. Nous n'avons jamais mené de bataille contre l'armée. Ils tenaient les routes et les villages, et ils nous chassaient de lieu en lieu par des attaques aériennes, attendant que nous mourions de faim et d'épuisement. Dans cette guerre, l'armée a perdu un soldat.

« Au début, nous avions le moral, nous nous sentions forts. Mais au bout de deux semaines nos provisions se sont épuisées. Nous n'avions plus rien à manger. Les hommes ont commencé à s'affaiblir. Nous nous nourrissions de pousses de bambou, nous mangions des racines et des fruits que nous trouvions dans la forêt. Personne n'était capable de distinguer ce qui est comestible de ce qui ne l'est pas. Il nous arrivait de manger une plante toxique qui nous rendait malades et nous immobilisait pendant longtemps. Ils auraient alors pu nous cueillir comme des fleurs. Une fois nous avons tué un singe et chacun a eu droit à un morceau de viande. Quelle fête ! Pendant trois mois nous n'avons pas réussi à chasser un autre animal. Les hommes titubaient, tombaient en marchant, déliraient la nuit. Pendant huit jours, nous n'avons rien mangé. Le neuvième jour, Quirito s'est suicidé, il s'est logé une balle dans la tempe. Le lendemain, Nestor Paz, notre commissaire, est mort d'épuisement. Il a rendu l'âme dans les bras de notre chef. Tout le monde aimait Nestor, c'était le favori du détachement. Pendant cinq jours, nous avons porté son corps, jusqu'au moment où, en traversant une rivière, il a été emporté par le courant.

« Le premier à s'être enfui du détachement, c'est Sebastian. Cela s'est passé le deuxième jour après notre arrivée à Teoponte. Il a été rattrapé par l'armée et fusillé. Une semaine après, Freddy et Marcos ont pris la fuite. Les soldats les ont rattrapés et les ont fusillés. Le dixième jour de notre marche, sept partisans se sont évadés. Tous ont été fusillés par l'armée. Puis Alfons s'est enfui, suivi de Juanito. Tous deux ont été fusillés. Au bout d'un mois, nous n'étions plus que quarante-cinq. Puis cinq autres se sont enfuis. Puis Carlos et Mongol. Tous ont été fusillés. Après, trois autres. Ils ont été fusillés. Puis ça a été le tour de Kolla. Il a d'abord été torturé, puis fusillé. Au bout de deux mois, nous n'étions plus que vingt. Un jour, le sous-chef, Alejandro, et quatre autres se sont perdus dans la selve. Mais ils n'ont pas trahi et ont tenu le coup jusqu'au bout. De notre groupe, quatre se sont encore enfuis, puis deux. Tous ont été fusillés. Après, nous sommes tombés dans un guet-apens. Deux ont péri. Cette nuit, Perucho et Forte ont pris la fuite. Comme ils étaient aussi épuisés que nous, ils ont tourné en rond dans la selve, et le lendemain soir ils sont tombés entre nos mains. Ils avaient déjà déposé leurs armes et ceint leurs fronts de mouchoirs blancs, deux squelettes comme nous. Nous étions allongés sur le sol après une journée de marche dans la selve, nous n'avions rien mangé depuis deux semaines. Nous étions fiévreux. Notre corps était lourd comme la pierre, comme s'il ne nous appartenait plus. Le monde qui nous entourait était comme voilé par un brouillard, j'avais l'impression que la terre tanguait, je voyais tout autour de moi de grands cercles verts. J'ai entendu au loin la voix de notre chef. "*Hermanos traidores!* Frères, vous nous avez trahis! Vous nous avez abandonnés au moment où l'épreuve était la plus dure. Vous avez couvert de honte le nom de notre détachement, le détachement de la Libération nationale. Rien ne peut justifier votre trahison. Le Tribunal révolutionnaire militaire vous condamne à la peine capitale."

« Nous n'étions plus que cinq et nous devions fusiller ces deux hommes. Nous devions fusiller Perucho et Forte qui n'avaient pas eu la force d'arriver jusqu'au peloton d'exécution des rangers et qui étaient retombés entre nos mains. Nous devions fusiller nos frères qui avaient trahi. C'était l'ordre qu'il nous fallait exécuter. La selve décrivait des cercles verts et je sentais la terre se dérober sous mes pieds. Mon corps était lourd comme la pierre et le monde était comme voilé par un brouillard épais. A travers ce brouillard, j'ai vu Chato dégainer son pistolet. Et j'ai vu Perucho et Forte debout. Ils n'avaient pas la force de faire un pas. Et tous les quatre, nous sommes restés couchés car nous n'avions pas la force de nous soulever. Seul notre chef avait de la force parce que en lui coulait le sang de son frère Coco, mort aux côtés de Che Guevara, et le sang de son frère Inti, le dernier des partisans, mort, assassiné dans son sommeil. Et j'ai entendu les coups de feu, et j'ai vu la selve décrire de grands cercles verts.

« A l'endroit où nous avons laissé Perucho et Forte, nous avons aussi laissé Cristian. Il est mort d'épuisement. Dans la nuit il délirait, puis il a été pris de frissons, finalement il s'est endormi pour ne plus se réveiller. Le matin, ils gisaient, côte à côte : Perucho, Forte et Cristian. Deux traîtres, et un qui était resté avec nous jusqu'au bout. Maintenant ils se ressemblaient. C'étaient les mêmes. Ils sont restés tous les trois, quant à nous, nous avons poursuivi notre marche quotidienne. Nous montions tout le temps. Nous étions quatre : Chato, Mamerto, David et moi. Nous devions sans arrêt faire des haltes car Mamerto n'avait plus la force d'avancer. C'était sa dernière route. A plusieurs reprises, il nous a suppliés de l'abandonner parce qu'il voulait mourir dans la solitude, mais nous lui disions qu'il fallait aller au bout, que nous devions marcher toujours et encore afin de ne pas nous faire encercler. La nuit tombait lorsque nous sommes arrivés au sommet de la plus haute colline. Du haut de cette colline nous avions une vue sur une belle vallée traversée par une rivière. Et, dans cette vallée, il y avait un village. Tous nous voyions ce village, Chato, Mamerto, David et moi. Et bien que tous nous le voyions, nous nous donnions des coups de coude en disant : "Regarde ! Un village !" Chacun voulait s'assurer que c'était vraiment un village et pas un mirage. Pendant dix semaines, nous avions erré à travers la selve. Dans la selve, le plus grand ennemi de l'homme est la selve. Au bout de deux semaines, nos vivres étaient épuisés. L'armée avait occupé les routes et les villages, elle attendait que nous mourions d'épuisement et de faim. Tous ceux qui s'étaient enfuis du détachement avaient été pris et fusillés. Perucho et Forte avaient été fusillés par Chato. Alejandro et quatre autres s'étaient perdus dans la selve, mais ils n'avaient pas trahi. Nous n'étions plus que quatre. Nous marchions depuis dix semaines, nous devions constamment changer de place afin de ne pas nous faire encercler. Personne ne se souvenait quand nous avions mangé pour la dernière fois. Et maintenant nous nous trouvions au sommet d'une colline. C'était la fin de notre voyage. Nous avions eu la force d'y grimper et maintenant nous contemplions le village. Mamerto agonisait. Nous lui avons mis son sac à dos sous la nuque afin qu'il garde la tête haute, afin qu'il puisse voir le village. Afin qu'il puisse voir les feux s'allumer. Demain nous descendrions de la colline. "Mamerto, a dit le chef, demain nous serons dans le village." Nous savions que le chef mentait. Nous n'irions pas au village car il était occupé par l'armée, et aller au village cela voulait dire trahir et se faire fusiller. Mais Mamerto voulait entendre ces paroles, il en avait besoin. "Au village, a poursuivi le chef, ils nous donneront de la viande et du maïs. Ils dresseront pour nous la table la plus grande, et ils la couvriront de victuailles. Si tu le veux, Mamerto, on te servira un plat de poulet. Tu auras droit à une cruche de bière. Tu auras droit à une fille." Nous savions que le chef mentait, mais Mamerto voulait entendre ces paroles, son visage en sueur s'est éclairé d'un sourire. "Tu feras ce que tu voudras, continuait de mentir le chef, tu feras tout ce qui te passera par la tête. Et tu te diras : Quelle vie ! Mais ma vie est fantastique ! Irréelle !" Mamerto avait les yeux fixés sur la vallée. Au fond se trouvait le village. Le tenant par la main, le chef lui a encore dit quelques mots, puis il s'est arrêté de parler car Mamerto n'entendait plus. Il avait rendu l'âme.

« Deux jours plus tard, des chercheurs d'or nous ont trouvés là. La rivière au fond de la vallée s'appelait Tipuani et au fond de cette rivière il y avait de l'or. Le village s'appelait Chima.

« Nous avons noté la cause de notre lutte dans notre commandement numéro un. Notre objectif était le triomphe de la révolution, la création d'un gouvernement populaire et la nationalisation de toutes les richesses qui doivent appartenir au peuple.

Nous étions soixante-quinze. Huit ont survécu. L'armée en a fusillé cinquante-cinq. Douze sont morts.

Je m'appelle Guillermo Velliz. »

(Fin de la bande sonore.)

Victoriano Gomez face aux caméras de la télévision

Le partisan Victoriano Gomez est mort le 8 février au Salvador, dans la petite ville de San Miguel. Il a été fusillé au stade de football, par un bel après-midi ensoleillé. Dès le matin, les spectateurs ont occupé les tribunes. Après, sont arrivées les voitures de la télévision et de la radio. Les opérateurs ont mis en place leurs caméras. Sur la pelouse verte, près des buts, se tenait un groupe de reporters photographes. On pouvait croire qu'un match allait être joué.

Ils ont tout d'abord amené sa mère. Abattue, modestement habillée, la femme s'est assise en face de l'endroit où son fils devait périr. Il y a eu un silence dans les tribunes. Puis les gens se sont remis à parler, à échanger des remarques, à acheter des glaces et des boissons fraîches. Ceux qui faisaient le plus de bruit étaient les enfants. Ceux qui n'ont pu s'installer dans les tribunes se sont perchés dans les arbres environnants qui offraient une belle vue sur le stade.

Puis un camion militaire a fait irruption sur le terrain. Tout d'abord, les soldats du peloton d'exécution en sont sortis. Après eux Victoriano Gomez a bondi sur l'herbe. Il a fait un saut léger et a dit fort, si fort que beaucoup de gens l'ont entendu :

— Mes amis, je suis innocent.

Le stade est devenu silencieux, mais dans les loges d'honneur où étaient assis les notables locaux, ont retenti des sifflets.

Puis les caméras se sont mises en marche : la retransmission a démarré. Ce jour-là, dans tout le Salvador, les gens ont regardé à la télévision l'exécution de Victoriano Gomez.

Au début Victoriano se tenait face aux tribunes, près de la piste. Mais les opérateurs ont crié afin qu'il recule au centre du stade : la lumière et le cadrage y étaient en effet plus favorables. Il a compris leur intention et a reculé au fond du terrain, au garde-à-vous : un jeune homme de vingt-quatre ans, grand, basané. Des tribunes on ne voyait plus qu'une petite silhouette et c'était bien : à cette distance la mort perd son caractère littéral, concret, son poids, elle cesse d'être la mort, elle devient le spectacle de la mort. Seuls les opérateurs avaient Victoriano de près, ils voyaient son visage sur tout l'écran. Les gens qui regardaient la télévision en voyaient davantage que la foule rassemblée au stade.

Après la salve du peloton d'exécution, Victoriano est tombé et les caméras ont montré les soldats entourant le corps et comptant le nombre d'impacts. Ils en ont dénombré treize. Le chef du peloton a fait un signe de la tête et a rengainé son pistolet.

C'était fini. Les tribunes ont commencé à se vider. La transmission télévisée était terminée, les journalistes saluaient le public. Les soldats sont repartis en camion avec Victoriano. Sa mère est restée immobile, entourée par un groupe de badauds bouche bée.

Que puis-je ajouter ? Victoriano était un partisan du maquis de San Miguel. C'était un Robin des Bois. Il soulevait les paysans pour qu'ils s'emparent de la terre. Le Salvador tout entier appartient à quatorze familles de propriétaires terriens. Dans ce pays vit un million de paysans sans terre. Victoriano tendait des pièges aux patrouilles de la Guardia Rural. La Guardia est l'armée privée des propriétaires terriens, elle est recrutée parmi des criminels, c'est la terreur des villages. C'est à ces hommes que Victoriano avait déclaré la guerre.

La police l'a attrapé alors qu'il venait rendre visite à sa mère, une nuit, à San Miguel. La nouvelle en a été fêtée dans toutes les haciendas. A l'occasion de son arrestation, des fiestas interminables ont été organisées. Le chef de la police a reçu une promotion ainsi que les félicitations du président.

Victoriano a été condamné à mort.

Le gouvernement a décidé d'exploiter cette mort au maximum. Ses motivations étaient avant tout didactiques. Au Salvador il y a beaucoup de mécontents, beaucoup de révoltés. Les paysans revendiquent la terre, les étudiants réclament la justice. L'opposition méritait bien une petite leçon ! Un petit exemple ! C'est ainsi qu'est née l'idée de retransmettre l'exécution à la télévision. De manière que tout le monde en ait plein les yeux, que la mort soit vue de près, que le peuple entier regarde et réfléchisse.

Qu'il regarde.

Qu'il réfléchisse.

Suite de « Il est grand temps de », ou suite du plan d'un autre livre jamais écrit qui, etc.

9. *J'ai pensé insérer dans ce livre un dictionnaire d'expressions qui, en fonction du degré de latitude où elles sont employées, prennent des significations différentes. Des expressions qui désignent des notions ayant le même nom mais recouvrant une autre réalité. Voici à quoi ressemblerait plus ou moins ce dictionnaire :*

SILENCE : *Les hommes qui écrivent l'histoire consacrent beaucoup trop d'attention aux « moments retentissants ». En revanche, ils observent trop peu les périodes de silence. Cela traduit un manque d'intuition, de cette intuition dont toute mère fait preuve quand elle entend par exemple que la chambre de son enfant est soudain silencieuse. Une mère sait que ce silence est de mauvais augure, que c'est un silence qui cache quelque chose. Elle se précipite pour intervenir car elle sent que le mal plane dans l'air. Dans le domaine de l'histoire et de la politique, le silence remplit la même fonction. Le silence est un signe de malheur, et souvent de crime. C'est un instrument politique au même titre que le cliquetis des armes ou les discours des meetings. Les tyrans et les occupants se soucient toujours d'associer le silence à leurs actes, ils en ont besoin. Il n'y a qu'à observer la manière dont tout colonialisme entretient ses silences. Regardez la discrétion avec laquelle l'Inquisition a fonctionné ! L'art avec lequel Leonidas Trujillo évitait toute publicité.*

Quel silence émane des pays dont les prisons sont bondées ! Dans le pays de Somoza, c'est le silence, dans le pays de Duvalier, c'est le silence. Combien d'efforts consacrent tous ces dictateurs à maintenir un silence sans cesse menacé ! Combien de victimes ont été sacrifiées à ce silence ! A quel prix ce silence est-il maintenu ! Le silence a ses propres lois et ses propres exigences. Le silence demande que des camps de concentration soient construits dans des lieux déserts. Le silence nécessite un énorme appareil de police. Le silence a besoin d'une armée de délateurs. Le silence exige que les ennemis du silence disparaissent soudain, sans laisser de trace. Le silence voudrait qu'aucune voix, aucune plainte, aucune protestation, aucune revendication ne viennent perturber sa sérénité. Là où résonne une voix, le silence frappe de toutes ses forces, rétablissant le statu quo, *autrement dit le silence.*

Le silence a la faculté de se propager. C'est la raison pour laquelle nous utilisons des expressions comme « autour régnait le silence », ou bien « un silence absolu s'est installé ». Le silence a aussi la faculté de s'alourdir. Ne parlons-nous pas du « poids du silence », de même que nous parlons du poids des corps solides ou liquides »

Le mot « silence » est le plus souvent associé à des mots comme « bataille (le silence après la bataille), « tombe » (silencieux comme une tombe), « mort » (un silence de mort). Ces associations ne sont pas le fruit du hasard.

Aujourd'hui on parle beaucoup de la lutte contre

le bruit. Pourtant la lutte contre le silence est plus importante. La lutte contre le bruit concerne la santé des nerfs, la lutte contre le silence concerne la vie humaine. Celui qui fait beaucoup de bruit n'est excusé ni défendu par personne. Par contre, celui qui fait régner le silence dans son pays est protégé par un solide appareil de répression. Aussi est-il difficile de lutter contre le silence.

Il serait intéressant d'évaluer, au niveau mondial, la part d'énergie consacrée par les médias à l'information et celle consacrée au silence. Des deux, qui l'emporte ? Ce qui est dit ou ce qui ne l'est pas ? On peut dénombrer les personnes qui travaillent dans le domaine de la publicité. Mais si on comptait le nombre de personnes employées dans l'industrie du silence ? Où sont les plus gros effectifs ?

NOIR : *Au Congo, à Stanleyville, dans une petite rue, se trouve une baraque qui rappelle un peu une petite caserne de pompiers dans une petite ville de province. Chaque dimanche, les kimbanguistes y célèbrent un service religieux. En pénétrant dans cet antre sombre, on a l'impression de franchir le seuil de la Laure Petcherskaïa de Kiev. En effet, dans les vieilles églises orthodoxes, sur les anciennes icônes, les visages des saints sont sombres, pratiquement noirs. Dans la chapelle des kimbanguistes, les visages des saints peints sur les images sont également sombres, noirs. Les kimbanguistes croient que Jésus était noir. Tel est du moins l'enseignement du prophète Simon Kimbangu. Kimbangu est né à la fin du XIX*^{e} *siècle, dans la tribu des Bakongos. Le 18 mars 1921, il a eu une apparition. Il s'est mis à voyager à travers le Congo et à prêcher sa foi. Il déclarait qu'il était envoyé par Dieu pour ressusciter les morts, multiplier les pains et sauver le monde. Celui de la jungle et de la savane. Dieu n'était pas blanc, mais noir. Comme les Blancs avaient volé Dieu, ils étaient voués à un châtiment et des tourments éternels. C'était un enseignement révolutionnaire. Kimbangu disait : « N'obéissez pas au pouvoir, obéissez à Dieu. » Kimbangu utilisait un langage biblique, le seul qu'il connaissait, et il présentait son programme politique en utilisant une phraséologie messianique exaltée. A la fin de l'année 1921, les Belges arrêtèrent le prophète, le condamnèrent à mort, puis commuèrent sa peine en réclusion à perpétuité. Les kimbanguistes firent l'objet de persécutions. Mais plus la répression s'intensifiait, plus le mouvement se renforçait. Simon le Prophète avait sa petite église au cœur de la jungle. Lors de son inauguration, il avait apporté une petite bassine pleine de peinture. La couleur de cette peinture était le noir. Des images saintes ornaient les murs de la petite église. Simon allait d'image en image, purifiant les visages statiques des saints. Il changeait la couleur de leur front clair et de leurs joues roses, il épaississait leurs lèvres, il frisait leurs cheveux. Les saints finirent par être noirs, à l'image de Simon et de ses disciples. Ce fut le premier geste révolutionnaire au Congo : un coup de pinceau sur des images.*

ESPRITS : *En Afrique, beaucoup de gens sont sceptiques à l'égard de l'efficacité des armes à feu. Toute information concernant une mort par balle est reçue avec incrédulité. Premièrement, personne n'a vu passer la balle en question. Comment dès lors prouver qu'un tel est mort parce que tel autre a tiré un coup de fusil ? Deuxièmement, il y a toujours moyen de faire dévier la trajectoire de la balle. Pour cela, il existe différentes variétés de gris-gris plus infaillibles qu'un blindage d'acier. L'ancien Premier ministre du Nigeria de l'Ouest, le chef Akintola, a été fusillé non pas au pied d'un mur, comme cela se pratique couramment, mais au beau milieu de sa véranda, car ses assassins savaient que le gri-gri d'Akintola le rendait invulnérable aux balles dès qu'il avait le dos au mur. L'opinion européenne a plus d'une fois été choquée en apprenant qu'au Congo des cadavres avaient été mis en pièces. Il ne s'agit absolument pas d'une manifestation de sadisme comme cela a été dit. Cet acte de destruction a des origines métaphysiques. Il s'explique par la conviction que l'homme n'est pas seulement fait d'un corps, mais aussi d'esprits habitant ce corps. La croyance en une âme n'est qu'une simplification primitive du caractère complexe et énigmatique de l'existence humaine. En réalité le corps humain est rempli de multiples esprits installés dans les différentes parties de l'organisme. La puissance de ces esprits est immense. S'ils sont encore vivants, ils ont le pouvoir de ressusciter le corps. Il serait naïf de penser que l'univers complexe des esprits séjournant dans les recoins du corps humain peut être éliminé par une seule balle. L'assassinat du corps n'est qu'une phase de la mort de l'homme. La mort totale intervient seulement après la liquidation des esprits ou après leur fuite. Ces esprits doivent être chassés du mort comme on chasse l'air d'un ballon : en le crevant. D'où la nécessité de détruire un cadavre, surtout si le défunt est un ennemi dont les esprits peuvent par la suite se venger. Il n'y a là aucune cruauté, c'est une manifestation d'autodéfense que l'homme est contraint de mettre en place afin de lutter contre le monde dangereux et omniprésent des esprits invisibles.*

HIÉRARCHIE : *A Accra, dans les bâtiments des minis-*

tères, il existe une correspondance entre les étages et la hiérarchie des postes. Plus la personnalité est importante, plus l'étage est élevé. Car tout en haut il y a des courants d'air, et tout en bas l'air est pesant et lourd comme la pierre. C'est ainsi qu'au rez-de-chaussée, les petits employés étouffent, au-dessus d'eux les directeurs de départements jouissent d'un air plus léger et tout en haut, les ministres respirent une brise rafraîchissante et bienfaisante.

INCARCÉRÉ : *Pourquoi les partisans enlèvent-ils les diplomates ?*

On peut le comprendre si on connaît la situation du prisonnier politique en Amérique latine. En effet, celui qui critique le régime ou mène un combat contre lui est incarcéré.

Cet homme n'est accusé de rien.

Puisqu'il ne fait l'objet d'aucune accusation, il ne peut y avoir de procès. Puisqu'il n'y a pas de procès, il n'y a pas non plus de verdict. Et par voie de conséquence il n'y a pas à proprement parler de peine. Il n'y a pas de procureur, ni de défense, ni d'appel, ni d'amnistie. Il n'y a pas d'aveux ni d'acte d'accusation, il n'y a rien. Le témoin peut devenir coupable, le coupable innocent. En fait, ce n'est pas possible non plus puisque le tribunal n'accuse personne. La situation du prisonnier se réduit en fait à une formule toute simple : pourquoi est-il derrière les barreaux ? Parce qu'il a été incarcéré.

Il peut sortir au bout d'un an ou au bout de six, il peut aussi ne jamais sortir. Beaucoup de prisonniers sont libérés quand le président qui les a incarcérés s'en va. Chaque président a ses prisonniers, leur sort est lié au sien. Une nouvelle figure occupe le siège présidentiel et de nouveaux prisonniers emplissent les cellules. *C'est pourquoi l'arrivée au pouvoir d'un nouveau président s'accompagne généralement d'une vague d'émigration : les adversaires de ce président sont en effet conscients que s'ils n'émigrent pas, ils seront envoyés derrière les barreaux. Mais ce processus ne fonctionne que dans les pays d'Amérique latine où prévaut une certaine démocratie. En revanche, dans les pays où règne la dictature, le prisonnier n'a qu'une chance infime de recouvrer la liberté et surtout de survivre.*

C'est notamment le cas du Guatemala. Quand on est arrêté, on est torturé. Si on supporte la torture, on est envoyé en prison. Nouvelle série de tortures, et épilogue : une dépouille mortelle retrouvée dans un fossé.

Il n'existe pas de voie légale pour défendre ou sauver un prisonnier. La loi ne le concerne pas. La libération d'un prisonnier au moyen d'une action armée est presque impossible : les prisons politiques au Guatemala se trouvent dans les casernes, un prisonnier est surveillé par une dizaine, voire des dizaines de soldats armés, des chars, l'artillerie.

Il ne reste qu'un moyen : enlever un adversaire et l'échanger contre le prisonnier. L'enlèvement n'est pas un acte arbitraire, on n'enlève pas le premier venu. La cible est fixée à l'issue de longues discussions, après mûre réflexion.

FORTERESSE : *Il s'agit d'un édifice impressionnant, qui a été construit à Accra et a coûté vingt millions de dollars (à une époque où dans la ville il était difficile d'acheter du pain), uniquement dans le but d'accueillir quatre jours durant (on est en 1966) une conférence des dirigeants africains. Après la conférence, le bâtiment a été fermé, il est aujourd'hui désert et se détériore. Sous les tropiques, un immeuble qui n'est pas habité se transforme en ruine en l'espace de quelques années.*

L'idée de construire cet édifice, appelé la State House, appartient à Nkrumah. Les architectes ont fait des plans : il s'agissait de construire un bâtiment associant le top de la modernité, de la sécurité et du monumental. Et on peut dire que cela a été réussi.

La State House est un bâtiment gigantesque. Il compte douze étages. Dans des annexes spéciales se trouvent une immense salle de réunion et une énorme salle de réception. Le bâtiment principal est divisé en soixante appartements. Chaque chef d'Etat avait son appartement, chaque ministre des Affaires étrangères aussi. Chaque appartement est composé de dix pièces, de deux salles de bains, d'un hall, etc. Ces appartements sont aménagés avec un luxe inouï. Quand je suis entré dans celui du président du Liberia, Tubman, j'en ai été abasourdi. Pourtant j'en ai vu d'autres !

Mais ce qui attire surtout l'attention, plus encore que ce débordement effréné de luxe, c'est le système de protection de l'ensemble. Le bâtiment est conçu de telle façon que, dès que vous franchissez la porte d'entrée, où que vous alliez, où que vous vous teniez, vous êtes toujours abrité par un mur. L'immeuble est construit sur le modèle du jouet qu'on appelle la matriochka. *Dans une grande* babouchka *est emboîtée une* babouchka *plus petite, dans cette* babouchka *plus petite se trouve une* babouchka *encore plus petite, et ainsi de suite. Ici c'est la même chose. Derrière un mur se trouve un autre mur, derrière cet autre mur se trouve un troisième mur, et au milieu il y a un appartement.*

Ainsi, les dirigeants se trouvaient à l'abri d'une attaque de l'extérieur. L'armée, qui n'a que des armes portatives, se trouvait neutralisée. Une balle de fusil ne peut en effet entamer des murs pareils. Néanmoins, la résistance des murs a été également calculée pour résister à l'artillerie légère et de moyen calibre. Les murs peuvent aussi résister à l'action de mortiers de 160 mm. Seuls l'artillerie de marine ou un bombardement aérien sont susceptibles d'ébrécher la forteresse. Cette éventualité a toutefois été envisagée. Dans les sous-sols de la State House ont été conçus des abris en béton armé reliés au reste du bâtiment par des passages spéciaux. Ces abris sont équipés de l'électricité, de l'eau courante, de la ventilation, etc. Les dirigeants auraient pu y trouver refuge en cas de bombardement.

A moins qu'il ne s'agisse d'une attaque atomique.

Etant donné qu'un siège peut durer longtemps, des réserves avaient été prévues pour que les dirigeants ne soient pas surpris par la faim. Dans l'aile droite de la State House se trouvent d'énormes locaux réfrigérants dans lesquels pouvaient être conservés des vivres pour plusieurs mois. Il y avait aussi des réserves de médicaments, d'eau et de boissons.

Par ailleurs, la State House était équipée de deux sources d'énergie indépendantes (l'une fournie par une centrale électrique, l'autre par des générateurs spéciaux), ainsi que des connexions téléphoniques indépendantes avec les grandes capitales du monde.

Inutile d'ajouter que la State House avait sa piscine privée, ses cafés, ses bars et ses restaurants, sa propre imprimerie, sa climatisation centrale, sa poste, sa télévision, etc.

Un système de protection avait même été prévu en cas d'attaque venant de l'intérieur. On ne sait jamais : les dirigeants n'étaient pas à l'abri d'une attaque armée de la cinquième colonne. C'est la raison pour laquelle les couloirs ne sont ni droits, ni reliés entre eux ; ils sont sinueux, brisés, ellipsoïdaux, en pente, en lacet, en demi-cercle, en zigzag, en épingle à cheveux. Ainsi, un agresseur serait incapable de garder en ligne de mire sa cible sur tout un étage puisqu'il suffit de bondir derrière un coin pour se trouver hors de portée.

Pour des raisons de sécurité, il était interdit de photographier la State House, de près ou de loin. Toute personne surprise en flagrant délit était arrêtée par la police. Il était également interdit de stationner devant la State House et de la contempler trop longtemps. Toute personne surprise en flagrant délit faisait l'objet d'une vérification de papiers et était expulsée.

VISITE : *En 1862, au cours d'une expédition aux sources du Nil, Speke arriva en Ouganda. Il rendit visite à Mutesa, le roi des Bagandas. « Speke, écrit Moorehead, fut installé sur un siège en face du trône de Mutesa. Speke attendait ce qui allait se passer.*

« Il ne se passa rien.

« Pendant une heure, les deux hommes restèrent en tête à tête, se regardant mutuellement. Il régnait un silence total. Finalement un courtisan s'approcha de Speke et il lui demanda : "As-tu vu le roi ?" "Pendant une heure entière", répondit Speke. Le courtisan traduisit la réponse au roi. Le roi se leva et s'éloigna dans les profondeurs de son palais. »

La visite était terminée.

VIE : *La dictature du général Abbuda au Soudan a duré six ans. Son régime a pris fin le 21 octobre 1964. C'était un régime dur, mais superficiel, sans appui dans les masses populaires. A Khartoum, quelqu'un m'a raconté ce qui s'est passé au lendemain du 21 octobre : « C'était absolument extraordinaire. Pendant trois jours, Khartoum est redevenue la ville qu'elle était une semaine avant l'arrivée au pouvoir* d'Abbuda, elle est redevenue la ville qu'elle était en 1958. Spontanément tous les anciens partis politiques ont fait leur réapparition. Exactement les mêmes, avec les mêmes noms, les mêmes hommes. Les journaux de cette période sont également ressortis, avec les mêmes titres, les mêmes caractères, le même programme. Les mêmes vieux concierges ont resurgi et se sont mis spontanément à nettoyer le bâtiment du Parlement. Les politiciens ont aussitôt repris les querelles interrompues six ans auparavant. Comme si les six années du gouvernement d'Abbuda n'avaient jamais existé. Comme si ces six années n'étaient qu'une parenthèse dans une continuité qui avait retrouvé sa trame et reprenait son cours.

10. Mais je n'ai écrit ni dictionnaire ni livre. En effet, chaque fois que, le cœur battant, je m'attelais à la tâche, une petite lumière rouge se mettait à clignoter sur la mappemonde. Ce signal indiquait que dans tel ou tel point de notre globe surpeuplé, tourmenté et belliqueux, la terre s'était mise à trembler, le monde à chanceler. L'interminable courant des événements nous submerge et nous emporte, sans jamais nous laisser nous échouer sur une rive paisible.

11. Le rédacteur en chef de Kultura, Dominik Horodynski, appelle : il y a des fonds, je peux me rendre au Proche-Orient (les Arabes sont en guerre contre Israël, on est à la fin de l'année 1973). Quelques mois plus tard, les Turcs occupent la moitié de Chypre où un brave homme me passe en fraude dans sa voiture de la zone grecque à la zone turque. Je rentre de Chypre au moment où Janusz Roszkowski, le directeur de l'Agence de Presse Polonaise, me dit que c'est le dernier moment pour aller en Angola. Il faut que je fasse vite si je veux arriver avant que Luanda ne

devienne une ville fermée. Il est midi moins cinq quand des pilotes portugais me font embarquer au départ de Lisbonne dans un avion militaire.

12. Faire sa valise, la défaire, la refaire, la redéfaire, la refaire, une machine à écrire (Hermes Baby), un passeport (SA 323273), un billet, un aéroport, une passerelle, un avion, attachez vos ceintures, le décollage, détachez vos ceintures, le vol, le tangage, le soleil, les étoiles, l'espace, le déhanchement des hôtesses de l'air, le sommeil, les nuages, le ralentissement des turbines, attachez vos ceintures, la descente, l'atterrissage, la terre ferme, détachez vos ceintures, la passerelle, l'aéroport, le carnet de vaccinations, le visa, la douane, le taxi, les rues, les maisons, les gens, l'hôtel, la clé, la chambre, l'air étouffant, la soif, la différence, l'étranger, la solitude, l'attente, la fatigue, la vie.

Les bottes

A Damas, je le rencontre dans l'ascenseur d'un petit hôtel. Il est palestinien, mais on pourrait croire qu'il débarque de Sibérie : bottes de feutre, veste ouatée épaisse serrée à la taille par un ceinturon, chapka. Heureusement, les soirées à Damas sont froides, on supporte sans problème un anorak. Alors que l'ascenseur monte, il prend dans son sac une pomme et me l'offre. Pour les Palestiniens, c'est une manière de lier connaissance : on offre un fruit à la personne que l'on rencontre. Les fruits sont la seule et la plus grande richesse de la Palestine. Donner un fruit à quelqu'un, c'est lui donner tout ce qu'on a.

Il m'invite dans sa chambre. Il dirige un groupe de fedayin qui se battent dans le massif montagneux de l'Hermon. Il serait déplacé de lui demander son nom ou tout autre détail le concernant. Il est originaire de Galilée, c'est tout ce que je sais de lui.

Au front, il faut s'habiller chaudement : veste ouatée, chapka, car l'Hermon est aussi haut que le mont Olympe, il est couvert de neige et balayé par des tempêtes glacées. La nuit, les hommes meurent de froid. Et pendant la journée, quand les échanges de tirs sont intenses, ils restent immobiles pendant des heures et gèlent à même le rocher. Ils ne peuvent hélas pas s'habituer à la neige ni au froid. Pour eux, c'est comme s'ils se battaient sur une autre planète. La montagne passe d'un vainqueur à l'autre. Quand l'un atteint un sommet, il y plante son drapeau. Puis a lieu une autre bataille qui se termine le plus souvent par un changement de drapeau. Ceux qui meurent restent dans la montagne. Le pire, ce sont les blessés, car il n'y a aucune possibilité de les descendre, et ils souffrent le martyre car le froid augmente la douleur.

Dans les neiges de l'Hermon, les fedayin se battent pour la Palestine. C'est dans la montagne que se déroulent les combats les plus acharnés, face à face, corps à corps, de part et d'autre d'un même rocher, sur d'étroites saillies d'où ils se précipitent mutuellement dans le gouffre.

Au fond de ces précipices s'étend une terre ondulée, grise, nue et détruite : le plateau du Golan. Là-bas se déroule la guerre israélo-syrienne.

Le commandant du mont Hermon me demande ce que je pense des combats du plateau du Golan, ce que je pense de cette guerre.

Je lui dis que je n'en ai jamais vu de pareille. Notre guerre à nous était différente et elle s'est terminée il y a longtemps, en 1945, à Berlin, à la Porte de Brandebourg. C'était la guerre de millions et de millions de gens. Les tranchées s'étendaient sur des distances infinies. Aujourd'hui encore, dans chacune de nos forêts, on peut trouver des traces de ces tranchées. Chacun luttait avec acharnement pour survivre, nous creusions de nos propres mains le sol de notre pays. Quand l'ordre de passer à l'attaque était donné, une foule de soldats surgissait des tranchées, une masse humaine innombrable envahissait les champs, les forêts et les routes. Partout on pouvait rencontrer des hommes avec un fusil. Dans mon pays, la guerre n'a épargné personne, elle a traversé chaque foyer, elle a défoncé de sa crosse toutes les portes, elle a incendié des dizaines de villes et des milliers de villages. La guerre a blessé tout le monde, et ceux qui ont survécu ne peuvent pas s'en remettre. L'homme qui a vécu une guerre est différent de celui qui n'en a jamais vécu. Ce sont deux espèces humaines différentes. Jamais ils ne trouveront un langage commun car on ne peut pas vraiment décrire la guerre, on ne peut la partager, on ne peut pas dire à quelqu'un : « Prends un peu de ma guerre. » Chacun doit vivre jusqu'au bout avec sa propre guerre. La guerre est la chose la plus cruelle pour une raison bien simple : elle exige un nombre de victimes effroyable. Les hommes de mon pays qui sont arrivés à la Porte de Brandebourg connaissent le prix de la victoire. Si on veut voir ce que cette guerre nous a coûté, on n'a qu'à regarder nos cimetières. Celui qui affirme qu'il est possible de remporter une victoire durable sans essuyer de grandes pertes, qu'il est possible d'avoir une guerre sans cimetières, ne sait pas ce qu'il dit. Je tiens à souligner la chose suivante : le propre de la guerre est de prendre sous ses ailes noires tout le monde sans exception. Personne ne peut rester de côté, personne ne peut rester assis devant son café quand il faut passer à l'assaut : tous les Algériens ont pris part à la guerre d'Algérie, tous les Vietnamiens ont pris part à la guerre du Vietnam. Les Arabes n'ont jamais mené ce type de guerre contre Israël.

Pourquoi les Arabes ont-ils perdu la guerre de 1967 ? Cette défaite a suscité de nombreux commentaires. On a pu entendre qu'Israël avait gagné parce que les Juifs sont courageux, les Arabes peureux. Que les Juifs sont intelligents, les Arabes primitifs. Que les Juifs sont mieux armés que les Arabes. Tout cela est faux ! Les Arabes eux aussi sont intelligents et courageux, eux aussi sont bien armés. La différence est ailleurs, elle tient à une autre approche de la guerre, à des théories différentes sur la guerre. En Israël, tout le monde prend part à la guerre. Dans les pays arabes, seule l'armée y participe. Quand la guerre éclate, en Israël tout le monde part au front, la vie civile s'arrête. Par contre, en Syrie, beaucoup de gens ont appris qu'il y avait eu une guerre en 1967 alors qu'elle était déjà terminée. Pourtant, au cours de cette guerre, la Syrie a perdu son plus grand espace stratégique, le plateau du Golan. La Syrie perdait le plateau du Golan, mais pendant ce temps, le même jour, à la même heure, à vingt kilomètres du même plateau, à Damas, les cafés étaient bondés, les gens tournaient en rond en attendant qu'une table se libère. Dans la guerre de 1967, il y a eu moins de cent victimes parmi les soldats syriens. Et une année auparavant, à Damas, deux cents personnes ont péri au cours de la révolution de palais. Il y a eu deux fois plus de morts pour une intrigue politique que pour une guerre dans laquelle le pays a perdu son plus grand territoire stratégique et dans laquelle l'ennemi a tenu la capitale à portée de fusil.

Au front, un soldat reste un être humain. Quand il est jeune, il prend des risques car sa vie est en pleine effervescence. Or voilà que le monde entier est en train de s'abattre sur lui. La mort l'assaille de toutes parts. Des mines explosent à ses pieds, des balles sifflent à ses oreilles, des bombes lui tombent sur la tête. Il est difficile de tenir le coup dans cet enfer. A côté de l'ennemi, il en existe un autre, plus redoutable encore : la solitude devant la mort. Le soldat ne peut être seul, il ne supporte pas de se sentir condamné, de savoir qu'un de ses frères est assis dans un local et joue aux dominos, qu'un autre se prélasse dans une piscine, qu'un troisième est déconfit de ne pas trouver de place dans un café. Il doit avoir le sentiment que ce qu'il fait est utile, important, qu'on le regarde et qu'on l'aide, qu'on est avec lui. Sinon le soldat abandonne tout et rentre chez lui.

Une guerre ne peut être la seule affaire d'une armée car le poids d'une guerre est trop lourd à porter et, seule, une armée ne peut soulever ce poids. Les Arabes avaient une conception différente et ils ont perdu. J'ai dit au commandant de l'Hermon que ce qui m'a frappé dans le monde arabe, c'est le gouffre drastique, l'absence totale de contact entre le front et le pays, entre la vie d'un soldat et la vie d'un commerçant pendant la guerre. Les deux coexistent, mais dans des univers différents, ils ont des préoccupations différentes, l'un ne pense qu'à survivre une heure de plus, l'autre pense à bien vendre sa marchandise. Il faut avouer que ce sont des soucis totalement différents.

Nous sortons dans la ville. Notre hôtel se trouve à proximité de la poste centrale et de la gare ferroviaire, dans le centre animé de Damas. Devant le bâtiment de la poste sont assis en rang d'oignons des cireurs de bottes. L'endroit est vert d'uniformes. Les combats sur le plateau du Golan durent de l'aube au crépuscule, mais le soir, les soldats descendent à Damas. Ils se déplacent en groupes dans les rues, font des achats dans les magasins, vont le plus souvent au cinéma. Mais avant, ils font une petite halte devant la poste pour faire nettoyer leurs bottes. Le plateau du Golan n'est que poussière, c'est pourquoi les bottes sont toujours grises, elles ont toujours besoin d'un coup de brosse. Les garçons qui contribuent à l'élégance des soldats savent tout sur la guerre. Si les bottes sont couvertes de poussière, cela veut dire que les combats ont été rudes. Si elles sont tout juste empoussiérées, c'est que le front est calme. Des bottes trempées comme si elles sortaient de l'eau sont le signe que les fedayin se battent sur le mont Hermon couvert de neige. Les bottent qui puent le pétrole, qui sont barbouillées de cambouis, sont l'indice qu'il y a eu un combat de blindés, que les tankistes ont eu une dure journée.

Les bottes sont de véritables communiqués de guerre.

Le commandant de l'Hermon me fait remarquer que l'on ne peut voir autant de soldats en même temps qu'à Damas, et probablement aussi de l'autre côté, à Haïfa ou à Tel-Aviv. En effet, sur le plateau du Golan, les militaires sont invisibles. Les deux armées sont enterrées dans des bunkers et dans des abris, ou bien elles sont tapies dans des blindés. Nul ne se déplace sur le plateau, nul ne court, sur les chemins on ne peut rencontrer personne, les villages sont détruits, on se croirait sur la lune. Si on veut voir un soldat se battre comme autrefois, il faut grimper sur l'Hermon.

Les temps ont changé et la guerre elle aussi a changé. L'homme a disparu du champ de bataille. Il ne reste plus que du matériel. Des chars, des canons, des fusées, des avions. Dans les bunkers, les officiers appuient sur des boutons, suivent du regard des lignes vertes qui bondissent sur un écran, manipulent un curseur et appuient de nouveau sur un bouton : on entend un grondement, un sifflement, puis au loin un char de combat explose, dans le ciel un avion se désintègre.

Le visage de l'homme a disparu de l'image de la guerre. « Hé ! Dick ! dit au téléphone le chef de bureau de *Camera Press* à son reporter-photographe qui travaille sur le plateau du Golan. Arrête de m'envoyer des fusées. Envoie-moi plutôt une gueule bien vivante, celle d'un gars qui se bat ! »

Mais les gueules bien vivantes sont cachées derrière les viseurs des chars.

Il n'y aura pas de paradis

A peine sorti de l'avion en provenance d'Athènes, je suis embarqué dans une voiture qui démarre au quart de tour et m'emporte par une route sinueuse vers une destination inconnue. Un Grec assis à côté de moi me dit que nous nous rendons à un meeting dans un camp de réfugiés, et que nous risquons d'être en retard. Il jette un œil à sa montre et houspille le chauffeur. C'est la première fois que je me trouve à Chypre. Je suis d'emblée époustouflé par la beauté de l'île. Nous traversons à vive allure de douces vallées, des vignobles infinis. Bordée de cyprès, la route traverse des villages blanchis à la chaux, et au loin la mer, toujours la mer.

Au bout d'un quart d'heure, nous pénétrons dans une plaine plantée de tentes. A un endroit se tient un rassemblement immense. Sur la tribune une silhouette gesticule, une langue incompréhensible résonne dans les haut-parleurs. Les hommes qui m'ont amené ici (je ne connais aucun nom) se faufilent à travers la foule. Je les suis, j'étouffe. Ça sent la campagne, le lait, la laine ou je ne sais quoi. De tous les côtés, des visages silencieux, graves, imperturbables, hâlés. Le Grec qui me guide dans cette cohue dit que ce sont tous des réfugiés du Nord. « Des pauvres, dit-il en jouant des coudes, sans toit ni biens. » Mais ce n'est visiblement pas le moment de se lancer dans de grands discours, d'autant que presque sans m'en rendre compte je me retrouve propulsé sur la tribune où un jeune homme me glisse un micro entre les mains.

« Vas-y, fais un discours ! me dit un autre homme, je me charge de la traduction ! »

Il y a un quiproquo, ils me prennent pour quelqu'un d'autre, un dignitaire, un ministre, une personnalité internationale, chargé d'expliquer à ces malheureux le sort qui les attend, et de les sortir de là.

Le soleil cogne dur, je dégouline de sueur.

Je veux descendre de la tribune, trouver les organisateurs afin de dissiper le malentendu. Je ne ferai pas de discours. Parler du haut d'une tribune est pour moi une véritable torture. Je ne connais pas Chypre, je suis ici depuis une demi-heure à peine. Je ne connais pas les gens rassemblés sur cette place, je n'ai rien à leur dire, en tout cas rien qui pourrait les aider. Que je fasse ou non un discours, cela ne changera rien, cela n'ira ni mieux ni plus mal. Je ne veux plus entendre parler de ce meeting !

Pas d'organisateur en vue ! Personne pour entendre mes explications ! Je ne peux pas quitter la tribune car une nuée de gamins est agglutinée tout autour. La foule attend le discours, il règne un silence de plomb. Au cœur de ce silence, je m'offre en spectacle à des milliers de gens, idiot, perdu, pris au piège. Je m'essuie le visage avec mon mouchoir afin de gagner un peu de temps et reprendre mes esprits. Celui qui m'a passé le micro et celui qui voulait traduire commencent à s'impatienter. Les enfants me scrutent avec gravité.

Je finis par revenir à moi, je regarde tout autour. Près de la tribune se tiennent des hommes, des paysans costauds, massifs, aux têtes rectangulaires et noires, aux cheveux coupés court. Tous désœuvrés, sans travail. La guerre les a privés de leur activité, elle leur a pris leurs champs et leurs vergers. Qui étaient-ils hier encore ? Semeurs au printemps, moissonneurs en automne, patrons toute l'année. Et aujourd'hui ? Des exilés, debout à faire la queue pour une gamelle de soupe. Quel gaspillage d'énergie humaine ! Quelle humiliation ! J'ai vu des hommes désœuvrés dans les banlieues de Lima et de Bogota, des paysans désœuvrés en Inde et en Thaïlande, des jeunes désœuvrés au Nigeria et au Kenya. Un milliard d'hommes capables de travailler mais qui passent leur vie entière à ne rien pouvoir faire ou presque. Ils sont laissés pour compte, personne n'a besoin d'eux sur cette terre où il y aurait pourtant tant à faire. Si on leur proposait une occupation convenable, l'humanité tout entière ferait des progrès vertigineux. Même dans le pays le plus pauvre on pourrait bâtir des montagnes de marchandises. Les greniers seraient pleins à craquer de grain. Les plus grands déserts regorgeraient de puits.

Ici, dans l'île de Chypre (c'est ce que je voulais leur dire), ne pourriez-vous pas faire des miracles et transformer votre île, qui est un paradis, en un royaume de bien-être et de prospérité ? Malheureusement la guerre a tout détruit. Elle a abattu les arbres de vos vergers, elle a piétiné vos champs. La guerre a emporté les toits de vos maisons, elle a décimé vos troupeaux de brebis. Le destin vous a ainsi condamnés à rester désœuvrés face à votre malheur.

Plus loin, derrière la masse compacte des hommes, se tient une foule de femmes. Toutes vêtues de noir, la tête recouverte d'un foulard noir. Vraisemblablement, à partir d'un certain âge, la coutume veut ici que les femmes soient en noir. Elles ressemblent aux femmes du film de Cacoyannis *Zorba le Grec*. Dans ce film, une belle veuve à la personnalité extraordinaire est lapidée à mort par des vieilles femmes en noir qui attendent qu'elle rende le dernier soupir afin de piller ses trésors. Le réalisateur connaît bien les démons qui sommeillent dans l'âme de ces pleureuses voraces. Or cette même foule se tient maintenant devant moi morte, misérable, affligée.

Au milieu de cette masse humaine recouvrant la plaine inondée de soleil, se tient Zorba, un grand gaillard nerveux, musclé, la tête haute. Au milieu de cette foule, il est le seul à sourire. Il tient sous le bras sa *santouri* et attend que le meeting se termine pour jouer la belle mélodie de Théodorakis qui a été chantée dans le monde entier. Zorba, c'est la vraie vie, celle que rien ne détruit. Je voudrais l'avoir sur ma tribune, à mes côtés, je voudrais qu'il prenne la parole. Qu'il dise comment l'homme doit supporter un cataclysme, comment il doit se comporter dans la défaite.

Toute l'étendue de la plaine est semée de tentes : c'est un camp de réfugiés. Les camps les plus terribles que j'ai vus se trouvaient à Calcutta. Ils étaient occupés par des ombres d'Indiens, des réfugiés du Pakistan oriental. Je dis bien des ombres, car cette foule de squelettes, même si elle remuait encore, n'appartenait plus au monde d'ici-bas. Les camps de Palestiniens en Jordanie sont tristes également. Il est difficile de décrire les camps de nomades affamés en Afrique. Ils ont perdu leurs pâturages et leur bétail, la base de leur existence. Délaissés, hébétés, ils attendent que la mort interrompe leur vaine existence. On peut voir aussi des fourmilières misérables dans les camps disposés autour des villes d'Amérique latine. Ceux qui y végètent sont également des réfugiés ; ils ont été chassés de leurs villages par la famine et les durs travaux des champs. Beaucoup d'hommes errent aujourd'hui dans le monde avec l'espoir de trouver un sort meilleur, de sauver leur peau, de gagner une place au soleil.

« Chers amis ! ai-je dit. Dans ma vie, j'ai vu beaucoup de malheur. Or voilà qu'aujourd'hui j'en vois un de plus. Le monde dans lequel nous vivons n'est pas favorable. Quand, dans un endroit du globe, certains commencent à connaître le bien-être, d'autres ailleurs plongent dans le malheur. Le problème est que les hommes sont incapables de se débarrasser de ce paradoxe. Cela n'a aucun sens de s'étendre sur le sujet, il suffit de constater que des nuages sombres tournent dans le ciel et on ne sait jamais ni où ni quand l'un d'entre eux provoquera un déluge. Cette fois, vous en êtes les victimes. Le déluge se déversant sur Chypre a pris la forme d'une invasion armée, une armée étrangère a occupé vos villages. Je comprends votre désespoir, car j'appartiens à un pays qui a subi de nombreuses invasions. Les routes de mon pays ont été foulées par des millions de réfugiés. Dans chaque grande guerre, mon peuple a tout perdu. J'ai moi-même été réfugié et je sais ce que cela veut dire de tout perdre, de voyager en terre inconnue en espérant que l'histoire reprendra un cours plus clément. Je sais bien que ce qui vous intéresse le plus en ce moment tourne autour de la question : "Quand récupérerons-nous nos terres ?" Honnêtement, je l'ignore. Peut-être dans un mois, peut-être jamais, je n'en sais rien. Votre destin est lié à un grand jeu politique, et comment ce jeu évoluera-t-il, je suis incapable de le prévoir. Et je me tiens sur cette tribune, inutile. Je n'ai rien à promettre. Je suis venu pour vous connaître. Je voudrais que vous me racontiez ce qui s'est passé. Je propose de terminer ce meeting. Peut-être trouverai-je quelqu'un pour m'inviter sous sa tente. Merci ! »

Une rumeur s'est élevée de la foule car le programme prévoyait l'intervention de plusieurs orateurs. Un organisateur a invité la foule à rester et a confirmé la prolongation du meeting. Je suis allé vers les vieilles femmes tout en noir. L'une d'entre elles m'a emmené sous sa tente, quelques femmes nous ont suivis. Elles m'ont proposé une chaise, mais elles sont restées debout. J'ai demandé à l'interprète pourquoi elles ne s'asseyaient pas. « Elles le feront quand un homme les invitera à le faire ! » On m'a offert du café et de l'eau. Ce sont des paysannes grecques des provinces du Nord. Elles semblent toutes exténuées par le travail et les naissances. J'ai eu la maladresse de leur demander leur âge. Elles ont la quarantaine ou la cinquantaine, mais on dirait de vieilles femmes. Ici, les gens vivent longtemps, mais la moitié de leur existence est une existence de vieillards. Ici, la jeunesse, que la civilisation européenne essaie de prolonger indéfiniment, paraît ne pas exister, elle semble ne pas faire partie de la vie. On a d'abord l'image d'une fillette qui court à l'école, puis, sans transition, celle d'une noble mère de famille entourée de sa progéniture qui vous regarde de ses grands yeux magnifiques, un doigt dans la bouche, puis abruptement celle de vieilles tout en noir.

J'ai demandé à ces femmes ce qui leur faisait mal. Elles se sont tues. Elles ont caché leurs visages dans leurs foulards noirs.

Puis elles m'ont confié leurs malheurs.

Elles ont raconté que l'armée turque était arrivée brusquement, une armée étrangère qui semblait surgir des profondeurs de la terre. Des avions larguaient des bombes et du napalm, des chars sillonnaient les routes, des soldats couraient et tiraient dans tous les sens. La panique s'est emparée de leurs villages, les gens partaient se cacher dans les montagnes, dans les forêts, partout où c'était possible, c'était le sauve-qui-peut général. Comme l'armée turque arrivait par le nord, les Grecs ont fui vers le sud. Ils ont tout abandonné, chacun ne pensait plus qu'à sauver sa vie. Sur la route, ils rencontraient des Turcs chypriotes qui remontaient vers le nord. Deux courants humains se croisaient sans un mot, les uns et les autres chassés par la peur, les uns et les autres incertains du lendemain. Autour, les maisons et les vignobles flambaient, les fuyards erraient, personne ne savait quelle direction prendre, personne ne savait où se trouvait sa famille.

L'une de ces femmes s'appelle Maria Salatas. Son mari a été tué par les soldats parce qu'il ne voulait pas dire où étaient cachées ses deux filles. Les soldats abusaient des jeunes filles qui leur tombaient entre les mains, et le mari de Maria le savait parfaitement. Des policiers locaux, des Turcs chypriotes, avaient aidé les jeunes filles à trouver une cachette dans les champs. Quand elle parle de ces Turcs, Maria emploie le terme *jikimas*, ce qui en grec veut dire « les nôtres ». Puis, pendant trois mois, Maria a été enfermée dans un camp turc. Il n'y avait rien à boire ni à manger. En douce, des gens d'un village d'à côté, des Turcs chypriotes, apportaient aux Grecs de la nourriture. Ce village s'appelle Kaputi. Ses filles sont en vie, elles sont là, à côté.

Maria et les femmes avec lesquelles je me trouve prétendent que, avant l'invasion, tout allait bien pour tout le monde. Certes, dans les villages, il y avait de la haine, mais les Grecs comme les Turcs y étaient habitués. Ils s'en accommodaient. Cela faisait partie de leur vie, c'était une composante de l'ordre intérieur de leur communauté. Dans les villages il y avait une sorte d'équilibre de la haine, les gens savaient à quel moment il fallait céder le chemin à l'autre afin de ne pas en arriver à la catastrophe. Jamais on n'a vu la communauté grecque d'un village massacrer la communauté turque, ou inversement. Certes les paysans se sautaient parfois à la gorge, il y avait bien des morts et des blessés. Mais pas plus qu'ailleurs dans le monde. Quand on connaît la vie des paysans, on sait que tout village est avide d'événements, quitte à les payer de son propre sang. Mais de là à en arriver à l'invasion des chars turcs et à l'expulsion des Grecs ! Elles souhaitent que l'armée s'en aille et que l'on en revienne à la situation antérieure. De toute façon, la moitié de leurs biens sont désormais perdus. Personne n'a fait la cueillette des oranges, le raisin a pourri sur pied, le bétail a sûrement été égorgé, la viande mangée.

Elles m'ont demandé si j'étais au courant de l'affaire des disparus.

J'ignorais ce dossier.

Elles m'ont dit que c'était regrettable. Elles interrogent tout le monde à ce sujet. Pendant l'invasion, quelques milliers de jeunes Grecs ont disparu. Sont-ils vivants ? Où sont-ils ? Nul ne le sait. Il n'existe aucune preuve de leur disparition, mais on n'a pas non plus de trace de leur vie. Les Turcs prétendent qu'ils ignorent tout de leur sort, mais les Grecs constatent leur disparition. Où sont-ils donc ? Chypre est une petite île, on peut y cacher une dizaine, une centaine d'hommes. Mais des milliers ? Elles ne veulent pas croire que ces paysans aient été enterrés. Personne du reste n'a vu leurs tombes. Certains prétendent qu'ils ont été emmenés au large et noyés, mais cela paraît invraisemblable.

D'un geste elles désignent les tentes. Elles s'excusent de la pauvreté du camp. Naguère, j'aurais pu visiter leurs maisons. Dans leurs maisons, il y avait tout : la lumière, l'eau, des meubles. Il y avait toujours un jardin, il ne manquait jamais de fruits. Elles parlent de ces maisons, de ces villages, comme d'un paradis perdu. Leur vie a été brisée et elles ne savent plus à quel saint se vouer. Elles interrogent les hommes, mais ils se taisent et haussent les épaules. Les hommes peuvent courir le monde et vivre n'importe où. Mais une femme ne peut pas vivre sans foyer, c'est pour elle inconcevable.

Un soir, une nuit et une matinée à Nicosie : c'est une ville charmante, ensoleillée, lumineuse, aux tons pastel. Il y a beaucoup de nouveaux quartiers avec une architecture splendide, le seul fait de regarder ces bâtiments est un véritable régal. Dans les magasins, il y a des produits du monde entier car l'industrie chypriote est peu développée, il faut tout importer. Çà et là on aperçoit des traces de l'invasion : des murs marqués d'impacts d'obus, des fenêtres sans vitres, des voitures brûlées. Mais les pertes subies par la ville ne sont pas irrémédiables. Pendant l'invasion, les gens allaient au travail, les magasins étaient ouverts.

— Pendant toute la guerre, m'a dit une Polonaise qui avait à l'esprit l'invasion de juillet-août 1974, je n'ai vu qu'une file d'attente : pour un film classé X.

Dès le matin, les Grecs sont assis sur des chaises devant leur petit café. Jusqu'à midi, ils restent au soleil, à midi, ils reculent à l'ombre avec leurs chaises, l'après-midi ils se remettent au soleil. Il n'y a que des hommes, pas une seule femme. Ils sont silencieux, souvent dos à dos, ils ne disent pas un mot, ne font pas un geste. Il y a pourtant entre eux une communication invisible, car dès qu'un Grec de la rue s'approche pour chercher querelle à l'un d'entre eux, tous entrent en ébullition.

Au crépuscule, de belles jeunes filles sortent se promener. Ici, une jeune fille ne peut pas se balader seule, elle est toujours accompagnée de sa mère ou de sa grand-mère. Elle ne peut pas regarder autour d'elle car c'est mal vu, cela donnerait l'impression qu'elle court après les garçons. Dans le regard de la mère ou de la grand-mère, on peut lire de la fierté et de la vigilance. Des terrasses des cafés, les soldats de l'ONU contemplent les jeunes filles : des Suédois, des Danois, des Finlandais, tous blonds et tout roses. Un soldat de l'ONU, c'est un bon parti, mais seulement si ses intentions sont honnêtes. Aucun d'entre eux d'ailleurs ne se lève de sa table. Ils restent assis à boire leur bière, débraillés, l'air de s'ennuyer, en suivant de leur regard clair et morne les jeunes filles qui disparaissent au coin de la rue.

Le soir, la ville se vide, elle se meurt. Il fait frais. Il n'y a personne dans les rues, les trottoirs sont vides, la chaussée est déserte, les portes sont closes. A la frontière de la zone grecque et de la zone turque, il fait sombre, on n'entend pas un bruit. Un projecteur éclaire les barbelés. Un autre éclaire le drapeau turc. Un troisième le drapeau grec. Sous le drapeau turc est posté un soldat. Sous le drapeau grec un autre soldat. Ils se taisent, transis, leurs mains engourdies crispées sur leur mitraillette.

De bonne heure, nous sommes du côté turc. A Nicosie, il n'y a qu'un seul passage entre la partie grecque et la partie turque. A cet endroit, la rue est couverte de sacs de sable, les maisons alentour sont vides, les vitres brisées. Le quartier turc est pauvre, il y a beaucoup de cabanons, la circulation est peu intense. Tout cela alimente la rancœur des Turcs : les Grecs nous ont spoliés, ils nous ont marginalisés.

Le Grec est un commerçant habile, c'est un esprit rapide, vif.

Le Turc a besoin de temps pour réfléchir, il est impénétrable, patient à la manière des Asiatiques.

Le Grec se joue du Turc dans le commerce.

Le Turc écrase le Grec sur le front.

De Nicosie nous allons vers le nord, dans un territoire occupé par l'armée turque. Le paysage est fabuleux, au début la route monte, passe entre des rochers, traverse une forêt, puis, après un virage surgit la mer d'un bleu saphir. En bas, on aperçoit une merveille architecturale méditerranéenne, le vieux port de Kyrinia : des maisons blanches, des toits rouges, des orangeraies vertes, aucun demi-ton, toutes les couleurs sont criardes, contrastées, s'entrechoquent avec violence.

A Kyrinia, les ruelles sont désertes, de nombreuses maisons sont détruites, les portes sont défoncées. A chaque coin de rue se tient un gendarme droit comme un i. Casque blanc, gants blancs, guêtres blanches, il règle une circulation fantomatique. Le port est calme, les hôtels sont fermés, des yachts luxueux rouillent et prennent l'eau. Dans une petite boutique on peut acheter une carte postale sur laquelle Chypre est représentée comme un pays turc.

Sur la route, on ne rencontre que des militaires. Une énorme armée sur son champ de manœuvres : chars en mouvement, blindés en position, chasseurs en rase-mottes. Pelotons au pas cadencé, compagnies au pas de course, bataillons à l'attaque. Ici un régiment creuse des tranchées à ciel ouvert, là une division prend d'assaut des massifs rocheux.

Une armée terrible, en alerte permanente. On ne peut rien voir de tel du côté grec. Il est en général difficile de tomber sur un soldat grec.

Nicosie, la nuit, 0 h 10 du matin.

Du côté grec retentit un coup de feu.

Suivi d'une seconde de silence.
Puis du côté turc trois coups de feu.
Alors dix coups de feu font écho côté grec.
Répondent cent coups de feu côté turc.
Puis cinq cents coups de feu côté grec.
Puis mille coups de feu côté turc.
Des mitrailleuses grecques entrent en action.
Les Turcs enclenchent mitrailleuses et mortiers.
Les Grecs ajoutent les canons.
Les Turcs renforcent le calibre.
Les Grecs utilisent du 125.
Les Grecs du 164.
Les Grecs emploient des bombes incendiaires.
Les Turcs des bombes à fragmentation.

Les uns font feu de tout ce dont ils disposent, les autres ripostent, simultanément, comme s'ils avaient reçu un ordre, comme si soudain, sans rime ni raison, sans logique aucune, une sentinelle endormie avait, sans le faire exprès, appuyé sur la détente. A moins que ce ne soit un fou, ou un provocateur, ou quelqu'un d'autre, sur un coup de tête. Il a suffi de ce coup de feu, à minuit dix, pour que, en une minute, la ville endormie soit plongée dans un enfer de feu, une tempête, un ouragan apocalyptique.

Je bondis de mon lit. De ma chambre qui se trouve au sixième étage du Nicosia Palace Hotel, je regarde par la fenêtre. Deux vagues d'obus éclairants sillonnent le ciel au-dessus des toits de la ville. Les murs des maisons tremblent et les vitres tintent. Les gens dévalent les escaliers, courent dans les rues, s'abritent sous les porches. Personne ne sait ce qui s'est passé, de quoi il s'agit.

Il ne s'est rien passé.
Il y a eu un coup de feu.
Au quartier général de l'ONU, tout le monde est en

état d'alerte. Dans la caserne, l'alarme a été donnée. Les officiers de liaison se mettent d'accord avec les parties grecque et turque pour fixer un cessez-le-feu à 0 h 45. A 0 h 45, les coups de feu cessent. Mais l'ordre n'est pas parvenu à tous les postes, un Turc continue de tirer. Aussi les Grecs recommencent. Les Turcs y vont alors à fond. Le vacarme est tel que l'on n'entend rien d'autre. Cela fait deux heures que dure cette cacophonie infernale. Les gens se réfugient dans les caves, se couchent par terre, dans les abris, sous les voitures. Ceux qui habitent près de la ligne de front s'enfuient à l'autre bout de la ville. Pendant ce temps, l'ONU fixe avec les Turcs et les Grecs un autre cessez-le-feu à 2 h 05. De nouveau les tirs se calment, mais cette fois c'est un Grec qui n'a pas entendu l'ordre, il continue de mitrailler. Pendant un moment ses rafales isolées éclairent les cieux. Cela suffit pour que les Turcs l'interprètent comme un signal et qu'ils se remettent à tirer : infatigables, remontés, ils déchaînent sur les Grecs toute leur puissance de feu. Ces derniers déversent sur les Turcs un torrent de feu, de poudre et de métal. L'ONU fixe un troisième cessez-le-feu à 2 h 45. Cette fois enfin, l'ordre est entendu par toutes les parties, le feu se calme, les tirs cessent, le silence retombe sur la ville.

Le lendemain matin, les Grecs sont assis devant leur petit café, immobiles, silencieux, comme si de rien n'était. A midi, ils reculent à l'ombre. Au crépuscule, de belles jeunes filles se promènent, accompagnées de leurs mères et de leurs grands-mères. Des têtes blondes de l'ONU les regardent passer sans broncher et continuent de siroter leur bière. Le soir, la ville redevient déserte, il n'y a personne dans les rues. A la frontière des deux secteurs, deux soldats sont postés : un Grec et un Turc. Ils se taisent, transis de froid, les mains crispées sur leur mitraillette.

1974

Ogaden, automne 76

Pendant la nuit, j'ai été piqué par un scorpion. J'avais rampé jusque dans la tente dans l'obscurité étouffante et m'étais allongé sur mon lit de camp. Pas de lampe de poche, pas d'allumettes. Le commandant a donné l'ordre de faire le moins de lumière possible afin de ne pas trahir notre présence. Si cela se trouve, ils sont à un pas de notre camp, allongés en cercle, l'œil dans le viseur de leur fusil.

Soudain quelque chose a remué sur mon drap, juste à l'endroit où j'avais posé la tête. J'ai pensé que c'était un lézard. Cela ne pouvait pas être un cobra parce le mouvement était léger, ténu. J'ai senti un bruissement, un tressaillement, puis plus rien. Cela s'est passé en douceur, sans bruit, de manière invisible, mais j'ai eu le pressentiment que quelque chose se produisait tout près, de plus en plus près. Soudain la chose m'a explosé sur le front, comme si on m'avait donné un coup de marteau. Douleur aiguë. Je bondis et m'écrie : « Un scorpion ! Un scorpion ! »

Marcos accourt, puis des soldats. L'un m'éclaire avec la torche. Sur le drap se trouve la bestiole, plate, grise, répugnante. Des soldats prennent le drap avec précaution, le posent par terre et piétinent le scorpion.

Les autres les regardent, éberlués, comme s'ils assistaient à une danse rituelle destinée à chasser un mauvais esprit.

Aussitôt mon visage se met à gonfler. Un soldat dirige son faisceau sur moi et tous fixent avec attention ma tête qui enfle, qui lève comme une pâte au levain, mes yeux qui deviennent de plus en plus petits, qui doivent avoir disparu de mon visage car je ne vois plus rien. Ils observent ma métamorphose en monstre aux cent bouches gémissant de douleur.

Que faire ? Les scorpions piquent les hommes comme des moustiques. Ceux qui reçoivent une dose de poison importante meurent. L'hôpital le plus proche se trouve à deux jours de route. « Couche-toi », ordonne Marcos. Je reste seul dans le noir. Assis sur mon lit de camp, je suis pétrifié, j'ai peur d'exciter les scorpions, de manifester ma présence. Ils sont là, rampant dans l'obscurité, sur le sol, sur les pans de la toile de tente, traînant derrière eux leur abdomen et leur queue venimeuse. Depuis cette nuit et durant tout mon séjour dans l'Ogaden, je n'ai pas réussi à me libérer d'eux. Ils surgissent de partout, du sable, des pierres, me guettent sur toutes les pistes. Il me faut quitter cet endroit, mais nous sommes prisonniers du désert, nous devons attendre une occasion pour nous enfuir.

Je suis arrivé à Gode avec Marcos dans un petit avion. En sortant de l'appareil, j'ai eu l'impression de pénétrer dans un four. Aussitôt nous nous sommes jetés sous les ailes, à l'ombre. La police est arrivée, elle a procédé à un contrôle : nous avons été fouillés, palpés. Ils cherchaient des armes. Ils ont vérifié les laissez-passer. Je n'en avais pas. Ma situation était ambiguë.

J'étais parti d'Addis-Abeba à la dernière minute sans être sûr de pouvoir arriver dans l'Ogaden, une province interdite aux étrangers. « Vas-y, m'avait dit Y. du ministère de l'Information, je donnerai par radio des instructions pour qu'ils te laissent passer. » Dans l'avion, j'ai fait la connaissance d'un garçon prénommé Marcos. Il transportait des insecticides contre les vers qui rongent le maïs. Je me suis dit que je n'allais plus le lâcher, qu'il me ferait passer à travers tous les contrôles. Pour entrer dans ses bonnes grâces, je l'aidais à soulever ses malles de poison. Je me comportais comme si j'étais affecté à son service. Je reconnais que je me suis conduit avec impudence, mais je n'avais pas de documents éthiopiens et je ne connaissais personne dans l'Ogaden. Comment allais-je me déplacer sans voiture dans cette fournaise où il faut fournir des efforts surhumains pour parcourir une centaine de mètres, et où allais-je dormir puisqu'il n'y avait pas d'hôtel ? Ce que je craignais le plus, c'était de susciter la méfiance des policiers et des soldats. Que peut bien faire un homme blanc, dans une zone de front, au bout du monde ?

— Tes papiers !
— Je n'ai pas de papiers !
— C'est bon. En route pour la caserne, pour un interrogatoire.

L'avion est reparti, nous sommes restés seuls, en plein soleil, avec le poison. Nous nous sommes couvert la tête de journaux pour résister à la chaleur en fusion, pour ne pas rendre l'âme. Alentour flambait le désert de l'Ogaden. A cette heure de la journée, en plein midi, on ne voit nulle trace de vie. Nous avons devant nous la perspective la plus simple, réduite à deux plans : en bas, une bande de terre, plus haut, à l'infini, l'espace céleste. Et sur la ligne, deux gouttes de sueur : Marcos et moi.

Nous attendons longtemps avant qu'une Land-Rover arrive. Un homme menu et barbu en sort. « C'est Getahun, le commandant », me dit Marcos. Nous chargeons les malles, comme dans un film au ralenti, chaque mouvement est une torture. Je dérive vers une destination inconnue comme un esquif sur la mer. Ils parlent en amharique, je ne comprends pas un mot de leur conversation. Nous avançons dans un nuage de poussière, lentement, le véhicule valdingue à bâbord et à tribord.

— Et toi, qui es-tu ? m'a demandé Getahun.

Je lui dis qui je suis.

— Tu as des papiers ?

— Non, mais ils vont donner des instructions par radio.

Il se tait, puis il poursuit sa conversation avec Marcos. Nous nous trouvons dans une zone de sécheresse, dans la région où le gouvernement éthiopien a installé un camp pour des hommes mourant de soif et de faim, pour ceux qui ont été sauvés de la mort. Getahun et Marcos se battent pour sauver la vie de ces nomades en péril.

Tous les matins, Getahun se rend au camp pour convaincre les hommes d'aller dans le désert. « Nous creuserons un canal, dit-il, l'eau coulera, le maïs poussera. » Mais ces hommes ignorent à quoi ressemble un canal, ils ne savent pas comment le maïs pousse. La foule est parcourue d'un bruit sourd, Getahun se tourne vers le traducteur, il lui demande ce qu'ils veulent. « Ils ne veulent pas de maïs. Leur nourriture, c'est la viande et le lait. Ils veulent leurs chameaux. » « Vous savez pourtant que vos chameaux ont crevé », répond Getahun. « C'est vrai, c'est la volonté d'Allah. » Puis la foule se volatilise, disparaît dans les huttes, les buissons, les ténèbres. Getahun ne renonce pas pour autant. Chaque jour, il recommence. Tous font preuve d'une patience infinie, lui en expliquant, eux en écoutant. Les semaines passent, rien ne bouge. On leur distribue leur ration de maïs, un demi-kilo. Ils en mangent une partie puisque de toute façon il n'y a rien d'autre, ils mettent le reste de côté, en douce, et le vendent au marché noir : ils épargnent pour s'acheter un chameau. Celui qui réussit à économiser suffisamment pour acheter un chameau ou quelques chèvres disparaît dans le désert. Souvent il va au-devant d'une mort certaine, il meurt de soif car il ne rencontrera personne. Mais la nature est plus forte que l'instinct de conservation. Pour eux, la vie est synonyme de mouvement, de conquête de nouveaux espaces. Cantonnés dans un endroit, ils dépérissent.

A la fin du XIXe siècle, l'empereur d'Ethiopie, Ménélik, conquit les territoires situés au sud et à l'est de ce qui constituait traditionnellement l'espace éthiopien. L'une de ces conquêtes était la province de l'Ogaden que les Ethiopiens appellent aujourd'hui le Harar, et les Somalis la Somalie occidentale. Comme l'Ogaden est peuplé de nomades somalis, la Somalie revendique cette province.

La frontière entre l'Ethiopie et la Somalie n'existe que sur la carte. Dans la réalité, on peut la franchir à loisir, tant qu'on ne tombe pas sur un poste militaire de l'un des deux pays. Ces postes sont rares et éloignés les uns des autres par des dizaines de kilomètres. Aucun des deux pays n'a ni les moyens ni une armée assez nombreuse pour surveiller la frontière avec vigilance. On peut pénétrer sur cent ou deux cents kilomètres à l'intérieur de l'Ethiopie sans que personne le remarque. C'est aussi valable pour le côté somalien. Les points fixes sur ce territoire sont rares : quelques pauvres petites bourgades, des huttes en argile sans lumière ni canalisation. Celui qui tient cette bourgade contrôle toute la zone alentour.

L'Ogaden est un territoire semi-désertique, une énorme poêle à frire sur laquelle grésille le jour durant un air brûlé par le soleil. L'homme épuise toute son énergie à chercher de l'ombre et des courants d'air. S'il trouve un brin de fraîcheur, un brin d'air, il peut considérer qu'il a tiré le gros lot. Passer une journée entière au soleil est au-dessus des forces humaines ; jadis, une torture raffinée consistait à déshabiller complètement un Blanc et à l'exposer au soleil.

La surface de l'Ogaden (territoires éthiopien et somalien réunis) est égale à celle de la Pologne. Sur ce territoire, il n'y a qu'une seule route à peu près carrossable, mais elle est si difficile qu'elle reste impraticable pour les véhicules privés. Seules les voitures tout-terrain, les camions du désert et les chars peuvent l'emprunter. On n'y rencontre qu'une seule rivière, la Wabe Shebele, qui grouille de dangereux crocodiles. Celui qui contrôle cette route et cette rivière peut être considéré comme le maître de l'Ogaden.

A l'aube, les sentinelles de nuit reviennent et les patrouilles de jour prennent position dans le désert. L'officier de retour dit que la frontière est proche et que les Somalis peuvent passer à l'assaut d'un instant à l'autre. Il est peu fréquent qu'ils attaquent de front, qu'ils mènent une guerre régulière car le terrain ne s'y prête pas. Le plus souvent, ils ont recours à des unités mobiles. C'est plutôt une guerre de partisans. Si ces détachements sont peu nombreux, la situation peut être considérée comme normale. S'ils se déploient en nombre, c'est la guerre. Le front ici se trouve partout, à chaque instant. Je lui demande si les partisans pourraient conquérir une bourgade comme Gode ou Kebri Dehar. Il me répond que c'est impossible car de puissantes garnisons militaires y sont cantonnées, avec des chars et de l'artillerie ; un détachement de partisans est toujours modeste car il ne peut transporter beaucoup d'eau. Il peut tout au plus attaquer des villages ou tendre des embuscades à des voitures qui passent sur la route.

Je lui demande s'il se souvient de la dernière guerre. Il me dit que oui. Moi aussi je m'en souviens. C'était en 1964. J'étais à cette époque en Somalie. Bloqué à Hargeisa, je n'arrivais pas à me rendre à Mogadiscio. Dans toute le ville de Hargeisa, le seul bâtiment important était le siège de l'ancien gouverneur britannique. A la saison sèche, Hargeisa se transformait en une grande ville : les nomades venaient y chercher l'eau avec leurs troupeaux. Au printemps, quand les pâturages commençaient à verdir, la ville se vidait, elle se transformait en une petite station au cœur du désert. La vie restait concentrée autour de la seule station d'essence qui s'y trouvait. On pouvait s'y faire servir du thé, y écouter la radio. Les rares chauffeurs de camion qui s'y arrêtaient pouvaient vous donner des nouvelles du pays et même de l'étranger, de Djibouti et d'Aden. Je me rendais à la station d'essence tous les jours avec l'espoir de tomber sur un routier qui m'emmènerait à Mogadiscio. Pendant une semaine, personne n'est passé, personne n'est venu. Pour finir, un jour, dans un nuage de poussière, une vingtaine de Land-Rover toutes neuves ont surgi. Le convoi allait de Berbera à

Mogadiscio. J'ai supplié les chauffeurs de me prendre avec eux. Nous avons roulé pendant cinq jours à travers un désert terrible, sur des routes impraticables et ruinées, déplaçant de toutes parts des tourbillons de poussière à tel point que les chauffeurs perdaient toute visibilité. Ils n'avançaient pas en colonne, à la queue leu leu, mais de front, à travers l'étendue sans voie, sans hommes. On voyait juste ses voisins les plus proches, à gauche et à droite, le reste disparaissait dans le brouillard de sable.

Pendant cinq jours je n'ai pas aperçu une goutte d'eau. Notre seule boisson et notre seule nourriture était le lait amer et acide de chameau que nous nous procurions auprès de nomades rencontrés sur la piste. Ils surgissaient on ne sait d'où ni comment. Ils se déplaçaient avec leurs troupeaux de chameaux, de chèvres et de brebis en quête de pâturages et de puits.

Le territoire que nous traversions se trouvait à la frontière entre la Somalie et l'Ethiopie, au cœur de l'Ogaden. Comme cette région n'est desservie par aucune route précise et que seuls des rochers et des acacias isolés servent de repère aux chauffeurs, je leur ai demandé s'ils savaient dans quel pays nous nous trouvions précisément. Mais ils n'ont pas été capables de me donner une réponse tranchée. A leur avis, nous étions en Somalie, car selon eux leur patrie n'est que désert. Nous restions néanmoins dans un état de nervosité et de tension permanentes, craignant de nous aventurer sur le territoire éthiopien et de tomber aux mains de l'ennemi. De temps en temps, nous trouvions des traces fraîches de la guerre : des bourgades incendiées et en ruine, des squelettes d'hommes et d'animaux que les vautours avaient nettoyés et qui gisaient autour de puits empoisonnés. A qui appartenaient ces bourgades ? Aux Ethiopiens ? Aux Somalis ? J'étais incapable de le dire. Comme les puits avaient été empoisonnés, il ne restait plus une seule trace de vie. Les chauffeurs juraient de se venger des Ethiopiens, appelaient Allah à témoin et, dans les termes les plus abjects, maudissaient l'empereur. J'avais une peur terrible de tomber dans un traquenard tendu par les Ethiopiens. Cela aurait été fatal pour nous tous. De nouveau, nous avons traversé des bourgades où des constructions en argile et en chaume portaient la marque de combats enragés, absurdes. Nous avons passé une nuit dans un ces endroits. Les hyènes se sont approchées (elles avaient humé la charogne, elles ont éclaté d'un rire moqueur, dément).

Marcos me demande si c'est la première fois que je me trouve dans l'Ogaden. Je lui réponds par l'affirmative. Cela me met mal à l'aise de lui avouer que j'ai assisté à l'autre guerre à travers le regard de chauffeurs somalis, que j'avais une peur bleue de l'armée éthiopienne, que je rêvais que notre convoi fût escorté par des soldats somalis. Maintenant c'est l'inverse : je redoute que notre camp soit attaqué par des Somalis. Je n'ai rien ni contre les uns ni les autres, mais par la force des choses, je suis amené à prendre parti pour les uns ou pour les autres.

Nous sommes allés dans un endroit où se trouvaient des tentes somalis. Getahun a organisé un conseil d'anciens. Quatre sages sont venus. Je leur ai demandé leur âge. Le plus vieux a trente-quatre ans. Ici la terre ingrate, hostile même, ne permet pas à l'homme de vivre longtemps. Ils disent que l'année se divise en saison des pluies, qui porte le nom de « gu », et en saison de sécheresse, le « djilal ». La pluie est une douceur de la vie. La terre se couvre d'herbe, les puits se remplissent d'eau. C'est la période des mariages car les hommes sont envahis par la force, et les femmes ont envie de tout. Mais le « gu » ne dure pas longtemps, il est vite remplacé par le « djilal ». Le soleil brûle l'herbe et assèche les puits. Il est temps de plier les tentes et de partir à la recherche de pâturages et d'eau. Commence alors la période des dangers et de la guerre car les pâturages sont peu nombreux, ils ne peuvent accueillir tous les troupeaux. Si un clan désire occuper un pâturage, il doit se battre. Les hommes périssent afin que le bétail vive. On se bat pour des puits car ils ne contiennent pas assez d'eau pour tout le monde.

Autour de chaque puits, la terre est recouverte d'ossements humains.

Ils parcourent les espaces immenses de l'Ogaden pour trouver de l'eau et des pâturages. Ils sont constamment sur les pistes. Ce besoin de se déplacer sans cesse explique que le Somali ne possède rien, à part sa chemise et son fusil. Il est seul avec son troupeau. La femme du Somali transporte une tente, une théière et une casserole. Ils n'accumulent pas d'objets qui ne feraient que les surcharger. Leur chance de survivre dépend de la rapidité avec laquelle ils gagnent un pâturage ou un puits. Aussi leurs aspirations sont-elles totalement contraires aux idéaux et aux ambitions du monde industrialisé. Si ces derniers passent leur existence à entasser des milliers d'objets, le Somali passe son existence à se débarrasser de tout.

Il marche, fier, mince, droit, chantonnant les versets du Coran.

Ces voyageurs ne connaissent aucune frontière. Pour eux le monde ne se divise pas en Etats, mais en lieux où il y a de l'eau, donc la vie, et lieux où il y a la sécheresse et donc la mort. Ils disent que depuis quelques années il n'y a pas eu de « gu », que le « djilal » devient éternel. Tout a changé. Ils migrent comme avant, mais l'eau était de plus en plus rare, le désert de plus en plus grand, de plus en plus immense. Les brebis ont été les premières à vaciller, puis cela a été le tour des chèvres. Puis les enfants ont commencé à mourir. Puis les femmes. Si vous tombez sur une théière ou une casserole, vous êtes sûr de trouver à proximité la dépouille de ces femmes. Puis les chameaux ont crevé. Eux, les quatre vieillards d'une trentaine d'années, ont poursuivi la route. Au début ils étaient encore une bonne dizaine, mais petit à petit certains sont restés sur la route, mourant de soif et d'épuisement.

Les quatre sages aussi étaient exténués. Incapables de faire un pas de plus, ils étaient étendus en plein soleil, sauf l'un d'entre eux, qui était accroupi sur une pierre.

C'est lui qui a remarqué au loin une Land-Rover traversant le désert à la recherche de Somalis en péril. C'est ainsi qu'ils se sont retrouvés dans un camp où en douce ils mettent de côté du maïs pour acheter un chameau et regagner leur univers.

Le soir, Marcos m'informe qu'une citerne va essayer de gagner Diré Daoua : neuf cents kilomètres, trois jours de route. De toute façon, le prochain avion ne peut arriver que dans deux mois. C'est risqué car les partisans minent les routes et nous risquons à tout moment de sauter. Nous pouvons aussi tomber dans un guet-apens, nous serons alors enlevés ou tués. Le conseil dure toute la nuit car le départ est prévu à l'aube et il faut prendre une décision. La citerne doit aller à Diré Daoua pour rapporter du combustible à Gode où il n'y en a presque plus. Ils ont besoin de ce combustible pour faire marcher les pompes à eau de la rivière. Avec cette eau ils arrosent les champs de maïs. Si les moteurs de ces pompes s'arrêtent, le maïs séchera et la famine reviendra. Si la citerne explose sur une mine, la mort qui a épargné les quatre vieillards est certaine.

L'officier demande si nous avons peur de partir. Nous avons peur, mais nous n'avons pas d'autre solution. Si encore il y avait un camion militaire. Mais l'armée est cantonnée dans ses casernes, elle ne sort que quand elle y est obligée. D'un autre côté, il vaut peut-être mieux ne pas être escorté. Nous sommes tous des innocents, nous allons chercher du combustible pour sauver vos frères somalis. Oui, mais si nous tombons sur une mine, nos beaux discours seront inutiles !

Au petit matin, nous allons chercher une citerne dans la bourgade la plus proche. Le chauffeur dort sous son véhicule, nous le réveillons. A cette heure du jour, il fait froid.

Nous nous mettons en route, serrés dans la cabine du chauffeur, secoués par la caillasse, les nids de poules, à une vitesse de dix kilomètres à l'heure. Le soleil nous envoie ses rayons droit dans les yeux. Le jour se lève.

Suite de « Il est grand temps de », ou suite du plan d'un autre livre jamais écrit qui, etc.

13. J'ai été expédié à l'autre bout du globe, puis en Afrique. Cela a-t-il un sens de poursuivre cette histoire ? De raconter la traversée du Zambèze, la visite à Idi Amin, les sables de l'Ogaden ? La description du monde n'était possible qu'à l'époque où les hommes vivaient sur une planète aussi petite que celle de Marco Polo. Aujourd'hui le monde est immense, infini, il ne cesse de s'agrandir, et il est certain qu'un chameau aura passé par le chas d'une aiguille avant que nous connaissions, sentions et comprenions tout ce qui fait partie de notre existence, de l'existence de quelques milliards d'hommes.

14. Je suis en train de lire Moby Dick de Herman Melville. Le héros du livre, le marin Ishmael, vogue à travers l'océan. Avec l'équipage du navire, il chasse la dangereuse et insaisissable baleine qui pour finir surgit des profondeurs des océans et envoie un coup monumental dans le navire. On entend alors le capitaine, le terrifiant et inflexible Achab, s'écrier : « Barre dessus ! En avant ! Pour le tour du monde ! » « Pour le tour du monde ! pense alors Ishmael. Ces mots qui pourraient susciter de la fierté ; mais où ce voyage nous mène-t-il ? Il nous entraîne à travers des

dangers innombrables pour nous ramener à la case de départ... »
  15. Et pourtant, Ishmael vogue toujours.

1976

Au cœur de l'Afrique

(Pocket n°11351)

À son arrivée à Accra, la capitale du Ghana, ce jour de 1958, Ryszard Kapuscinski découvre une passion qui ne le quittera plus : l'Afrique. Grand reporter, il plonge alors dans la vie du continent noir. Il habite les quartiers africains, connaît les fusillades, les affrontements, et réussit peu à peu à gagner la confiance des habitants. Ébène nous fait découvrir la vie de tous ces peuples, pauvres et généreux, mais aussi meurtris par leur histoire.

Il y a toujours un Pocket à découvrir

Éternels voyages

(Pocket n°631)

C'est en 1931, sur le plateau volcanique de Sanaa, que Joseph Kessel entreprit la rédaction de l'un de ses plus beaux romans, *Fortune carrée*. Il retrace l'histoire de deux hommes violents et sans attaches, Hakimoff et Henri de Monfreid, dans un cadre à la beauté époustouflante : le Yémen, la mer Rouge, l'Éthiopie et la Somalie. Puisant dans son expérience de voyageur, Kessel nous livre un roman épique sur un monde aux antipodes de la vie occidentale.

Il y a toujours un Pocket à découvrir

Les curieuses coutumes de l'homme blanc

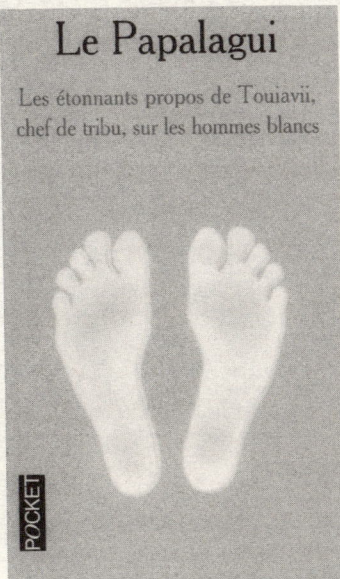

(Pocket n° 11857)

Au début du XXᵉ siècle Touiavii, un chef de tribu des Îles Samoa fait le tour de l'Europe avec une troupe de danseurs. Il a tout le loisir d'observer le Papalagui – l'homme blanc – et son mode de vie. Il recueille le plus d'informations possible pour mettre en garde ses compatriotes des dangers de ces hommes qui se sont coupés de la nature et ne vivent pas heureux. Avec un regard plein de surprise, Touiavii dépeint avec justesse les travers de nos sociétés.

Il y a toujours un Pocket à découvrir

Impression réalisée sur Presse Offset par

BRODARD & TAUPIN

GROUPE CPI

25171 – La Flèche (Sarthe), le 31-08-2004
Dépôt légal : septembre 2004

POCKET – 12, avenue d'Italie - 75627 Paris cedex 13
Tél. : 01.44.16.05.00

Imprimé en France